Construction of Expert Witness System in China

胡祖平　马卫国————编著

# 中国专家证人制度构建

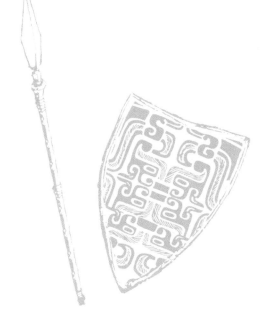

浙江大学出版社
ZHEJIANG UNIVERSITY PRESS

已列入文件检验鉴定公安部重点实验室课题申报项目

# 编辑委员会

# 序

"科学乃我生命，教育乃我事业"，我一生都在研究刑事立法和刑事法律教学，以刑事法的研究为终身追求。在1954年第一届全国人民代表大会第一次会议通过新中国第一部宪法以后，《中华人民共和国刑法》开始起草，先后起草了38个稿本。我自始至终参与了新中国第一部刑法典，即1979年刑法典的创制工作和1997年刑法典的修订工作，以及有关司法解释的工作，这一切缘于我对刑事立法理论和实务的情有独钟。

证据是刑事法学中的重要概念，是证明和认定案件事实的手段和方法，因此被称为诉讼活动的基石。在刑事法理论教学中，我一直强调坚持并倡导罪刑法定、罪责刑相适应、适用刑法人人平等、刑罚人道主义等基本原则；坚持刑法的职能是保护社会和保障人权并重；坚持定罪量刑必须做到事实清楚、证据确实充分、程序合法、裁量适当等理念和原则。证据确实充分和程序合法是审判活动的核心内容。

中国古代证据制度源于先秦(商周)，始于秦汉，盛于唐宋，延至明清，清末开始近代证据制度的变革。中国古代证据制度，主要实行以口供主义为核心的据证定罪制度，所以，在人们的印象中，其往往与"刑讯逼供"联系在一起，形成古代法官把刑讯作为获取证据的唯一途径，古代刑讯不受任何限制的片面看法。客观地说，在封建社会司法实践中，拷讯也要依法进行，否则有关官员会被法律追责。唐代特别强调"依法拷决"，制约了司法官员拷囚的随意性，降低了刑讯的残酷性。唐律规定的"据状断之"，强调根据犯罪事实和确凿的证据对嫌犯做出判决，"众证定罪"强调根据众人的证词对嫌犯做出判决，这两个证据原则没有把获取嫌犯口供当成案件审理的唯一依据，也没有把获取的嫌犯口供置于其他证据之上。这种代表封建证据制度的进步理念，无疑是中国古代法制的文化遗产。

近代以来，证据种类法定及其获得方式的合法化也成为社会法制文明的客观要求，诉讼证据制度必然由口供主义向证据裁定过渡和发展，证据裁判成为法治国家的基本司法原则。中国立法工作与时俱进，已经将1979年新中国第一部刑事诉讼法首次提出的证据概念"证明案件真实情况的一切事实，都是证据"，修改为"可以用于证明案件事实的材料，都是证据"的新定义。同时，通过司法解释，确立了法庭质证原则。在法庭审理过程中，证据未经当庭出示、辨认、质证等法庭调查程序查证属实，不得作为认定的根据。

"打官司就是打证据"，无证据不能得出事实。也就是说，证据必须经过正式的法庭调查程序查证属实，才能作为定案的根据，这是现代刑事法证据裁判之要义。2014年，念斌被福建省高级人民法院二审宣告无罪，最高人民法院把该案评选为成功案例。分析念斌案的整个辩护过程，一是充分运用证据法上的口供印证规则。"得不到印证的口供一律排除，不得作为定案根据。"二是对于关键证据，辩护律师充分发挥了专家证人制度的作用。这是值得总结和推广的成功经验。

在诉讼活动中，鉴定意见在认定案件事实中常常作为最关键的定案依据。法国学者弗洛里奥说："鉴定错了，裁判就会发生错误，这是肯定无疑的。"分析我国近年来的刑事错案，往往是在鉴定程序、鉴定意见等方面出现问题，导致案件被错判。这说明一个事实，即鉴定人不是"科学法官"，鉴定意见不是"科学判决"，鉴定意见只是证据的一种。当前社会中各利益方之间的矛盾越来越多，冲突的方式也越来越复杂，不断出现形形色色的专门性问题，而这些问题的解决和调解，将会越来越多地依赖于诉讼活动，因此，构建一种有助于实现公平正义目标的专家证人制度十分必要。由公诉人、诉讼当事人、辩护人、诉讼代理人申请聘请的具有专门知识或专业技术和经验的人，在法庭上对鉴定意见质证，或者解决案件涉及的专门性问题，这种科学性、专业性的对抗过程，能够对法官认定证据，实现庭审实质化起到积极的推动作用。这正是胡祖平、马卫国等同志所思考、探索的课题的现实意义。

胡祖平、马卫国同志曾经长期在政法机关工作，从事司法鉴定和法制研究工作，他们写的《中国专家证人制度构建》一书，第一，重视中国证据制度历史沿革与刑事法学理论的有机结合，梳理出了一条比较清晰的脉络，增强了读者对中国古代法制文明的了解与认同。第二，重点研究中国的专家证人制度。专家证人制度本身就是一个新生事物，本书把它放在法律职业共同体中展开研究，即在中国司法鉴定管理体制变革、司法鉴定制度的发展中进行思考，对健全司法鉴定制度、完善专家证人制度、落实庭审实质化，都具有一定的参考作用。第三，着重进行专家证人质证的研究。质证作为诉讼制度的一种方式,是法庭调查的一项重要内容。专家证人对鉴定意见的质证既是一个法律问题,也是一个科学问题,需要开展规律性的研究、科学性的总结、方法性的积累。

当然,这本创新之作,也存在一些不足。比如,对专家证人与鉴定人应当具有同等的诉讼地位,专家证人意见与鉴定意见具有同等证据效力的问题研究,缺少更严密的论证;个别地方的文字表述还不够规范。但是,瑕不掩瑜,从本书的原创性、知识性、实用性上说,仍然是一本值得推荐的可读之书。

高铭暄

2018 年 8 月 28 日

# 目　录

# 第一章　中国证据制度的历史演变

　　世界上各个民族、各个国家都有自己独有的历史进程，都有自己独特的文化传统，都有自己独立的司法文化。中国绵延数千年的历史形成了特殊的政治体制、经济背景、文化传统，使古代证据制度的形成和演变，具有非常独到的内容和表达方式，也为世人留下了弥足珍贵的史料。人类司法证据制度在发展过程中，经历了神证、人证和物证三个阶段。如果说神证是蒙昧证明方法的权威，那么人证就是理性证明方法的主体，而物证则是科学证明方法的源泉。在历史悠久的中国，传统的证据制度起源于先秦（商周），始于秦汉，盛于唐宋，臻于明清，清末开始近代证据制度的变革。

## 第一节　走在世界前列的法制文明

### 一、中国古代法制文明的起源时空

　　马克思主义的理论认为，法律不是从来就有的，而是人类社会发展到一定历史阶段的产物，法律的起源也大致经历了一个由氏族习惯到习惯法、由习惯法到国家法的演变过程。根据世界各国法律的基本特征，法学界一般将法律划分为五大法系：中华法系、大陆法系、英美法系、伊斯兰法系、印度法系。

　　中华法系是世界五大法系之一，是中华民族数千年法律实践的结晶，自原始社会末期至近代，源远流长，独树一帜。以中国传统思想为理论基础，糅合了法家、道家、阴阳家学说的精华，为人类法治文明做出了巨大的贡献。中华法系形成于秦朝（前221—前206），到隋唐时期（581—618）基本成熟。中华法系的特点有四：第一，法律以君主意志为主；第二，礼教是法律的最高原则；第三，刑法发达，民法薄弱；第四，行政司法合一。这些特征是中国古代社会农耕生产、宗法家族、集权政体三合一的社会存在所决定的。

　　中国古代的早期法制，一般是指夏、商、西周时期的法律制度。在时间上包括自公元前21世纪到公元前771年这一历史阶段。一般认为，最初的国家与法产生于夏朝,经商朝到西周时期逐渐完备。中国古代早期法制的突出特点,是以习惯法为基本形态,法律不向民众公开,法律和司法审判的神权色彩浓厚。

最初的国家与法产生于夏朝,经商朝到西周时期逐渐完备。经过春秋战国时期法律制度的大变革,成文法在各国颁布,到秦朝时中华法系形成雏形。从湖北云梦出土的秦简来看,秦朝已经初步确立了中国古代各项法律的原则。此后,经过西汉和东汉,以及三国两晋南北朝长达800多年的发展,到隋唐时,法律思想和法律制度已经成熟,自成体系。代表性的法典《唐律疏议》(以下简称唐律)标志着中华法系的体系建设基本完备,达到了世界法制文明的一个高峰。唐朝的法律深刻地影响了东南亚国家,使这一地区形成了相近的法律传统。①

唐朝以后,宋元明清各朝都以唐律为蓝本制定符合历史发展规律和强化统治管理的法律。到清朝末年,在社会改良、修律变革的大潮中,体现了中华民族伟大的制造力和深厚的法文化底蕴的中华法系宣告解体,中国近代法制现代化初露端倪。

法制文明是逐步累积发展起来的,法治文明是法制文化的高度升华。中国古代法制文明的起源,历来是学界研究的重大课题,众说纷纭,从文献典籍记载看,主要有以下几种观点。

（一）起源于黄帝时代说

黄帝是古代华夏部落联盟首领,号称中华民族的人文始祖。司马迁在《史记·五帝本纪》中说:"余尝西至空峒,北过涿鹿,东渐于海,南浮江淮矣,至长老皆各往往称黄帝、尧、舜之处。"表明传说中黄帝的活动地域以中原为中心并波及黄河上下游和淮河、长江流域。② 如《商君书·画策》提到:"神农既没,以强胜弱,以众暴寡。故黄帝作为君臣上下之义、父子兄弟之礼、夫妇妃匹之合,内行刀锯,外用甲兵。"又如《管子·任法》有:"黄帝之治天下也,其民不引而来,不推而往,不使而成,不禁而止。故黄帝之治也,置法而不变,使民安其法也。"《淮南子·览冥训》明确指出:"黄帝治天下……法令明而不暗。"《汉书》卷六十七《胡建传》关于《黄帝李法》的记载:古人关于"李"为"狱官名"或"法官之号,总主征伐刑戮之事"的解释说明,最早的刑兼有军事镇压与刑罚制裁双重含义,最初的法源于军法,其法官或狱官兼掌军事指挥和司法裁判两种职能。

（二）起源于唐虞时代说

唐虞时代是指古代文献中传说的尧舜禅让的时代。据考证,唐虞联盟的共

---

① 陶舒亚.中国法制史[M].杭州:浙江大学出版社,2006.
② 李伯谦.黄帝时代的开始[N].光明日报,2017-08-26(11).

同体组织,已经具备早期国家机构的雏形。如《尚书·吕刑》说:"伯夷降典,折民惟刑。"《竹书纪年》说:"帝舜三年,命咎陶造律。"在古籍中,皋陶被视为中华法律的创始人,舜命皋陶造律之说屡见于典籍。皋陶为东夷部落的首领,又称咎陶、咎繇,相传生于曲阜;还有一说称皋陶是山西洪洞县士师村人。氏族社会末期,尧传位到舜,舜任命皋陶作"士",成为最高司法官,负责刑狱,治理社会。皋陶是中国古代司法官的鼻祖。皋陶造律与造狱之说,有古代文献为证。汉代的《急就章》记述了关于皋陶造狱的传说:"皋陶造狱,法律存也";隋朝《广韵》也有"狱,皋陶所造"的记载。皋陶创立了墨、劓、刖、宫、辟五种常刑。《尚书·尧典》记载舜时命皋陶"作士,五刑有服",皋陶被任命为狱官,制定五种刑罚的量刑标准。皋陶五刑被称为中国古代真正意义上的刑法开端。《左传·昭公十四年》载,叔向曰:"《夏书》曰,昏墨贼杀,皋陶之刑也。"

（三）起源于夏代说

1996 年启动的"九五"期间国家重点科技攻关项目"夏商周断代工程",尝试对夏史和夏年进行研究。文献史学根据文献夏有十四世十七王和四百七十一年（或四百七十二年）积年的记载,以推定的夏、商分界之年为起点将夏朝始年定为公元前 2070 年。夏朝的建立标志着中国古代社会由前国家形态向早期国家过渡。国家的出现是人类社会文明发展的必然结果。早期国家具有如下特征:第一,拥有一个最高政治权力中心;第二,拥有与其中央权力的实施相适应的行政管理和政治机构,包括官署、军队、监狱等;第三,社会分层（阶级分化）高度发展;第四,有针对某个固定地域实行有效统治的理念;第五,有支持其合法统治地位的国家意识形态。夏禹时期,中国进入了阶级社会,统治者建立了国家,制定了法律。如《左传·昭公六年》有"夏有乱政,而作《禹刑》"的记载。《尚书·大传》有"夏刑三千条"的记载。《汉书·刑法志》记载,禹承尧舜之后,"自以德衰,而制肉刑"。处于氏族社会末期的黄帝、尧舜时代,产生并形成强制性的法律规范是社会发展的必然。

## 二、中国古代法制文明的起源方式

国家不是从来就有的。在国家出现之前,人类社会处于原始社会状态。恩格斯指出,国家的出现是人类社会文明发展的必然结果。国家是阶级矛盾不可调和的产物,氏族社会制度瓦解是一个逐渐的过程,物质资料生产的发展、家庭私有制的出现和阶级的形成是早期国家产生的前提条件。

在国家出现之前,人类社会处于氏族社会状态,受物质资料的生产（衣、食、住和生产工具的生产）和人类自身的生产（人种的繁衍和婚姻家庭形式的发展）

的制约。在物质资料生产水平低下时,以血缘关系为纽带的氏族制度,成为国家产生以前管理社会的基本制度。随着物质资料生产水平的发展,人们的生产关系逐渐代替了血缘关系,新的社会制度取代了由血缘关系决定的氏族制度,这就是具有公共权力的国家制度。①

关于中国古代法制文明的起源方式,学界多有探讨,主要有以下几个观点。

(一)"刑始于兵"说

法最早产生于氏族社会后期,主要是因为氏族之间的战争与法的起源有着密切的关系,因此,中国自古就有"刑始于兵"的说法,说明中国氏族社会末期部落之间频繁发生的战争与法律的起源有着因果关系。②《汉书·胡建传》中有尧舜时代"皋陶作刑"的明确记载。中国最早的刑罚是针对军事斗争中的失败者——"苗民"——的五刑,进而发展成为体系化的奴隶制五刑:墨、劓、刖、宫、辟,刑罚最初是为了惩罚军事战俘而创制的。皋陶所在的时代是华夏族和外族频发大规模战争的时代,战争是一种集体和有组织地互相使用暴力的行为,是敌对双方为了达到一定的政治、经济、领土的完整性等目的而进行的武装战斗,为了能够取得胜利的主动权,需要制定严格的纪律和法律来规范每个成员的行为,以最大限度地保证战争的胜利。

在中国古代文献中,法律最早称为刑,战争时则称为兵。刑与兵的关系也就是法律与战争的关系。法律起源于战争,即与军事行为密切相关。刑罚起源于战争,所谓"刑起于兵"。最早记录下来的法律,几乎都是军法。如《尚书》中的《甘誓》《汤誓》《牧誓》《泰誓》等,《甘誓》记载了夏启讨伐有扈氏的誓师法令:"有扈氏威侮五行,怠弃三正,天用剿绝其命,今予惟恭行天之罚。左不攻于左,汝不恭命;右不攻于右,汝不恭命(奉命);御非其马之政,汝不恭命。用命,赏于祖;弗用命,戮于社,予则孥戮汝。"

军事战争需要及时处置敌人、俘虏或有其他违法犯罪行为的人。军法同时就是定罪量刑的刑罚。《汉书·刑法志》说:"大刑用甲兵,其次用斧钺;中刑用刀锯,其次用钻笮(韦昭注);薄刑用鞭扑。大者陈之原野,小者致之市朝。"甲兵、斧钺是兵器,也是杀俘虏的工具。以兵器为刑具,以战场为刑场。远古的氏族战争的胜利必须依靠严明的纪律,令行禁止,令出唯行。指挥官只有具有生杀予夺的大权,才能约束军队,领导军队。于是,最初的具有刑法性质的军律就产生了。中国古代司法官大都以武职官为名,如士师、司寇、廷尉,这说明了兵刑之间的密切关系。

---

① 弗里德里希·恩格斯.家庭、私有制和国家的起源[M].苏黎世:瑞士苏黎世出版社,1884.
② 蒋来用,高莉.法学的故事[M].北京:中国和平出版社,2006.

（二）"法源于礼"说

该理论认为,礼起源于远古时期的祭祀礼仪。作为原始祭祀活动的一种朴素形式,礼最初的仪式规则只是一些简单的习惯性规范。

在祭祀过程中,仪式得到强化和系统化,随着阶级的分化,祭祀的仪式亦因等级不同而不同,此时礼成为确定等级的标志。随着阶级的划分,上层阶级演化为统治阶级,他们改造并强化神秘性与强制性的礼,礼便成为强迫人们遵守的法律规范,借助政治力量将礼上升为调整社会关系的规范。相传周公制礼,礼得到规范化和系统化,从而成为中国古代调整社会关系的行为规范总称。

中国古代法律起源的重要内容,是缘于礼仪规范和刑罚规范的同时出现,特别是强调"礼"和"刑"的同源共生与相辅相成的关系。如"黄帝作为君臣上下之义、父子兄弟之礼、夫妇妃匹之合,内行刀具,外用甲兵";又说"圣人列贵贱,制爵位,立名号,以制君臣上下之义",这些都强调了"礼义"是规范社会秩序的根本法律制度。荀子说圣人教化民众,"明礼义以化之,起法政以治之,重刑罚以禁之"。《汉书·刑罚志》提到,"制礼以崇敬,作刑以明威"。这些都强调了礼、刑同时起源、并存并用的关系。

春秋战国时期的社会特点是"礼崩乐坏",社会结构急剧变动,带来了思想学术的大发展,形成了百家争鸣的盛况。其中,对于法律制度及刑事政策影响最大的是儒、法两家。以孔、孟为代表的儒家学派崇"礼",主张以"礼"作为国家的政治准则和立法、司法机关的指导原则;在统治方式上更强调以德服人,教化为先,置刑罚于礼教德化之后,倡导德主刑辅、宽猛相济;反对不教而诛、滥施重刑。

"刑始于兵而终于礼",是对中国古代法律独特的发生路径的经典概括。统治者将部族战争中产生的暴力方式作为主要刑罚,规范军事行为,维护军事利益,形成军事刑法。把这种暴力方式引入社会日常生活中,即统治者通过刑罚确立社会的行为规范,即刑法。西周时期,礼从原始社会的氏族习惯,发展为国家法度,对违礼而致犯罪行为的惩罚方式有战争与刑罚两种。基于此,战争开始从单纯的弱肉强食演进为具有政治和道德属性的行动,并形成了规范军事行为的军事法——军礼。军礼,在中国古代社会是指与军事活动有关的典礼,属于礼仪制度的"五礼"之一,是具有"明德慎罚"基本精神的刑法基础。作为正面教化和指导性规范的礼与作为惩罚性规范的刑,各有侧重,相辅相成,共同奠定了中国古代的法律规范体系,有力地维护了统治阶级的利益。

（三）"定分止争"说

"分未定",是指一种物质匮乏、利益稀缺的原始和野蛮状态,而"分已定"则正好相反,是指一种面对物质匮乏、利益稀缺时的规范选择和文明机制。以野蛮应对物质匮乏、利益稀缺,埋下了人类自残的种子;以文明应对物质匮乏、利益稀缺,则开出了人类繁盛的通衢。以制度规范的文明来防治无序"逐之"的野蛮,这就是中国古代法律文化的起源。

"定分止争"典出《管子·七臣七主》:"法者,所以兴功惧暴也;律者,所以定分止争也;令者,所以令人知事也。"定分:确定名分;止争:止息纷争。法律中常用这个词语表示确定物的权属。"定分止争"和"禁暴止乱",是中国古代法律的重要功能。因此,古代统治者为避免祸乱动荡,通过制定礼义来确定名分,创立法制来确定人们的利益归属,以此来调节人们的欲望,满足人们对幸福和尊严的追求,达到稳定社会秩序、提高社会生产力的目的。

管子说,"智者假众力以禁强虐,而暴人止,为民兴利除害,正民之德,而民师之",故"法者,所以兴功惧暴也,律者,所以定分止争也"。制定法律的目的或功能就是弘扬正气,惩治暴乱,稳定社会秩序,制止民众争乱。荀子认为:"故古者圣人以人之性恶,以为偏险而不正,悖乱而不治,故为之立君上之势以临之,明礼义以化之,起法正以治之,重刑罚以禁之,使天下皆出于治,合于善也。是圣王之治,而礼义之化也。""先王恶其乱也,故制礼义以分之,使有贫富贵贱之等,足以相兼临者,是养天下之本也。"荀子主张立君势、明礼义,通过制定法律、重视刑罚,来达到圣王善治的理想状态,更加强调制定礼义法制的重要性。

## 三、中国古代法制文明的历史特征

### (一)古代各时期的文明特征

#### 1.古代文明的起源和奠基时期

即先秦时期(公元前 21 世纪—公元前 221 年),是指秦朝之前的历史时代。狭义的先秦史研究范围,包含中国进入文明时代直到秦王朝建立这段时期,主要指夏、商、西周、春秋、战国这几个时期的历史。这是中华民族形成和发展的重要时期,这一时期出现的政治制度、经济形态、思想文化奠定了中国古代文明的坚实基础。

(1)夏商周时期

这个阶段是中国由原始社会进入文明社会的重要历史阶段,经济上形成了农耕经济的雏形,政治上产生并初步完善了国家制度。夏朝的王位世袭制,商朝的内外服制度(内服是商人本族的活动区域,外服是商族以外的方国,商王通过两种不同的管理制度来处理本族和臣服的外族的事务。由此,商王掌握着控制联盟的实际权力,与各方国形成了支配与被支配的关系。即钱穆所说的"诸侯承认天子式"的政治联系方式),西周建立的以血缘为纽带的政治制度——宗法制(宗法制是按照血统远近以区别亲疏的制度)、分封制(分封制是中国古代国王或皇帝分封诸侯的制度。商代已开始分封诸侯,称号有侯和伯)等,对古代中华民族的政治观和伦理观产生了深刻影响。

(2)春秋战国时期

春秋战国时期是中国历史上重要的社会转型时期,新旧交替、除旧布新成为当时社会发展的主题。铁犁牛耕推动社会生产力迅速发展,促使井田制向土地私有制的转变和小农经济的形成。奴隶社会瓦解,封建社会形成,改革推动了宗法分封制的瓦解,确立了中央集权制。百家争鸣推动思想的大解放,春秋战国之交,掀起了一场社会大变革的风暴。旧的奴隶主阶级没落了,新的地主阶级兴起了;旧的制度和道德伦理观念,被新的制度和意识形态取代了。在这个时期,士作为一个新的社会阶层应运而生。士的社会地位虽然不是很高,却有学问、有才能,有的是通晓天文、历算、地理等方面的学者,有的是政治、军事方面的杰出人才,其代表人物有孟子、墨子、庄子、荀子、韩非子、商鞅、申不害、许行、苏秦、张仪等。由于士的出身不同、立场不同,他们在面对现实问题时,提出的政治主张和要求也不同。他们著书立说,争辩不休,出现了百家争鸣的局面,形成了儒家、道家、墨家、法家、阴阳家、名家、纵横家、杂家、农家、小说家等众多学派,其中比较重要的是儒、墨、道、法四家。春秋战国时期,阶级矛盾尖锐激烈,兼并战争连年不断,整个社会呈现出纷繁复杂的大动荡局面。哪个国家能先发展壮大,在动荡的环境里就会争取到更多的利益,因此采用正确的理论管理国家,获得更多的人才,争取更多的利益,成为各国的当务之急。

**2.古代文明的形成和发展时期**

即秦汉时期(公元前221—220),这是封建大一统局面的形成时期,是封建社会形成和初步发展期,也是中国古代文明的第一个高峰,其政治经济文化的全面发展奠定了中华文明的世界领先地位,标志着中华文明的形成和发展。经济上,小农经济占据主导地位并获得初步发展,精耕细作技术日益成熟,同时工商业得到发展。政治上,统一的多民族国家形成,专制主义中央集权制度得以创立和巩固。思想上,儒家思想正式成为中国封建社会的统治思想。

**3.古代文明的曲折和融合时期**

即魏晋南北朝时期(220—589),这是中国历史上的大动乱时期。由于社会动荡不安,出现了大规模的民族迁徙和大杂居,由此引起了空前的民族大融合和各民族之间的文化渗透和交融,从而使民族文化充满了生机和活力。南北民族大迁移,将中原先进的文化、科学技术带到了江南,北方的匈奴、鲜卑、羯、氐、羌等族也发展成为小国。周围的各族文化进入中原,在给中原文化带来冲击的同时,也增添了新鲜血液。由于中央集权的统一局面不复存在,因此在思想文化方面的表现是:儒学独尊的地位被打破,出现各大学派既自成体系,又相互吸收和兼容的丰富的多元文化。魏晋南北朝时期是封建国家大分裂和民族大融合时期。政治上,当时的社会虽有短暂统一,但以政权并立对峙为主,北方混战;少数民族内迁及民族领袖的改革(北魏孝文帝改革)促进了民族大融合。经济上,北方战乱使生产遭到破坏,商品经济水平降低,南方经济政策出现调整。思想上,社会思想严重分裂,民族融合,三教鼎立,是古代中华文明的曲折发展时期。

**4.古代文明的开放和鼎盛时期**

即隋唐时期(581—907),是中国封建社会历史上继汉代之后的第二个鼎盛时期,隋唐的强盛、宽容、开放使中国古代传统文化得到了继承和发展。

政治上,国家统一,社会安定,政治清明,典章制度先进完善,中央集权制机构完善,是封建国家繁荣和统一多民族国家的重要发展时期。经济上,生产工具改进,内外交通发达,农业和工商业繁荣,南北经济趋于平衡。思想上,三教合一,文化多元,兼收并蓄。隋唐时期基本形成了中华文化圈的总体格局。经济的繁荣发展、政治的开明与安定,为隋唐文化的繁荣和发展奠定了深厚的基础。唐代在注重保留中华民族文化自身特色的同时,以宏伟的气魄、昂扬的进取精神和博大宽容的胸怀,博采众长,广泛吸取,使自身文化保持旺盛的生命力,展示了中华民族的独特魅力。

**5.古代文明的发展和兼容时期**

(1)宋代(960—1271)

在这一时期,政治上,中原政权与少数民族政权并立,专制主义的中央集权空前加强。经济上,农耕经济继续发展,商品经济日益发达,市民阶层兴起,城市繁荣,市井生活丰富,经济重心南移。思想上,社会普遍重文轻武,盛极一时的理学思想出现。

(2)元代(1276—1368)

在这一时期,政治上,国家统一,专制主义的中央集权空前加强,民族分化,政治腐败,社会矛盾尖锐。经济上,农耕经济继续发展,商品经济高度繁荣。与大多数中国封建王朝相比较,元代时期思想文化观念呈现两个显著特点:其一是兼容,其二是"不尚虚文"。在这一思想的指导下,元朝的文化环境表现出兼容务实的特征。

总体来说,这一时期呈现出经济发展、国家分裂、民族融合的特点。

**6.古代文明的繁盛与危机时期**

即明清时期(1368—1840),这是古代中华文明发展历程的最后一个阶段,是统一多民族国家进一步发展,封建社会由盛而衰的时期,是一个繁盛与危机并存的时代,社会处于由农耕文明向工业文明转型的前夜。经济上,重农抑商,农耕经济高度繁荣;一种新制度的萌芽——资本主义的萌芽在封建社会内部产生并逐步成长,日益瓦解自然经济,带有向工业文明转型的趋势。政治上,在辽宋夏金并立和元统一的基础上,多民族的封建国家又有进一步的发展。这种发展是反对外来侵略的胜利和平定叛乱、管辖辽阔疆域的有效措施,维护了国家主权,使统一的多民族国家得到进一步巩固。明清时期专制主义中央集权的封建制度进一步强化,而这种专制制度的发展,正是封建制度趋向没落的反映。在外交方面,政府维持了闭关锁国的政策。意识形态方面,一方面,在传统文化和科学技术方面,依然走在世界的前列,出现了一系列科学巨匠和带有总结性的科技著作;另一方面,因为商品经济的发展和封建制度的日趋没落,催生了反封建民主启蒙思想,出现了一批杰出的思想家和优秀小说。

(二)中国古代各时期的法制特点

**1.奴隶社会时期的法制**

原始社会末期,以祭祀祖先仪式为核心的"礼",由习惯逐渐演变为法。夏朝国家形成伊始,法制尚处草创阶段。《左传》中记载的"禹刑",大抵是启及其后继者根据氏族晚期习俗陆续积累的习惯法。至商朝,刑法为主体的中国古代法已初具规模,所谓"刑名从商"。五刑(墨、劓、刖、宫、辟)制度在商朝已较为通行,但处刑的手段尚未规范化,还没有一套严格的刑罚制度。

春秋初期,各诸侯国基本上沿用西周的法律。春秋中叶以后,井田制遭到破坏,郡县制逐步取代分封制,王权旁落,政权下移,宗法制日趋衰落。奴隶制瓦解,封建制逐步确立。经济基础的变革、阶级关系的变化,引起法律制度的变革,最重大的改革莫过于各诸侯国公布了以保护私有财产为中心的成文法。子产执政郑国,"铸刑书于鼎,以为国之常法"。这是我国古代第一次正式公布成文法典。郑国大夫邓析将子产所铸刑书自行修改刻于竹简,故称"竹刑",便于携带和流传,在法律发展史上又是一大进步。

**2.封建社会初期的法制**

战国时期,各诸侯国中取得政权的地主阶级,运用政权的力量先后在各国进行旨在发展、巩固封建生产关系,建立封建政权的变法运动。魏国李悝制定《法经》,分为盗、贼、网(或作囚)、捕、杂、具六篇,立法技巧已初步走向成熟,可称为中国历史上第一部较系统的封建法典,为以后历代法典的滥觞。

后来商鞅携《法经》入秦,并在变法过程中将《法经》改编为秦律,以"律"字取代"法"字,突出强调法律的普遍适用性、稳定性、可行性,从此以后,中国古代的法典多以"律"为名。秦朝建立后,继续推行商鞅变法以来的法家思想和政策。

其中韩非的以法治为中心,法、术、势相结合的思想,对秦初的政权稳固和法制活动影响极大,并成为其指导思想。秦朝法令名目繁多,体例和内容已经相当完备,司法机构和诉讼制度逐渐形成。

汉朝建立后,萧何在《法经》六篇的基础上增加了《户律》《兴律》《厩律》三章,制作了《九章律》,就是通常所说的汉律。汉朝董仲舒提出的"德主刑辅",刚柔相济的治国之道,是汉武帝以后汉王朝的指导思想。这一时期,刑罚制度发生了重大变化,至此中国刑罚制度从野蛮走向文明。在司法制度方面,有中央和地方司法机构,诉讼与审判制度。"春秋决狱"是儒家文化影响法制的直接体现,其要旨是:必须根据案情事实,追究行为人的动机;动机邪恶者即使犯罪未遂也不能免除刑责;首恶者从重惩治;主观上无恶念者从轻处理。

三国两晋南北朝时期,法律的制定颇有建树,如魏国的《新律》,东晋的《晋律》(又称《泰始律》),北魏的《北魏律》和《麟趾格》,西魏的《大统式》,北齐的《北齐律》,北周的《大律》等。这时期的封建法律形式日趋完备,篇章体例的设置日趋科学,刑罚制度日趋规范,礼律日趋融合,其中《北魏律》为隋唐律典的渊源。为维护地主阶级特权,"八议""官当"入律。所谓"八议",是指八类人犯罪,依法享有免刑和减刑的规定。"官当"即官员若犯罪,允许其依法以官品与爵位抵罪。在诉讼制度方面,《北魏律》建立了"登闻鼓"直诉制度。登闻鼓设于朝堂之外,有冤情者可以击鼓直接向皇帝或中央司法长官诉冤,这种制度经过改革,一直沿用至清朝。

### 3.封建社会发展时期的法制

开皇元年(581),北周外戚杨坚受禅代周称帝,改国号为隋,北周乃亡。杨坚改元开皇,建都长安,称隋文帝。隋文帝审时度势,采取刑部侍郎赵绰"行尧舜之道,多存宽宥"的建议,指派专人制定《开皇律》。《开皇律》共计 12 篇 500 条,其篇目是:名例律、卫禁律、职制律、户婚律、厩库律、擅兴律、贼盗律、斗讼律、诈伪律、杂律、捕亡律、断狱律,素有"刑纲简要,疏而不失"的美誉,"后世多遵用之",可见其影响深远。《开皇律》无论是篇章体例还是基本内容,较以前的封建法典均有显著改进,是对秦汉律以来的法律的总结,也为唐律奠定了基础。

唐朝以"德礼为政教之本,刑罚为政教之用"为法制指导,将封建立法推向古代法制文明高峰,有《武德律》《贞观律》《永徽律》及《律疏》《开元律》及《开元律疏》《大中刑律统类》《唐六典》等。其中《永徽律》及《律疏》(合称《永徽律疏》)最负盛名,总结了汉魏晋以来立法和注律的经验,不但对主要的法律原则和制度从历史上寻根溯源,说明其沿革,而且尽可能引证儒家经典,作为律文的理论根据,使"疏"与"律"具有同等的法律效力,从此"天下断狱,皆引疏分析之",成为统一解释的法律依据。民事、行政、刑事立法空前完备。[①]

《唐律疏议》的完成,标志着中国古代立法达到了最高水平。作为中国封建法制的最高成就,《唐律疏议》全面体现了中国古代法律制度的水平、风格和基本特征,成为中华法系的代表性法典,对后世及周边国家产生了极为深远的影响。

所以,《唐律疏议》成为中国历史上迄今保存下来的最完整、最早、最具有社会影响的古代成文法典,在中国古代立法史上占有十分重要的地位。

宋朝初年制定的《宋刑统》,是我国历史上第一部刊版印行的封建法典。这一时期的法律特点是:确认封建的租佃关系和田宅典卖制度,加强对司法权的控制,刑罚更加野蛮,折杖法、刺配法、凌迟等酷刑的滥用是刑罚制度的倒退。

元朝的立法有《大札撒》《至元新格》《大元通制》《元典章》。这一时期的法制发展没有显著进步,具有如下特点:实行民族歧视和民族压迫,把人民划分为高低四等——蒙古人、色目人、汉人、南人;残酷镇压农民阶级的反抗;维护地主阶级对农民的残酷剥削和压迫;确认蓄养奴婢的合法性;在继承汉族法律的同时又保留了蒙古族的习惯法。

**4.封建社会后期的法制**

明律与唐律相比,要严苛很多,所谓“轻其轻者,重其重者”。以明太祖的“重典治乱国”为指导思想,《大明律》充实了加强专制主义中央集权制度的内容,是一部比唐律有所发展但更为严苛的封建法典。明太祖亲自制定《大诰》,汇集了当时用严刑峻法惩治官民犯罪的典型案例,制定了新的法律规范,兼有明太祖对臣民的训诫,直接反映了重典思想。为调整封建家各机关权力更好地集权于中央,制定了行政法典《大明会典》。

《大清律例》是中国历史上最后一部封建法典。康熙年间统治者仿《大明会典》制定《康熙会典》,此后雍正等四朝均做了修订。其详细记载了清朝从开国到光绪年间各级行政机关的执政、审判和政府活动原则,是中国封建时代最完备的行政法规,也是中国封建时代行政立法的总汇。虽然早在1910年就已经废止了《大清律例》,但真正意义上的废止却是在1972年。1842年,香港被清朝政府划到了英国的殖民版图中,但双方签署的条约规定,对香港的华人仍按照《大清律例》执行,这一规定直到1971年以后才完全废止。

## 四、中国古代法制文明的起源特征

古代中国是世界著名的文明古国,早在公元前21世纪左右就已经建立了国家,形成了法制。中国古代法制文明不仅起源早,而且四千多年的发展过程,一

---

① 岳纯之.唐律疏议[M].上海:上海古籍出版社,2013.

直没有中断过,这在世界古代文明中也是罕有的文化现象。因此,中国古代法制的历史沿革非常清晰,各代政权制定的法典或确立的制度,都有清楚的源流关系,形成了一个博大精深的完整系统。

夏商周时期国家是在家族的基础上建构起来的,当时的国家体制是家国一体的体制,是以血亲关系维系统治的宗法制度,人际关系都按礼的原则来建立。进入春秋时期以后,封建制开始解体,体现在国家方面,就是天子力量衰微,诸侯崛起;体现在诸侯国中,就是卿大夫的势力强大起来,开始掌握诸侯国的权力,并开始篡夺君位;体现在封邑层面上,就是家臣凌主;体现在社会层面上,就是维系社会关系的纲纪逐渐失效,出现了礼崩乐坏的局面。诸侯国相互征伐,大国兼并小国,大国侵占更多的土地,小国要自卫,天下混战,国与国之间没有基本的规则,无论大国、小国都希望富国强兵。法家适应这一时代的需要,提出了法治的主张。法治的一个基本的内容就是扩张君权,以法治国。公元前536年,郑国"铸刑书于鼎"(刑即为法),后来,晋国也"作刑书"。郑国与晋国先后采取了把刑法铸在鼎上的方式来制定和公布刑法,推行法治,向民众公布法律,使得民众也可按照这种明示的法律来解决社会争端。而在这以前,法律都是随意而神秘的。法律的公开具有划时代的意义。①

综上所述,中国古代法制文明的起源特征有以下三个方面。

(一)兵刑合一、以刑为主

远古时代,生产力低下,人类缺乏征服自然的力量,因此,天被推崇为万物的本源。统治者还有意识地把法(刑)与天联系在一起,把他的统治说成是"奉天承运"(奉天承运的意思是:奉:遵照,遵从天意,指皇帝受命于天。承运:继承新生的气运,指君权神授。这是中国古代封建帝王诏书开头的套语,源于秦朝,从明朝开始正式使用)。《尚书·皋陶谟》提到:"天讨有罪,五刑五用哉。"《尚书·大禹谟》提到,故圣人"因天讨而作五刑"。圣人制定礼乐制度的原则是法天地之固有本性,即"则天象地"。《尚书·皋陶谟》说:"天叙有典,敕我五典五惇哉! 天秩有礼,自我五礼有庸哉! 同寅协恭和衷哉! 天命有德,五服五章哉! 天讨有罪,五刑五用哉!""天叙""天秩""天命"就是上天的意志和法则,"五礼""五服""五刑"是人类社会的法制规范。圣人作为天人之间的桥梁纽带,把天法转换成人法,代表上天来管理人间社会。《周易·系辞上》说:"河出图,洛出书,圣人则之。"河图洛书上的图案或文字,表达了上天的意志和法则,得到河图洛书就意味

---

① 朱晓燕.中国古代的法治思想及其对后世的影响[EB/OL].(2007-07-23)[2018-03-05].http://www.doc88.com/p-396245717999.html.

着得到了上天的任命,拥有了人间的立法权。天法决定了人法,人定法必须服从天法的主张。

（二）受到宗法制的深刻影响

中华文明源远流长,自从产生以来就持续不断、一脉相承地发展到现代。中国古代文明的特征主要是:它是一种覆盖广大地域的内陆型文明,具有鲜明的本土特点及多元起源、多区域不平衡发展的特点,其发展延绵不绝,连续而未有中断;它又是兼容并蓄的,造就了中华文明的丰富性与强大生命力。

为什么在漫长的岁月中,中华民族虽屡经曲折磨难,却一次又一次地衰而复兴,蹶而复振,巍然屹立于世界的东方? 这与中国古代法制文明的兴盛是有极大关联的。中国古代法的起源与西方法有着许多的不同,最显著的特点是它不是在彻底打破旧的氏族血缘关系的基础上产生的,而是在对旧的氏族习惯进行渐进变革的基础上形成的。因而它保留了相当多的习惯法,很多调整氏族内部关系的习惯法演变成了后来的礼,成为中国法的一个重要渊源。

中国古代的统治者,在意识形态领域中,主要是利用"受命于天"的神权法的思想和以"亲亲""尊尊"为指导原则的宗法思想来进行统治。当时占主导地位的法律思想,也受这两者的支配。西周初期的统治者周公,吸取了商末统治者政权失败的教训,重视民心向背,要求西周贵族以殷商为鉴,主张"明德慎罚",德刑并用,反对"罪人以族",要求在判罪量刑时必须区别过失("眚")和故意("非眚")、偶犯("非终")和累犯("惟终"),以缩小打击面。他又修正了殷商的神权法思想,提出了"以德配天"的君权神授说,由纯重神权走向兼重人事,为法律思想初步摆脱神权的羁绊提供了有利条件。他还"制礼作乐",以"亲亲""尊尊"原则为指导,健全了西周的礼制,为巩固西周王朝的统治打下了基础。

礼的精神和规范在中国古代之所以获得高度的社会共识,之所以能被自觉地遵守,原因在于它的"由下而上"和"自动自知"。因为源自人情,"由下而上",礼的约束得以覆盖到社会的每个角落。所以孔子说:"不学礼,无以立。"因为礼凝聚了当时人们共同的信念,所以循礼便会"自动自知",成为社会自治的基础。

（三）表现出民族大融合的特征,具有兼收并蓄的特点

中国古代文明起源于黄河、长江等流域。不同氏族部落之间的相互交往,使得不同的生活习俗和管理方法不断地得到交流和融合。

华夏文明是以黄河流域为中心的农耕文明,对水的控制与利用,是当时人们生存与发展的重要现实问题。充分利用水利资源,化害为利,单凭个人的力量是不可能实现的,必须依靠氏族、部落集体的力量才能达到目的,因而原始的氏族制度只有充分发挥其组织力量,氏族部落首领在这个过程中才能逐步取得越来

越多的公权力,进而转变为统治集团与统治阶级。

海纳百川,有容乃大。中华文明正是在不断吸收、消化各民族文化的过程中兴旺发达起来的。中华文明的兼容性举世闻名,历史上任何外来文化传入中国,都终被中华文化所融合,成为颇具特色的中国文化的组成部分。中华民族在长期的民族融合中发展壮大,也在不断地兼收并蓄中结成辉煌灿烂的文明之果。

中国古代文明不仅惠及东亚地区,而且对包括欧洲在内的其他世界文明影响深远。以汉字为首,包括儒学、律令、佛教的传播主导了东亚各地的物质文明和精神生活。以四大发明为代表,中国古代的物质文明为欧洲的文艺复兴和近代化提供了某些诱发因子,中国古代文明不仅为西方的近代文明提供了物质基础,而且还是西方现代科学技术的直接源头。中国官吏的考选制度,也对欧美的考试制度及文官制度产生过影响。

## 第二节　中国古代证据制度的司法实践

### 一、中国古代证据制度的主要基础

中国古代法制文明在世界法律史中占有重要地位,也是中国古代文明的具体体现。中国古代法律制度的设计与其所处的经济、社会制度与环境相适应,作为中国古代法律制度组成部分的证据制度在设计及实施过程中也受到了古代哲学、伦理观念、心理学等因素的影响,同时也与当时的生产力水平相适应。中国古代证据制度具有与西方不同的特征,这与中国古代文明对人的重视、以儒家为主导的哲学观念、当时的生产力水平及家天下的统治思想密切相关。[①]

（一）古代证据制度的哲学基础

**1.天道观对证据制度的影响**

中国传统哲学致力于研究天人之间的关系和古今历史演变的规律,形成了独具特色的自然观、历史观、人性论、认识论和方法论,特别重视哲学与伦理的联系。

天道观是中国古代哲学关于世界本原的基本观点,主要围绕天是否是本原的问题进行论辩,故称天道观。在先秦哲学中,无论是唯物主义还是唯心主义,其哲学体系都把自己的天道观作为立论的依据。商代把"天"看成人格化的至上神,称为"帝""天帝"或"上帝",作为世界的最高主宰。卜辞中记载了商代统治者

---

① 姜登峰.中国古代证据制度的思想基础及特点分析[J].证据科学,2013,21(4):408-419.

卜问上帝的内容,凡祭祀、征伐、田猎、年成、风雨、行止、疾病等,都依占卜的结果行事。

君权神授思想是古代社会天道观的核心内容。古人认为,人间有君王,乃天意。君权神授,王者通天地人。董仲舒说:"古之造文者,三画而连其中,谓之王。三画者,天、地与人也。而连其中者,通其道也。取天地与人之中以为贯而参通之,非王者孰能当是?""唯天子受命于天,天下受命于天子。"天子父母事天而子蓄万民。君权神授意味着君权至上,君主拥有凌驾于法律之上的权力,国家司法制度是维护君主统治的工具。君主的政治性考量,甚至个人爱好、性格、喜怒哀乐的情绪等常常左右证据制度的制定和实施。

**2."五行说"对证据制度的影响**

"五行说"是中国传统思想中最重要的内容之一。褚少孙补《史记·历书》称:"盖黄帝考定星历,建立五行,起消息。"他以五行起源归之于黄帝。然黄帝其人却是上古史中最大的谜之一。"五行"最早见于《尚书·甘誓》:"有扈氏威侮五行,怠弃三正。"但此篇所出时代不明,篇中"五行三正"究为何指,则自汉代以下一直聚讼纷纭。[①]

今人多以《尚书·洪范》为五行说之可信出典。《尚书·洪范》有云:"五行:一曰水,二曰火,三曰木,四曰金,五曰土。水曰润下,火曰炎上,木曰曲直,金曰从革,土爰稼穑。润下作咸,炎上作苦,曲直作酸,从革作辛,稼穑作甘。"《尚书·洪范篇》的记载,既保留了殷商信奉上帝的神学观念,同时又把水火木金土看成世界的五种基本物质,具有朴素唯物主义的成分,对中国哲学的发展产生了深远的影响。

阴阳之道认为,阳尊阴卑,阴阳各有所司,不可或缺,阴阳不调则会引起灾害。阳为德,阴为刑,刑主杀而德主生。儒家从五行之道发展出来的仁、义、礼、智、信的"五常"思想也体现在传统证据制度的表现形态之中。德威并用,以德为主、以威为辅成为传统证据制度的思想基础。"德性原则"是传统证据制度的基本原则。

**3.人道观对证据制度的影响**

中国古代哲学中关于人生和为人之道的观点,称为人道观。周代以前,认为人是上帝的奴仆。周公提出以德配天,承认"敬德"与"天"的一致性,"制礼作乐"以规范人的社会关系。西周末年与春秋时期,随着疑天思潮的蔓延,兴起了重人事与祸福依人的思想。

孔子认为人类生活的最高原则是仁,即"爱人",提倡"己欲立而立人,己欲达

---

① 何新.重论"五行说"的来源问题[J].学习与探索,1985(1):20-26.

而达人","己所不欲,勿施于人"。在他看来,仁与礼是统一的,礼体现仁,"克己复礼为仁","人而不仁,如礼何"。墨子也讲仁,认为仁的实际含义是"兼爱",提倡"兼相爱,交相利"。

孟子大力宣扬孔子关于仁的学说,提出"仁义礼智"的体系,又把仁义礼智与人的本性联系起来,认为人的本性中含有仁义礼智的萌芽,称之为"四端"。四端,是儒家认为人应有的四种德行,即恻隐之心,仁之端也;羞恶之心,义之端也;辞让之心,礼之端也;是非之心,智之端也。"四端说"是孟子思想的一个重要内容,也是他对先秦儒学理论的一个重要贡献。

传统证据制度中的亲亲相隐制度,来源于"亲亲相隐"的儒家思想。西汉时,亲亲相隐的内容得到进一步规范和明确。汉宣帝地节四年(前87)诏曰:"父子之亲,夫妇之道,天性也。虽有患祸,犹蒙死而存之。诚爱结于心,仁厚之至也,岂能违之哉!自今,子首匿父母,妻匿夫,孙匿大父母,皆勿坐。其父母匿子,夫匿妻,大父母匿孙,罪殊死,皆上请廷尉以闻。"这一诏令首次正面肯定妻、子、孙为夫、父、祖隐在法律上的正当性。

此后至清代,各朝的律例都确立了容隐制并且不断丰富和完善,亲亲相隐制度一直沿用了2000多年,它不仅仅是一项重要的道德规范,也是一条重要的法律原则。[①]

(二)古代证据制度的心理学基础

中国当代心理学是继承发展中国古代心理学思想和接受西方心理学思想的产物。古代中西方的哲学思想家,基于"人"这一研究对象共同的生理和心理特性,得出了许多相似的结论。但是,由于研究出发点不同,最终导向了不同的道路。中国古代思想家,由于自身的背景,倾向于从社会政治的角度考察人,认为世界万物之中,人最为可贵。它与"人为万物之灵"的含义相通,是中国古代心理学思想的一个重要观点。《尚书·泰誓》中说:"惟天地,万物父母。惟人,万物之灵。"这是中国思想家一直宣称的"人为万物之灵"的最早表述。春秋时期的思想家老子也认为"域中有四大,而人居其一",所谓"四大"指的是道、天、地和人。人取法地,地取法天,天取法道,而道纯任自然。老子肯定人与天、地同为一"大",在天地间有优越的位置。《孝经·圣治章》:"天地之性,人为贵。"贵人思想是人主体意识和科学社会发展的必然产物。它肯定了天下万物中人的主体地位,尊重人的人格意志和权利。

在古代社会,科技不甚发达,人们认知自然和社会的能力有限,而纷争的发

---

① 冯友兰.中国哲学史[M].重庆:重庆出版社,2011.

生却不可避免。为消弭社会矛盾,维护社会秩序,查明案件真相而实现社会正义成为诉讼的重要任务。而案件事实一旦发生,则成为既定的事实,不可重现。人们要查清案件的真相必须借助于罪犯遗留于时空的"蛛丝马迹",对过往事实予以重构,使犯罪事实得以还原其本来面目,而这一还原工具即是证据。证据有人证与物证之分,在认知能力颇为有限的古代,则更注重通过当事人(尤其是被告人)的陈述来获取证据。因此,"五听"(即辞听、色听、气听、耳听和目听)成为中国古代听讼的基本方式,"五听"制度即旨在通过甄别当事人的陈述以准确查明案件事实。

听讼制度在中国古代刑事诉讼中占据重要的地位。中国古代重实体、轻程序的传统,使得通过听讼的方式探究案件真相,具有特别重要的意义。五声听狱讼,是古代司法官在审理案件时必须遵循的原则。晋朝以注释晋律著称的张裴,从心理学角度阐明了"五听"的必要性、科学性:"夫刑者,司理之官,理者,求情之机,情者,心神之使,心感则情动于中而形于言,畅于四支,发于事业,是故奸人心愧而面赤,内怖而色夺。论罪者务本其心,审其情,精其事。近诸取身,远诸取物,然后乃可以正刑。"

以现代观点评价"五听"制度,其合理性主要体现在三点。首先,以五声听狱讼,要求司法官亲自坐堂问案,面对面地听取当事人的陈述,并观察其表情和神色,这有助于通过比较分析和综合判断,查明案件事实,体现了审判的直接言词原则。其次,"五听"制度以人的感性认识为基础,进而上升为理性认识,运用事理、情理和逻辑推理对案件进行判断。"五听"总结了审判实践中一些有益的经验,其内容含有一定合乎审讯学、心理学和逻辑学原理的正确成分。最后,"五听"制度对古代司法官提出了较高的标准,要求其必须具有较强的观察能力和分析能力,要"体察民情,通晓风物",做到准确判案。当然,"五听"制度过于强调司法官利用察言观色对证据做出判断,具有较大的任意性和盲目性,很容易导致主观擅断,造成冤假错案。"五听"制度强调口供的证据价值,而在司法实践中,在司法官"情不得实"时,也在客观上为刑讯逼供大开方便之门。[①]

(三)古代证据制度的法理学基础

中国古代法思想的内容十分丰富,经分析,我们可以归纳出中国古代法理研究主要集中在两个方面:一是法与自然的关系,二是法与人的关系(法与人性、法与道德、法治与人治)。

不同的自然环境与社会文化背景,使中西方的哲学家从大自然中感悟到不

---

① 潘菽,高觉敷.中国古代心理学思想[M].南昌:江西人民出版社,1983.

同的真谛。以农为本的中国人从自然中感受到的是万世不易的四时变化规律与万物相生相克的道理,从而形成崇尚自然、效法自然的法理念。其实古代中国法传统也有公平正义的内核。从"法"字的字源出发,在许慎的《说文解字》中就有体现:獬豸会用角触碰有罪之人。

自然法都存在一种跳脱了成文法的束缚,源自本身的不变的内在精神,而这种内在精神就是西方法律所坚定不移、孜孜以求的公平正义。西方人从自然中感悟到了"物竞天择""优胜劣汰"的公正原则,其自然法的精髓就在于"公正"。

不同的人性论决定了不同的法思想。自春秋战国起,中国的先哲们便对人性与法的关系进行了探讨。人性与法的关系本质还是自然与法的关系的延续,因为人性生于自然。先秦儒家基本持"性善"的观点,相信道德教化的作用,主张"礼治";而法家是"性恶论"者,更相信"力"的约束,主张"法治"。其后,随着儒法两家的融合,以儒家为主的礼法合治,德主刑辅的法思想占据了主导地位。

### 1."天人合一"的立法思想

崇尚上天(神),用占卜获取天(神)意,是人类社会发展的必经阶段。甲骨卜辞的发现证明商人几乎无事不卜:大到祭祀、征伐、立制,小到行止、疾病、梦幻之类。商统治者对"天"的崇拜与迷信达到鼎盛,商纣王在周人大兵压境,生死存亡的关头依然说"我生不由命在天乎",周人革商人之命,对"天"的存在与威力不可能毫无怀疑,人对天的绝对服从在周初便有了改变。相比之下,人的地位有了显著的提高。周初统治者认为,天意通过占卜可以预测,但更直接的是通过民意反映出来。统治者只有凭借"德政"才能获得民心,并由此顺应天命。"民之所欲,天必从之"的思想可以说是"天人合一"观念的萌芽。

"天人合一"观在西汉正统法思想形成时,就被思想家、政治家、教育家、唯心主义哲学家和今文经学大师董仲舒系统化、理论化。正统法思想的奠基者董仲舒认为天人是相通的,人的精神形体就是自然的反映,人与天相通、相应,天为人之本,因而在董仲舒看来,人最重要的莫过于效法上天,顺应自然,与自然融为一体来保天长地久。董仲舒的"天"有两个含义:一是阴阳、四时、五行、万物自然的演化,是为"天象",这是自然之天;二是主宰自然(也包括人类)的"天意",这层意义的"天"具有神秘的宗教色彩。天象是天意的体现,在天人合一的体系中,在人对天的效法中,董仲舒更强调自然之天。因为"天意难见也,其道难理"。而自然的阴阳、四时、五行变化,造就了自然界中的"万象",古人也称之为"天象"。在儒家思想中,天象是圣人制礼的依据,也是统治者立法的依据。①

---

① 马小红.中国古代社会的法理学[J].人大法律评论,2009(1):202-213.

**2. 顺天则时的"司法时令说"**

"司法时令说"源于战国时期的阴阳家思想,其认为王政、法度都应该随着阴阳消长、四季变化的规律而定,断讼听狱的司法活动也应该与天时相应。在春夏万物生长之际,应从事教化奖赏;秋冬万物肃杀之时,则应从事断狱活动,故而"秋冬行刑"成为制度。"司法时令说"的具体体现是,首先要求帝王"顺天",自然界的灾异之象,是"上天谴告"帝王为政有失,所以帝王要检点言行,亲自复查、审断案件,平反冤狱。其次要求帝王"则时",如《礼记·月令》中言,当春夏阳和之际,帝王也应效法天意,善待人犯,停止一般的狱讼和拷掠犯人以体现上天仁慈好生之德。秋冬时要顺应天的肃杀之威,审决死刑,严惩犯罪。

"司法时令说"为正统法思想所采纳,并形成日益完善的"司法时令制"。

**3. "德主刑辅"的治国理念**

由于对人性、人情有了较全面的认识,汉以后正统法思想主张礼法并举的治国方针。礼与先秦思想一脉相承,侧重于体现人情、人伦之义,也是法的精神,其主要内容被概括为"三纲五常"。礼与法是两种不同的治国手段,礼侧重于教化,目的在于通过道德教化,变人性中的"善质"为善。而法侧重于用严厉的刑罚扼制人性恶的发展。简单地说,礼是一种由里及表的统治方式,法是一种由表及里的统治方式。礼以扬善,法以惩恶。礼法的最终目的都在于使人们能"情动而处其中"。《清史稿·刑法志》中说:"中国自书契以来,以礼教治天下。劳之来之而政生焉,匡之直之而刑生焉。政也,刑也,凡皆以维护礼教于勿替。"因此。德主刑辅、礼刑并举成为正统法思想体系的核心内容。正统法思想对人性与法关系的论述,确定了法的作用不仅仅指规范人们的言行,维护人类社会必要的"秩序","惩恶扬善"才是法律所要达到的最终目的。

孔子有言:"道之以政,齐之以刑,民免而无耻;道之以德,齐之以礼,有耻且格。"先秦儒家认为治理国家德礼政刑不可偏废,但是应该以"德礼"的普及为追求。因为德礼教化不仅可以减少违法犯罪,而且可以使民众有羞耻之心,变被动守法为主动守法,即"有耻且格"。汉代通过对秦法的反思,将孔子有关德礼政刑关系的论述成果予以推广使之成为全社会的共识,并进一步发展。在德与法关系的论述上,汉儒有两大贡献。

第一,确立了刑在治国中的辅助地位,即"德主刑辅",并以此来指导立法、司法实践。董仲舒用自然阴阳五行的变化规律论证德礼政刑的思想。董仲舒认为天地万物皆由阴阳演化而成,阳"以生育养长为事",阴"积于空虚不用之处",自然界中阳主阴辅是天意的体现,故而上天有好生之德。人类社会的发展,在董仲舒看来也是阴阳演化的表现,统治者为政的手段可以与阴阳变化相比附:"阳为德,阴为刑;刑主杀而德主生。"

第二,将先秦儒家学说现实化,使儒学由"圣人之学"转变为为统治者服务的学说,使儒家的法体系更具实用性。孔子的学说不被统治者接受的重要原因在于过分强调教化,理想色彩太浓。有人曾问政于孔子:"如杀无道,以就有道,何如?"孔子答道:"焉用杀? 子欲善而民善矣。"在先秦儒家看来,政治就是如此简单。"君正则天下正。"只要君主心存仁义,天下之人便会弃恶从善。与先秦儒家不同的是,汉代儒生更注重统治者的统治方式。因而在肯定教化的同时,汉儒并不讳言刑杀的作用,所谓"阳不得阴之助,终不能独成岁"。对传统的礼,汉儒则明智地"微言大义",将礼作为刑的原则与指导。因此,在汉代,不仅儒家的思想得到了弘扬,在法家理论指导下建立的秦制亦得到继承。"汉承秦制"标志着汉代思想家和政治家的政治理想在现实中得到贯彻。

古代社会的司法官吏在实践中既要依国法,又要讲情理,达到理、法、情的和谐统一。就"理"而言,证据的收集与运用要符合"事理""情理"和"天理",强调证据的准确可靠。就"法"而言,司法官吏在实践中要遵循朝廷的法令。就"情"而言,在实践中,要注重诉讼双方的人伦关系,权衡实际,灵活断案。三者都与"德性原则"密切相关。当然,"德性原则"并不否定"威"在传统证据制度中的基础作用。制度化的残酷刑讯、审案中的下跪听审与"喝堂威"等无不散发出浓浓的"威"的气息。当然,"威"只能在德的指导下,与德结合,才能维护国家的司法秩序。

## 二、中国古代证据制度的基本类别

中国古代对证据制度的重视是毋庸置疑的。证据的分类会随着朝代的更迭而变化,同一朝代法律制度对不同证据的重视程度也并不一致,但纵观历史上的司法实践,证据的分类十分明确。中国古代的证据种类基本上有早期的神示证据、口供、证人证言、书证、物证、勘验笔录、检验与鉴定等。

### (一)神示证据

人类证据制度的发展经历了神证、人证和物证三个阶段。而出现于人类奴隶社会的神示证据制度,即神证,是原始诉讼制度中最早的证据制度。所谓的神示证据,即根据神明的启示来判断证据的真实性进而认定案件事实,解决诉讼争议的证据制度。换言之,是在司法活动中采用一定方式邀请神灵帮助司法官员判断案情,并且通过一定形式把神灵的旨意表现出来,作为裁判的依据。

神示证据制度产生的最为本质的历史背景及原因,是生产力和科技的不发达导致人们认识世界的能力不足。天气的变化无常、火山的爆发、洪水的肆虐等自然现象,令先民不安,甚至惶恐。他们相信作为最高主宰者的神,无时无刻不在监视着人类的一举一动,"举头三尺有神明",无论你在什么地方做任何事,天上的神明都会看得清清楚楚。

由于不能收集充分确凿的证据材料来解决案件,人们不得不求助于神明的"裁决",通过占卜、赌咒、立誓和神判等方式求助于神明来确定案件的事实。在中国古代的早期诉讼中,认定案件事实,决断争讼是非,曾采用过以神兽触罪者的神明裁判方式。《说文解字》释"廌"字道:"兽也。似牛,一角。古者决讼,令触不直者。"廌即獬豸,古代法冠即称獬豸冠。《后汉书·舆服志》说:"獬豸神羊,能别曲直,楚王尝获之,故以为冠。"

在《周礼》中曾有盟誓、盟诅的记载,说明在中国古代社会的早期,曾有神示证据的存在。盟誓、盟诅既具有宗教功能,又具有国家强制力和法律约束力的功能。周朝还把当事人的"盟诅"作为一种证据,"有以狱讼者,则使之盟诅"(《周礼·秋官·司盟》)。出土的西周金文《鬲攸比鼎铭》《傸匜铭》,也有在诉讼中盟誓的记载。

(二)口供

据史料记载,中国古代口供制度最晚确立于西周时期,发展于秦汉魏晋南北朝,成熟于隋唐时期,强化于明清时期。口供又称为"口实",在中国古代的诉讼特别是刑事诉讼中,其本身具有十分重要的意义,甚至被视为"证据之王"。秦代至清代的证据制度,其重要特点是以被告人的口供作为定罪的一项根据。《清史稿·刑法志》指出,"断罪必取输服供词",说明被告人不供认,就定不了罪,被告人一供认,就可以定罪。与重视被告人口供相适应,当时的法律允许刑讯以逼取口供。

古代诉讼重口供和允许刑讯,是当时冤案层出不穷的一个主要原因。汉代曾规定"会狱,吏因责如章告劾,不服,以笞掠定之",并有"棰楚之下,何求不得"的主张。也就是说,为了获取口供,可以用刑讯等一切方法。魏晋时期,也有用"测囚之法"来得到口供的记录,说明口供在审判中具有重要地位。《唐律断狱》规定:"诸应讯囚者,必先以情审查辞理,反复参验;犹未能决,事须讯问者,立案同判,然后拷讯。"《疏议》又注解:"察狱之官,先备五听,又验诸证信,事状疑似,犹不首实者,然后拷掠。"由此可见古代司法实践和司法官吏对口供的重视。

但是,在下列特殊情况下,可不凭被告人口供而以其他证据定罪:①根据唐律、明律、清律的规定,属于议、请、减、老、小、废疾等不得拷讯的被告人,"皆据众证定罪";②明律、清律规定,"若犯罪事发而在逃者,众证明白,即同狱成,不须对问";③唐律规定,"若赃状露验,理不可疑,虽不承引,即据状断之"。

（三）证人证言

证人证言即证人在诉讼过程中就自己知道的案件情况向司法机关做出陈述，司法官据此查清案件事实。中国古代的证人一般由官员根据案情召集或者由当事人主动参与。证人一般当堂作证，否则，按律治罪。

历代刑律对证人证言的收集、使用，制定了如下规则。

**1. 不得作证的情况**

在通常情况下，证人必须作证，而且法律上允许拷打证人。但是，唐代至清代都有法律规定，有两类人不得作证。第一，属于容隐范围中的人，即一定范围中的亲属、奴婢、部曲（农奴）、雇工对家长不得作证。这是封建礼教和家族制度在证据制度上的反映（亲亲相隐）。第二，年八十以上，十岁以下和笃疾者（恶疾、癫狂、两肢废、两目盲等）。因为这些人往往缺乏作证能力，而且"以其不堪加刑故，并不许为证"。

**2. 作伪证有罪**

在我国古代诉讼中，各个朝代都严厉禁止诬告。反对、禁止诬告罪始于西周，秦朝规定得更为详细，秦律采用诬告反坐原则对诬告者加以处罚。《睡虎地秦墓竹简·法律答问》中有许多关于惩处诬告的文字记录，如"当耐司寇，而以耐隶臣诬人，为隶臣"。自秦朝以后，古代中国的法律都以"诬告反坐"作为惩处诬告的基本原则。从居延（今内蒙古自治区额济纳河流域）出土汉简中发现的东汉《建武三年候粟君所责寇恩事册》案卷中记载，在审案时，要先对被讯问者告以"证财物故不以实"所负刑事责任，然后进行讯问。唐律规定，证人不讲真话，以致定罪有出入的，证人要负刑事责任。明律、清律的规定与唐律相同。

**3. 众证定罪**

《唐律·名例六》称："称众者，三人以上。"在中国古代的证据制度中，所谓"据众证定罪"是指一定范围的案件，由于涉案当事人身份的特殊性，不适合拷讯，依靠证人证言且必须是三人以上明证其事的证据规则。如果只有两个证人，或虽有三个以上证人，但有人证实，有人证伪，也不能定罪。如有违反，则要追究司法官的故失责任。"据众证定罪"的首要规则，证人证词和犯罪者口供都是人的证据。与物的证据相比，中国古代人认为，人的证据更有效力，更具真实性。[①]

（四）书证

自发明文字以来，中国就出现了书证。先秦以前的书证非常简略，大多书写在木简、竹简、金石器物和布帛之上，使用非常不便。随着造纸技术的发明和纸

---

① 沈大明. 中国古代证据制度及其特点[J]. 社会科学,2006(7):139-145.

张的广泛使用,书证开始广泛适用于**各种民事、刑事和行政诉讼领域**。

书证制度的出现,使西周以后的审判制度迅速摆脱了夏商以来野蛮落后的神明裁判方法,向着更文明的方向发展。书证是古代官员在解决民事诉讼时最推崇的证据,例如表明买卖、借贷、租赁、典当关系的契约,用以证明土地、坟山归属的房契、地契和官册等,是最重要、最常见的民事诉讼证据。

纸张的普及推动了中国古代书证制度的发展,同时也带来了伪造书证的弊端。为了防止伪造和变造书证,历代法典都设有相关的法律条文,对伪造书证的行为给予严惩。针对书证容易伪造和变造的特点,法典规定了许多预防性措施,如让双方当事人、保人、见证人在各类书证上签字画押,在公私文书上加盖印章,以保障书证的真实性。[①]

（五）物证

自人类社会出现了审判活动后,证据自然就在其中得到应用,并且随着社会的进步,司法活动对证据的要求也越来越高,越来越讲究证据的证明能力。证据分为实物证据与言词证据,由于本身具备的客观性和稳定性,物证具有较高的证明价值,在古代审判活动中十分注重对它的应用。中国古代的物证制度有深厚的历史渊源,其发展经历了五个阶段:第一个阶段是西周时期,该阶段是物证技术的萌芽阶段;第二个阶段是从春秋战国时期到秦朝,是物证技术的形成阶段;第三个阶段为汉朝到唐朝,此为物证技术的发展阶段;第四个阶段是宋朝,这是物证技术的鼎盛阶段;第五个阶段历经元明清三朝,是物证技术的衰落阶段。

物证在古代诉讼中得到了广泛应用,并且成为定案的重要证据。各种物证中,以涉及财产案件中的赃物、人命案件中的凶器等最为重要,亦称为"赃状"。如果这两类证据充分,即使没有被告人的口供亦可定罪,即所谓"若赃状露验,理不可疑,虽不承引,即据状断之"。值得注意的是,出现物证,往往会造成对当事人的刑讯,《隋书·刑法志》中记载:"其有赃验显然而不款,则上测立。"而在宋代,随着物证在断狱中的作用日益凸显,相应的关于物证的理论也开始萌芽。著有《折狱龟鉴》的郑克非常注重物证在审案过程中的作用,他指出:"凡据证折狱者,不唯责问知见辞款,又当检勘其事,推验其物,以为证也。"最值得称道的是,他还注意到很多时候物证比证人证言更有证明力,这种物证优先于人证的法律思想,对于我国古代证据观念来讲,是一次大的突破。[②]

---

① 郑显文,王喆.中国古代书证的演进及司法实践[J].证据科学,2009,17(5):565-596.
② 孟令芳.物证技术的发展对我国物证制度的影响[J].法制与社会,2010(23):45-45.

（六）勘验笔录

勘验笔录，是指办案人员对与犯罪有关的场所、物品、尸体等进行勘查检验的记录。中国古代勘验笔录制度的发展水平十分突出，秦代的司法勘验水平已较为发达，到唐宋以后，勘验制度的发展达到高峰。如南宋淳熙元年（1174年）下诏颁行《检验格目》，嘉定四年（1208年）又颁行《检验正背人行图》，其中规定："令于伤损去处，依样朱红书昼，唱喝伤痕，众无异词，然后署押。"勘验还包括了报检、初检、复检等法定程序。同时对勘验人有责任规定：勘验人员应按照勘验的范围、时间如实勘验，不许纳贿舞弊，违者论罪。可见这一时期勘验笔录已实现证据的制度化、法律化、规范化。宋代由于重视勘验，客观上极大地推动了法医学的发展，如宋代相继出现了郑克的《折狱龟鉴》、桂万荣的《棠阴比事》、宋慈的《洗冤集录》等法医学名著，使中国古代的勘验制度在经验的基础上向理论化发展。尤其是宋慈的《洗冤集录》，从法医学的角度，通过大量的鉴定实例，对许多容易混淆的伤亡现象和死亡现象的原因提供了比较科学的鉴定意见，作为中国古代出现的首部法医学专著，虽然其中一些勘验手段在今天看来存在许多错误与不足，但仍不失为一部极有价值和影响力的专著，不仅被元明清各代传承，而且还流传到亚洲、欧洲等地区，成为世界上最早的古典法医学的代表之作。

（七）检验与鉴定

《周礼》载："凡民讼，以地比正之；地讼，以图正之。"即凡是民间争讼，要以当地的邻里作证，凡是发生土地争讼，要以官府所绘地图作证。又说："司厉掌盗贼之任器货贿。"任器货贿，就是伤人的凶器和所盗财物。在周朝，对伤害案件，要检验被害人的伤势程度，以确定被告人罪责的轻重。《礼记·月令》中说："命理瞻伤、察创、视折、审断，决狱讼必端平。"这里的伤、创、折、断，是指皮伤、肉伤、骨折、骨肉皆断等不同程度的伤害，而瞻、察、视、审是指检验的方法。

中国古代司法中的检验与鉴定，主要集中于民事纠纷，涉及鉴定文书、买卖契约、婚约等真伪的报告，或者对物品价值、地界进行检验、估定等。《周礼》曾有这样的记载："质人掌成市之货贿、人民、牛马、兵器、珍异。"东汉学者郑玄注释这段文字时说："质剂者，为之券藏之也，大市人民、牛马之属用长券；小市兵器、珍异之物用短券。""书契，取予市物之券也。其券之象，书两札，刻其侧。"交易时曾经广泛使用的券契，既是交易的凭证，也是发生纠纷打官司的依据。考古工作者曾经在敦煌酥油土汉代烽燧遗址挖掘出一件汉代木质的符券，长14.5厘米，宽1.2厘米，正面写着"平望青堆燧警候符左券齿百"，下端有一穿孔，穿着一条黄绢绳，以便佩带。这件警候符的上端右侧有一个刻齿，齿的缺口中有一个左半的

"百"字。在验证持符者的身份时,不但要把这件左券和右券的刻齿对上,还要使缺口中的"百"字的两半密合,这比单靠刻齿对合更加严谨。

### 三、中国古代证据制度的司法应用

证据制度是诉讼制度的重要内容与核心所在,法律定纷止争功能的发挥和司法审判活动目的的实现,都离不开对案件事实的认定,而这都需要借助证据制度的保障。中国古代司法鉴定活动历史久远,甚至在相当长时间内一直处于世界领先地位。冯文尧在 1948 年编著的《刑事警察科学知识全书》中写到指纹在东方的演进史时,提到过一件事:英国有一个探险家斯坦因先生在新疆沙漠中发掘出三件文件,其中一件是借据,是一个中国人与当时的东土耳其斯坦人签订的。借据的末一段写着:"对上述双方均认为公正,同意,为证明起见,由双方捺印为凭。"在字据之下按有两枚指印。同时债务人妻女亦在旁按印,并说明妻卅五岁,女十五岁字样。可见那时候人们已经开始使用指纹这种司法物证来代表一个特定的人。此时为公元前 782 年。先进的鉴定科技背后一定有相对成熟的证据制度作为保障。[①]

（一）证据在西周时期的司法应用

西周时期是我国物证技术的萌芽时期。周统治者提出了"明德慎罚"的思想,主张以德为主,慎重刑罚。此种慎重刑罚的思想,必然要求司法审判者审判案件时要慎重,注重案件真相的查明,自然就在证据方面有了更多的要求。此时,物证已经在诉讼活动中得以应用。

《周礼》中便有关于物证的记载:周朝的"司厉"专门"掌盗贼之任器、货贿,辨其物,皆有数量,贾而楬之,入于司兵"。任器,即伤人的凶器;货贿,即所盗财物。到了公元前 771 年,周朝的司法制度已经发展得比较完善了,当时诉讼提起之后,也有一个侦查阶段,进行必要的调查和检验,其中涉及相关物证技术的应用。《礼记·月令·孟秋之月》中记载:"是月也,命有司修法制,缮囹圄,具桎梏,禁止奸,慎罪邪,务搏执,命理瞻伤察创,视折审断。决狱讼必正平,戮有罪,严断刑。"汉蔡邕对此做了解释:"皮曰伤、肉曰创、骨曰折、骨肉皆绝曰断",而"瞻焉、察焉、视焉、审焉,即后世检验之法"。

西周中后期逐渐形成名目不同的民事契约用来规范买卖、租赁等民事行为,主要分为买卖契约和债务契约。买卖契约包括"质""剂",债务契约包括"判书""傅别"。债务契约写明债的标的、返还期限、双方当事人的权利和义务等。契约

---

① 沈大明.中国古代证据制度及其特点[J].社会科学,2006(7):139-145.

书于木简或竹简上,完成后从中剖分为二,债权人与官府各执一份。一旦因债权、债务关系而发生纠纷,债权人必须出示契约的一半,与官府所藏一半相吻合,官府方受理。债务契约不仅是官府是否受理债务诉讼的前提条件,也是官府处理债务纠纷、做出判决的主要依据。"凡有责者,有判书以治则听。""听称责以傅别。"契约的出现及其在诉讼中的大量应用,说明了当时审判者对证据的作用有了新的认识。证据的规范化是物证技术产生的前提。①

(二)证据在秦朝的司法应用

秦朝在注重口供的同时,出现了限制刑讯逼供的原则。秦朝的司法实践中,虽然允许刑讯逼供,但同时附有限制条件,即只有在嫌疑人的主观恶性相当大的时候才能逼取口供。限制刑讯逼供原则的出现,对口供的获取造成了一定的障碍,审判者自然把重心适当地转向物证的提取,物证技术也因此得到发展。

大量史料记载表明,早在先秦时期以法医学检验为核心的司法鉴定就在审判中得到了较为广泛的应用。司法审判是将伤害案件中对被害人进行的伤势检验,作为正确定罪量刑、保证司法公正的必要程序和手段。

根据1975年湖北省云梦睡虎地出土的秦墓竹简记载,秦朝已经有了专门从事法医工作的人员,他们是令史、医生和隶妾。《出子》篇中记载了一起因斗殴引起的流产案件,内有对血块是否是胎儿进行鉴定的记载,详细介绍了对胎儿的检验程序和认定方法。"爰书:某里士五(伍),妻甲告曰:甲怀子六月矣,自昼与同里大女子丙斗,甲与丙相捽,丙偾甲。里人公士丁救,别丙、甲。甲到室即病腹痛,自宵子变出。令甲裹把子来诣自告……丞乙爰书:令令史某、隶臣某诊甲所诣子……"

在尸体检验方面,对"贼杀"(他杀)和"经死"(缢死)的现场尸体检验实例的记载,描述了损伤性状及凶器的推定等问题。特别是在缢死案件中,通过尸体索沟性状的描述,注意到了生前缢死与死后再缢的区别。其中关于对缢死案件检验方法的记载尤为详细,诊必先谨审其迹(仔细观察痕迹)。当独抵尸所(停尸现场),即视索终(检查系绳的地方),终所党有通迹(如有系绳的痕迹),乃视舌出不出(看舌头是否吐出),头足去终所及地各几何(头足离系绳处及地面各有多远),遗矢溺不也(有无屎尿流出)。乃解索,视口鼻渭然不也(有无叹气的样子),乃视索迹之状(查看索沟痕迹瘀血的情况),道索终所试脱头(试验尸体的头部是否能从系绳处脱出),能脱,乃口其衣(解开衣服),尽视其身、头发中几篡(仔细查看全

---

① 张旭. 论中国古代物证技术的发展[EB/OL]. (2006-01-25)[2018-03-05]. http://www. fae. cn/lw/hot53553. html.

身、头发内以及会阴部）。舌不出，口鼻不渭然，索迹不郁，索终急不能脱，口死难审也（不能确定是缢死）。

秦朝在现场勘验上也形成了一些固定的模式，其中《封诊式》就有关于足迹、工具痕迹的详细记载。其中《穴盗》篇中详细记录了一起挖洞行窃的现场情况，具体记录了挖洞的工具像是宽刃的凿，凿的痕迹宽两寸余。在房中和洞内外的土上有膝部和手的印痕，膝、手的印痕各有六处。外面土上有秦履的印痕四处，长一尺二寸。履印前部花纹密，长四寸；中部花纹稀，长五寸；跟部花纹密，长五寸。履印像是旧履。由此推断，在当时的司法实践中，指纹、工具痕迹、足迹及其他痕迹（如膝部痕迹）已经被充分利用，至少在分析案情、寻找犯罪嫌疑人时已经将其作为重要证据。

秦朝时期，法医文书也已初具模型。《云梦秦简》中有记载："爰书：某里公士甲等廿人诣里人士伍丙，皆告曰：丙有宁毒言，甲等难饮食焉，来告之。即疏书甲等名事关蝶背。"由此可见，秦朝时期在审理案件时，已经相当注重和广泛使用各种物证，物证技术自然达到了一个新的水平。[1]

**（三）证据在汉唐时期的司法应用**

**1.汉朝**

汉朝司法制度中对物证技术的发展有极大影响的是"春秋决狱"，以儒家伦理规则中的"善""恶"来确定罪的有无、刑罚的轻重，在司法实践中很容易把主观归罪推向极端，势必造成许多冤假错案。同时过多地注重口供及主观的好坏，对物证技术的发展也是一个沉重的打击。

当然，这个时期的物证技术也并非毫无发展。东汉时期，《汉书·薛宣传》记有"痕""痏"（殴伤为痕，殴人成创为痏）等名词，"遇人不以义而见痕者，与痏人之罪均"。东汉应邵在《汉书集解》中提到："以手杖殴击人，剥其皮肤，肿起青黑而无创瘢者，律谓'痕痏'。"可见，当时简单的法医检验方法成为物证技术的主要形式。

**2.三国两晋南北朝**

三国两晋南北朝时期，立法活动频繁，律学思想活跃，使法律制度有了很大的发展，进一步推动了物证技术的发展。这一时期，皇帝频繁、直接地干预和参与司法审判，还形成了死刑复核制度，加强了自上而下的司法监督，一系列司法制度的改革使得诉讼活动更加规范化，促进了物证技术的发展。

---

[1]　张旭.论中国古代物证技术的发展[EB/OL].（2006-01-25）[2018-03-05].http://www.fae.cn/lw/hot53553.html.

到三国时期,封建的司法制度日渐完备,司法物证检验对象也在不断扩大。如后魏雍州刺史李惠用拷打羊皮寻找少量盐粒的方法,解决了负盐者与负柴者争夺羊皮的纠纷。

这时期甚至还出现了对字迹的检验和对弹丸的检验。如《三国志·魏书·国渊传》记载,国渊出任魏郡太守期间,有人投匿名信诽谤朝政,太祖曹操十分恼火,一定要查出是谁干的。匿名信中有好几处引用了后汉张衡的作品《二京赋》之内容。国渊请求把匿名信的原件留下,不对外透露其内容,指示郡属功曹(官吏):"魏郡是个大郡,而且又是京都,但学识渊博的人却很少。令学需选拔聪明颖悟的年轻人,求师就学。"功曹选出三个年轻人,国渊对他们说:"要学习未知的东西,《二京赋》是一部具有广博知识的书,世人却把它忽略了,能教此书的老师很少,可寻找能读此书的人向他求教。"十天后有人找到了一位能读此书的人,请他代写了书信,经与诽谤信中的笔迹进行比对,发现乃出自一人之手。于是国渊将其逮捕审问,其立即招认。

据《三国志·吴志》记载,孙权的长子孙登,有一次外出,突然有铁丸从他身旁飞过,孙登命左右随从搜查。随从见附近有个人手持弹弓,身带铁丸,便认定是他射的。此人不承认,随从要动手打他,孙登不许,叫人把方才射来的铁丸找来,将它和这人身上带的铁丸对比一番,结果不一样,就把他放了。虽然这种比对的方法很原始,但它是最早的、有文字记载的应用比对弹丸判明真伪的事件,也可以说是枪弹检验的发端。

### 3.隋唐时期

我国古代最具影响力之一的法典《唐律疏议》中的《断狱律》包括了对监狱管理、拷讯囚犯、审判原则、法官责任及刑罚执行等方面的规定,确定了审判回避制度,一定程度上推动了物证技术的发展。

《唐律疏议》吸收了秦汉以来物证技术的实践经验和发展成就,从法律上进一步完善了物证技术。其突出表现,是在法律中对凶杀案件和伤害案件的检验做了明确规定。《唐律疏议》规定,在人命和伤害案件中,检验的对象主要有三类,即尸体、伤者及诈病者,相当于现在的尸体检验和活体检验。同时,对伤害案件中"伤"的标准做了明确的界定,即"见血为伤",以及各种伤害的分类——手足伤、他物伤与刃伤。根据伤害程度的不同,当事人承担不同的刑事责任。如对损伤他人眼睛的行为,凡"眇一目"的,"徒一年";而"瞎一眼"的,则"徒三年"。"眇"是"亏损其明而狱见物","瞎"则是"目丧明全不见物",两者损伤程度不同,所以量刑轻重也有所不同。而所有的伤势,都必须通过司法鉴定。也正因为如此,《唐律疏议》对检验人员的责任也做了明确规定:凡是检验不实的,要视其情节予以处罚,严重者以故入人罪论处。这些规定,基本上都被后世历朝的法律所继承。

除了人命及伤害案件外,审判中对其他案件中的书证、物证的鉴定也得到了广泛的运用。唐代《朝野佥载》中记载,唐武则天垂拱年间,湖州佐史江琛为陷害刺史史裴光,将史裴光所写文章中的字割下来,拼凑成文,伪造了一封写给徐敬业的谋反信,并向朝廷告发。武则天派御史前去审问,史裴光说:"字是我写的,但话却不是我说的。"前后换了三个御史,都不能定案。武则天又派一名叫张金楚的官员负责调查此案。张金楚仔细查看信件,结果发现信上的字都是粘贴而成的,平铺在桌上是看不出来的。于是他便将负责案件的官员召集起来,当着众人的面,将信件放在一盆水里,结果字都一个个散开了,案情也因此大白。

唐朝时,司法鉴定的对象范围有所扩大,除传统的法医检验外,检验对象已经扩至毒物、手掌纹等。人们已经掌握并在司法实践中运用毒物检验法,如卵白验毒法、银叉验毒法等。德国著名指纹学博士罗伯特·海因得尔1927年出版的《指纹鉴定》中记载,唐建中三年(782年)七月十二日,士兵马灵芝急需银两,向报国寺建英和尚借钱一千,月息一分;如果建英和尚需要,随时可将本息收回;如马灵芝不能归还,建英和尚可将马灵芝的全部财产取走;恐无凭证,立捺印。这一例子表明此时人们已经开始广泛应用手掌纹来辨别文件真伪了。

此阶段是中国物证技术发展的黄金时期,各种鉴定技术相继在此阶段得到应用,为宋朝物证技术的鼎盛发展打下基础。

(四)证据在宋朝的司法应用

中国古代物证技术在宋朝达到了鼎盛,特别是南宋时期,是中国古代检验制度发展、完善的重要阶段。一方面,基于对前朝各个案件的总结,吸收了原有的物证技术,同时又在此基础上加以创新,使原有的物证技术得到进一步提升;另一方面,由于宋朝社会本身的特点,更适合在司法审判活动中运用物证技术。

在司法审判活动中,宋朝司法机关重视使用口供、书证、物证、证人证言等各种证据,尤其注重法医检验和司法鉴定。官府设有专门的检验官,并制定了勘验法规,以规范检验的范围、内容、程序、规则,检验人员的责任及勘验笔录的文书程式等。《宋刑统·诈伪律》有"检验病死伤不实"门,《庆元条法事类》也有"检验"门及"检验格目""验尸格目"等敕令格式,具体规定了检查勘验制度。以唐制为基础,两宋朝廷对于检验人员、检验过程、验尸文件等均有所规定,并不断修改补充,使宋朝的检验制度日臻完善。宋朝法律明确规定除病死等一些死因明确者可在有关人员保证无他故、官司审察明白的前提下免除尸检外,死者均要经历初检、复检的程序。唐宋时期对检验失误有严格的处罚规定,司法检验的水平得以不断提高。

宋人认真总结前人的办案经验,特别重视调查研究,提倡在现场勘验中判别证据的真伪、物证的收集、证人的采访等,产生了大量的法医学著作。宋代赵逸斋的《平冤录》、郑克的《折狱龟鉴》、宋慈的《洗冤集录》、桂万荣的《棠阴比事》等相继问世。

北宋徽宗宣和年间的进士郑克(字克明,开封人),在五代和凝父子的《疑狱集》的基础上编成《折狱龟鉴》(又名《决狱龟鉴》)。通过比较分析各种案例,系统地总结了宋朝刑事案件的物证理论:第一,实物证据,主要包括犯罪工具、犯罪中留下的物品和痕迹、犯罪的客体;第二,物证的收集都是由司法机关通过现场勘验、检查、搜查而获得;第三,在物证确凿的情况下,即使犯罪者不承认也可以定罪;第四,即使犯人已经招供也要查取证物以验证口供的虚实,尤其是在审理共同犯罪的案件时。

郑克提出的"情迹论",是对秦以来一直注重口供的诉讼理论的挑战。情指案情真相,迹指痕迹、物证与伤疤,所谓"情迹论",即阐述其关于案情与求迹的理论。他强调物证在破案过程中的重要作用,但是也反对片面重视物证,主张情与迹应当兼采,互相参考。他的"情迹论"是我国古代刑事侦查、司法裁判及法医学发展的主要理论基础,在指导刑事技术与司法实践上曾经起了重大的作用。郑克在"情迹论"中,仔细研究了"以五声听狱讼"之法,认为问案时要注意分析事务的情理。如他在《钩慝篇》中指出:"察人之匿情而作伪者,或听其声而知之,或视其色而知之,或诘其辞而知之,或讯其事而知之。盖以此四者得其情矣,故奸伪之人莫能欺也。"此外,他还主张在问案中可以使用诈术,布设圈套,使被告人就范,一如现代的诱惑侦查手段。

继郑克之后,南宋时期又出现了中国第一位法医学家——宋慈,他的著作《洗冤集录》(俗称《洗冤录》),不仅是我国古代第一部法医学专著,也是世界上最早的法医学著作。它自南宋以来,成为历代官府尸伤检验的蓝本,曾被定为宋、元、明、清各代刑事检验的准则。该书在总结前人办案经验的基础上,把实践中获取的药理、人体解剖、外科、骨科、检验等多方面的知识汇集成册,较为全面、系统地总结了尸体外表检验经验,分析了检验所得与死因的关系,包括了现代法医学在尸体外表检验方面的大部分内容。①

《洗冤集录》的主要内容包括:宋代关于检验尸伤的法令;验尸的方法和注意事项;尸体现象;各种机械性窒息死;各种钝器损伤;锐器损伤;交通事故损伤;高温致死;中毒;病死和急死;尸体发掘等。作者在书中开篇即提出不能轻信口供,认为"告状切不可信,须是详细检验,务要从实",对疑难案件尤"须是多方体访,

---

① 高惠娟.宋代法医学著作中的物证技术[J].河南司法警官职业学院学报,2007,5(1):60-62.

务令参会归一,切不可凭一、二人口说,便以为信"。他还提出检验官必须亲临现场、尸格必须由其亲自填写的尸体检验原则。

从《洗冤集录》中可以发现,当时的物证技术已达到如下成就。

第一,对一些主要的尸体现象,已经有了较为明确的认识。《洗冤集录》中称:"凡死人,项后、背上、两肋后、腰腿内、两臂上、两腿后、两腿肚子上下有微赤色。验是本人身死后,一向仰卧停泊,血脉坠下致有此微赤色,即不是别致他故身死。"本书还明确提出了动物对尸体的破坏及其与生前伤的鉴别方法:"凡人死后被虫、鼠伤,即皮破无血,破处周围有虫鼠啮痕,纵迹有皮肉不齐去处。若狗咬,则痕迹粗大。"

第二,提出了自缢、勒死、溺死、外物压塞口鼻死四种机械性窒息。《洗冤集录》关于缢死征象的论述指出:自缢伤痕"脑后分八字,索子不交","用细紧麻绳、草索在高处自缢,悬头顿身致死则痕迹深,若用全幅勒帛及白练、项帕等物,又在低处,则痕迹浅"。还指出,"若勒喉上,即口闭,牙关紧,舌抵齿不出;若勒喉下,则口开,舌尖出齿门二分至三分","口吻、两颊及胸前有吐涎沫"。关于勒死,书中指出它与缢死的不同之处在于项下绳索交过,绳索多缠绕数周,并多在项后当正或偏左右系定,且有系不尽垂头处。对于溺死的征象,书中强调为"腹肚胀,拍着响","手脚爪缝有沙泥","口鼻内有水沫"等。

第三,对机械性损伤有较完备的论述。本书依照唐宋法典的规定,将机械性操作明确区分为"手足他物伤"与"刃伤"两大类,详细论述了皮下出血的形状、大小与凶器性状的关系,以及根据损伤位置判断凶手与被害者的位置关系等。对于刃伤的特点,书中描述为:"尖刃斧痕,上阔长,内必狭;大刀痕,浅必狭,深必阔;刀伤处,其痕两头尖小。""枪刺痕,浅则狭,深必透,其痕带圆。或只用竹枪尖、竹担干着要害处,疮口多不整齐。"对于刃伤的生前死后鉴别,书中也做了较为详尽的论述:"如生前刃伤,其痕肉阔,花文交出;若肉痕齐截,只是死后假作刃伤痕。如生前刃伤,即有血汁,及所伤创口皮肉血多花鲜色……若死后用刀刃割伤处,肉色即干白,更无血花也(盖人死后,血脉不行,色白也)。活人被刃杀伤死者,其被刃处皮肉紧缩,有血荫四畔。若被肢解者,筋骨皮肉粘稠,受刃处皮缩骨露。死人被割截尸首,皮肉如旧,血不灌荫,被割处皮不紧缩,刃尽处无血流,其色白;纵痕下有血,洗检挤捺,肉内无清血出,即非生前被刃。更有截下头者,活时斩下,筋缩入;死后截下,项长,并不伸缩。"

此外,本书还对中暑死、冻死、汤泼死与烧死等高低温所致的死亡征象做了描述,对现场尸体检查的注意事项做了系统的归纳。

继宋慈之后,南宋时期《检验格目》《正背人形图》的推行,也是中国古代法律史上的一大创举,它不仅使检验制度科学化,而且还使检验程序得到公众的监督,加强了检验制度的公正化。

虽然,当时很多物证技术并未像现代的物证技术那么完备,但对个案的侦破十分有利,如明代张景的《补疑狱集》中便有"竹打中空"的记载:宋提举杨公验一肋下致命伤痕,"长一寸二人,中有白路",认定为杖伤之痕。现代法医学称之为"二重条痕",即圆形棍棒作用于身体软组织,可形成两条平行的皮下出血带,中间皮肤苍白。又如宋代桂万荣《棠阴比事》记载"李公验举"一案,说的是二人争斗,甲强乙弱,但身上均有伤痕。李公以手捏过之后,断定乙为真伤,而甲则是用某种树叶着色伪造的棒伤。其根据是"殴伤者,血聚而硬,伪则不硬","血聚而硬"是对皮下出血的正确描述;伪者没有皮下出血,故只是颜色相似而已。

宋朝除了法医检验制度发达外,在刑事案件的发案原因、物证等方面的司法鉴定上也取得了一定的成就。在《折狱龟鉴》中就有关于此方面的案例:程琳担任开封知府时,皇宫内发生火灾。经调查,发现现场有裁缝用的熨斗,负责调查的宦官便认定火灾是由熨斗引起的,并将裁缝交开封府审讯结案。但程琳认为此案疑点甚多。经过仔细的勘察,发现后宫烧饭的灶靠近壁板,日子一久,壁板变得非常干燥而引起火灾。

钱冶为潮州海阳县令时,州中有大姓人家家中起火,经调查,发现火源来自邻居,便将其逮捕审讯,但其喊冤不服,太守便将此案交钱冶审理。钱冶发现引起火灾的一只木头床脚可能是大姓的仇家之物,便带人去仇家,将床脚进行比对。在事实面前,仇家供认了纵火并栽赃以逃避罪责的犯罪事实。

此外,由于宋朝商品经济的发展,民事方面的纠纷也不断增多,因此,对契约等各种书证的鉴定,便成为正确处理纠纷的重要保证。在这方面,宋朝亦积累了不少经验:如章频担任彭州九龙知县时,眉州大姓孙延世伪造地契,霸占他人田地。这场纠纷一直得不到解决,转运使便将此案交章频审理。章频对地契做了仔细鉴定,发现地契上的墨迹是浮在印迹之上的,是先盗用了印,然后再写字的,从而认定地契是伪造的。又有江某任陵州仁寿知县时,有洪某伪造地契,侵吞邻居田产,他用茶汁染了纸,看上去好像是年代十分久远的样子。江某对洪某说:如果是年代久远的纸张,里面应该是白色的,如今地契表里一色,显然是伪造的,洪某只得供认犯罪事实。

宋朝是中国古代经济最发达的朝代,在对外交流上也是最频繁的时期,这便使宋朝的物证技术不仅在国内得到广泛的应用,而且对世界各国的物证技术也产生了深远的影响,各种有关物证技术的书籍得以广泛流传。

(五)证据在元明清时期的司法应用

元朝统治者在法律体系上基本沿用了宋朝的制度,但由于引进了少数民族的法律习惯,原本比较近代化的法律体系受到严重创伤,在法律观念上也产生了较多负面影响。这对中国古代物证技术的发展也造成了一定的障碍。

在宋朝的基础之上,元朝在物证技术上也取得了一定的成绩。元朝在法医学方面的主要成就,就是王与编撰的《无冤录》。此书继承了《洗冤集录》的成果,进一步发展了法医学理论,并纠正了《洗冤集录》中的一些错误。此外,元大德年间还颁布了由国家统一制定的《检尸式》,具体规定了对悬缢、水溺、火烧、杀伤等各类尸体的现场检验程序和方法,可见在这一时期,检验制度已基本上规范化、法制化了。

明清时期,物证技术主要继承了宋元时期的成就,在其基础上也有所发展,相继出现了大量的法医学著作,如《洗冤录及洗冤录补》《洗冤集说》《律例馆校正洗冤录》《洗冤录详义》等。在法律制度上,有关检验的程序和内容也更加完备、具体。《大明律例》和《大清律例》上都有明确的规定。

首先,负责检验的官吏,在京城,初检由五城兵马司负责,复检由京城知县负责;地方上,初检由州县正官(即知州、知县)负责,复检由府推官负责。而具体的检验工作则由仵作来进行。

其次,关于检验的程序:于未检之先,即详细询问尸亲、证人、凶手等;随即去停尸所督令仵作依法检验、报告;对要害和致命之处要仔细查看,验明创口大小,是何凶器所伤,并与在场众人对质明白;对于因时间长久而发生的尸体变色,也要仔细查验,不得由仵作混报。

再次,关于检验的责任:负责检验的官吏因失职而导致检验不实等情形发生的,要依法追究责任;如果是因收受贿赂而故意检验不实的,则以故意出入人罪论处;情节严重的,以受财枉法从重论处。

为了防止受贿舞弊现象的发生,负责检验的官员只许随带仵作一人,刑节一人,皂隶二人。一切夫马饭食也必须自行携带,不许向地方或当事人索取分文。违者依律议处。

表面上看,这些规定都体现了慎罚的思想,随着人们对案件事实认定要求的提高,更讲究以物证来证明问题,物证技术理所当然会得到相应的发展。但事实上,明朝出现了一些非法之刑,如廷杖制度、厂卫制度。廷杖制度的出现标志着滥用非法之刑的行为得以制度化,对明朝法制的发展产生了极大的不良影响;厂卫制度严重干涉了司法独立,很大程度上甚至取代了正常的司法审判制度,这在一定程度上是对成文法的否定。清朝也强调以严刑峻法加强专制统治,钳制思想文化,加之闭关锁国的政策和自然科学的停滞不前,导致原有的物证技术及实践中的经验未能得到继承和发展,进入中国古代物证技术的衰退阶段。

## 第三节　中国古代证据制度的近代变革

证据制度的发展有明显的历史痕迹,在社会发展的不同历史阶段和不同性质的国家,有不同的证据制度,并随着国家政治制度、司法制度的不断进化而变革,随着科学技术发展水平的进步而完善。中国从秦朝开始,建立了中央集权制度,该制度延续了 2000 多年,直到清朝灭亡。中国传统司法制度经历了几千年的发展,形成了司法行政合一的典型特征,因而与司法独立存在着明显的差异。

进入近代以后,中国的司法主权在鸦片战争的炮声中遭到践踏。外国侵略者通过一系列不平等条约在中国获得了领事裁判权,通称"治外法权"。晚清时期,朝廷基于挽救统治危机之需,被迫举起"预备立宪"的旗帜,开始有限地接纳司法独立原则,使近代西方先进的司法制度开始传入中国,从而给传统的司法制度,包括古代证据制度带来巨大的冲击,并以之为指导对旧有司法体制和运行规则进行了变革,传统的司法制度由此展开了曲折的近代化转型历程。

### 一、近代证据制度变革的历史动因

#### (一)清末变法图强的推动

进入 20 世纪的晚清,社会开始出现急剧变化,八国联军入侵造成了清廷严重的统治危机。日俄战争最终以"蕞尔小国"日本获胜而告终,更是激起了清廷上下"立宪"的风潮。为维护政权,统治者的政治态度和统治策略有所调整,试图通过推动法律制度的变革来维护自己的统治。于是,1902 年光绪皇帝下诏:"现在通商交涉事益繁多,著派沈家本、伍廷芳将一切现行律例,按照交涉情形,参酌各国法律,悉心考订、妥为拟议,务期中外通行,有裨治理。"沈家本由此成为"修律大臣",肩负着通过修订法律的方式实现清朝救亡图存之重任。

在这样的背景下,作为近代西方法治、宪政基础的司法独立原则,在晚清社会的历史命运出现明显转机,逐渐成为越来越受关注的热点论题,进而为越来越多的官员所认同,并最终接纳,成为左右中央司法机构改革的基本原则。

官员中较早接受司法独立原则的是当时担任修律大臣的沈家本。作为晚清律学名家,他对传统司法之弊认识颇深,作为修律大臣,他曾孜孜不倦地研究西法。沈家本坚信引进司法独立原则是变法修律的必然选择。他在 1905 年为董康等人考察日本监狱和裁判所回国后提交的《裁判访问录》所作之序中明确指出:"西国司法独立,无论何人皆不能干涉裁判之事。虽以君主之命、总统之权,但有赦免而无改正。中国则由州县而道府、而司、而督抚、而部,层层辖制,不能自由。"在两种体制对比中,沈家本对中国行政官兼任司法官的弊端进行了精辟分析。他认为,其一,地方州县官"从科举捐纳而来,律例成案夙所未谙",任职司法,犹如"盲者登途,方位罔辩",且"律义简奥,既非浅涉所能领悟",而地方官事务纷繁,精力有限,也无法专门研习法律,因此实在无法胜任司法重任。其二,行政官易,司法官难。行政官往往热衷较易之行政事务,不能"躬亲治狱","奸胥劣幕遂得因缘作弊"。其三,"勘转之制,本为慎重刑狱",但地方官"惮于解审,便宜处分者有之,讳匿不报者有之","层层牵辖,转令朝廷成宪等于弁髦"。其四,正是行政官兼任司法官体制的存在,列强"以审判不同之故",强持领事裁判权,为祸日烈。因此,沈家本提出:"司法独立为及今刻不可缓之要图。"基于清醒而务实的认识基础,沈家本成了"修律改革"的坚定推行者,以及此后"预备立宪"活动中司法独立原则的积极倡导者。

在"新政"思想、立宪思潮的影响下,清廷官员中产生了一批司法独立原则的支持者、倡导者。亲身经历西国政情的考察宪政大臣端方,在归国之后上奏了《请定国是以安大计折》,对宪政和三权分立理论进行了详尽分析,明确提出了"设立司法裁判所,独立于行政之外,不受行政官之干涉"的主张。其后,端方和一同出使考察的戴鸿慈在联合呈上的《奏请改定全国官制以为立宪预备折》中提出:"司法之权,各国本皆独立,中国亟应取法。"庆亲王奕劻在其领衔所呈的《厘定中央各衙门官制缮单进呈折》中,也明确指出中国传统权力体制,包括行政兼理司法存在许多弊端。他说:"以行政官而兼有司法权,则必有循平时之爱憎,变更一定之法律,以意为出入。"他认为,"立宪国官制,不外立法、行政、司法三权并峙,各有专属,相辅而行",并因此提出了"司法之权专属法部,以大理院任审判,而法部监督之,均与行政官相对峙"的官制改革具体方案。

20世纪初的短短几年中,清廷的许多官员为何一改原来拥护"祖宗之法不可变"的政治态度,转而推崇"三权分立"并进而接纳"司法独立"?其背后的推动力量是什么?概括地说,有如下几方面原因。

其一,司法独立为宪政之基础。鸦片战争之后,在西方列强入侵所造成的生存危机之下,社会各阶层、清廷上下在不断寻求救亡之法。无论是洋务运动、维新变法还是清末新政,都未取得预期的自强效果。相反,进入20世纪后,民族危机、清廷的统治危机更加严峻。在内外交困之中,清廷被迫接受西方"宪政"理论,先派五大臣出洋考察宪政,后明诏宣示以九年为期"预备立宪",在清廷政治风气转变之际,一些官员开始接纳司法独立原则。

其二,司法独立是收回领事裁判权之急需。鸦片战争后西方列强获得的领事裁判权,使其在华侨民作为被告时不受大清司法管辖,这严重破坏了中国司法主权,也造成了清王朝传统司法制度的失效,难以承担起管理社会、维持秩序的基本职责。从某种意义上讲,领事裁判权的存在和不断扩大,成为直接危及清廷统治权的重要因素。在得到列强虚伪承诺有条件放弃领事裁判权后,清廷上下对收回领事裁判权汲汲以求,这也成了部分官员接纳司法独立原则的重要契机。

其三,司法独立能救传统司法之弊。传统司法制度进入近代之后,日渐暴露出诸多明显的窳败、落后之处,对之进行变革已成为晚清有识之士的共同主张,这也成为清廷官员接纳西方司法独立原则的一大因由。吴钫在奏折中言道:"自古致乱之故有二,一则由于民财之穷尽,一则由于狱讼之不平","中国审判向由州县兼司,簿书填委,积弊丛生,非延搁多时,即喜怒任意,丁役视为利薮,乡保借为护符,往往一案未终而家产荡尽,一差甫出而全村骚然","枉法滥刑,何所不至"。他认为形成这些弊端的重要原因,是司法官"无独立不挠之志"。其改变之法则是"若使司法分立,则行政官得专意爱民之实政,而审判官唯以法律为范围,两事既分,百弊杜绝"。

20世纪初,晚清社会初步认识并接纳司法独立原则,特别是随着立宪运动的展开,清廷官员中越来越多的人认同司法独立原则,致使清廷统治者对这一源自西方的宪政原则的态度发生转变。光绪三十二年七月十三日(1906年9月1日),面对立宪派和革命派形成的内外压力,在分派亲贵大臣进行宪政考察而确信"立宪"政体"利于君,利于民,而独不便于庶官者也",并认为救亡之法"只在立宪"之后,清廷终于正式下诏,宣布仿行宪政。[①]

(二)自然科学技术的冲击

**1.中国古代物证技术面临的问题**

第一次鸦片战争时期,林则徐提倡"睁眼看世界",中国人初步认识到了解和学习西方国家科学技术和人文知识的必要性。此后西方传教士到中国传教,洋人兴办学校、出版翻译书籍,进行了以强权为后盾的一系列文化渗透活动,使得西方资产阶级法律文化进入中国。到了第二次鸦片战争战败之后,一批早期的改良主义者逐渐认识到,西方列强之所以强大,除了科学技术上的领先,还有制度上的领先。建立在自然经济基础之上的以礼治文化为底蕴、以专制主义体制为支撑的传统中华法系,面临着解体的严重危机。以民主、宪政、法治为特点的西方法律文化的输入,使得以儒学伦理为核心的传统法制观念被动更新。在新的历史条件下,传统法制的变革呼之欲出。

--------

① 贾孔会.简述中国近代司法改革刍议[J].安徽史学,2003(4):49-52.

综观中国古代物证技术的发展历史,其发展主要受到以下几方面的影响。

第一,自然科学技术落后,人类对社会的认识不足。物证技术作为一门科学技术,要结合物理、化学、生物、心理学等各学科的知识,在对物证的发现、提取、检验和鉴定中加以运用,方能更可靠地提供证据、线索,更真实地再现案件经过。但古代自然科学落后,物证技术自然不可能发达,因此往往先在个案中尝试性地加以运用。由于中国古代医学相对发达,在司法审判中结合医学知识产生了古代法医学,形成了以法医鉴定为主的物证技术。

第二,各个朝代的法制思想对物证技术的发展起了主导作用。汉朝时,儒家思想登上政治舞台,"礼法并用"在中国几千年的封建社会时期,一直影响着法制思想,"春秋决狱""论心定罪"使得司法审判强调人的主观善恶,也使得中国古代司法审判工作一直注重口供,轻视物证。虽然这在一定程度上是由于物证技术的落后,不能得到足够的证据,只好通过向犯罪嫌疑人刑讯的方式得到证据。但反过来,这对物证技术的发展产生了不利影响,过分重视口供,自然就不能使人们对物证引起足够的重视。

第三,各个朝代对口供的态度,对物证技术的发展产生了直接影响。由于自然科学的落后,审判者更注重言词证据,加以心理学的常识,产生了"五听"原则,注重嫌疑人的心理变化。自汉以来一直重口供轻物证,直到宋朝郑克才提出"重物证轻口供"的概念。至此,物证技术在宋朝也得到突飞猛进的发展,达到历史最高峰。但明清时期,审判者又忽视物证,更加注重口供,加以诸如腐败、贪污等因素的影响,也使得物证技术的发展十分缓慢。

第四,审判人员、检验人员责任法律化,也推动了物证技术的发展。早在西周就有"五过"制度,"五罚不服,正于五过。五过之疵,惟官,惟反,惟内,惟货,惟来"。该制度在各朝代得以沿用。秦朝时期,出现了对检验人员责任的规定,唐朝制定了专门的刑法来制裁那些违反检验制度的检验人员。此后历代都在唐朝的基础之上进一步规范化。明确审判人员、检验人员的法律责任,促使审判人员、检验人员重视物证技术的发展。

**2.自然科学技术对中国物证技术的影响**

19世纪末至20世纪前期,国力逐渐衰败,中国的统治者、知识分子认识到只有学习西方先进技术,才能提升本国的综合实力。西方法律思想与科学技术被引入国内,中国开始逐渐吸收与借鉴各类具有近现代意义的司法鉴定技术及其制度化内容。因为西方工业革命的兴起和自然科学的发展,对诉讼活动中的专业技术提出了更高的要求,从而使得西方国家的司法鉴定技术有了质的飞跃。直至19世纪末西方法律思想传入我国,法医检验技术、痕迹检验技术等重要内容,才逐渐为国人所接受,服务于诉讼活动。

（1）西方现代医学在法医鉴定中的影响

1884年7月16日,济远船水手李荣被日本警察打伤致死后,当时的地方官聘请西医布百布卧对尸体进行解剖鉴定,此为中国司法解剖之始,但并未进一步影响中国的检验制度。19世纪末甲午战争后,各类医学院校和医院在中国建立,产生了中国近代法医鉴定技术的萌芽。随着西方现代医学的传入,国内学者相继翻译出版了部分法医检验技术方面的书籍。1890年,英国盖惠连、弗里爱所著《法律医学》一书,经英籍傅兰雅口译、徐寿笔述、赵元益校录后,由江南制造局出版社正式出版,该书也成为中国最早介绍西方法医鉴定技术的著作。1908年,杨鸿通等人合译了日本石川贞吉所著的《实用法医学》专著,并更名为《东西各国刑民事检验鉴定讲义》。1915年,首先在北京医学专门学校和浙江省立医药专门学校设立裁判医学课程,开始讲授法医鉴定技术并培养法医专业技术人员。1931年,著名法医学专家林几教授在北平大学医学院创立了法医学科。1932年,国民政府司法行政部在上海成立了中国第一家法医研究所,林几担任第一任所长,专门培养法医学专业人员,承办全国各地疑难案件的检验,并于1934年创办了《法医月刊》(后改为《法医季刊》),开创了法医鉴定技术研究的先河。

（2）西方物证技术在痕迹鉴定中的影响

痕迹检验技术在中国古代诉讼活动中的运用历史悠久,但其在中国近代的演进与发展,多呈单项化、零星化特点,未能形成科学的体系。比如,中国是世界上公认最早运用指纹的国家,但正式引入现代指纹学则始于20世纪初叶。1930年,中华指纹学术研究会会长、中央大学刘紫菀教授在编著的《中华指纹学》一书中,首创"中华式指纹分析法",在对英、法、德、意等国指纹分类系统的基础上加以改进,建立了适合中华民族特点的指纹"五种六类"及"四步分析法"。南京国民政府的一批警务专家、学者在继承古代经验的同时,着力从德、奥、法、美、意、日等国家引进西方刑事技术。冯文尧在其编著的《刑事警察科学知识全书》"侦查技术"相关章节中,引述了欧美主要国家有关现场痕迹、指纹鉴定及枪弹痕迹的科学原理与技术方法。1947年,余秀豪在《现代犯罪侦查》一书中,提出了"痕迹学""痕迹检验"等特定术语,其外延基本涵盖指纹、足迹、车辙、侵入住宅遗留之痕迹及其他各种因犯罪活动而留下可鉴识之痕迹。

（3）科学仪器设备在文书鉴定中的运用

民国时期的法医学者,除吸收了中国古代的文书鉴定技术外,还在借鉴、引入西方文书鉴定技术研究成果的基础上,相继编辑、出版了若干刑事警察教材和著作,较为详细地介绍、阐述了科学仪器设备在文书鉴定技术中的具体运用,这些教材和著作主要用于培训当时的警务人员,以及作为警校学生的授课教材。

受西方科技文明的影响,包括照相器材、光学仪器在内的科学仪器设备逐渐传入中国。放大镜、显微镜、照相机、投影仪的发明,红外线、紫外线、X 射线和化学检验手段的应用,使鉴定人员开阔了视野,提高了分辨能力,扩展了检验范围,改变了单凭直观的古老的文检技术、单纯依赖肉眼直接观察的落后方法,形成了近代的文书鉴定技术。民国时期的部分警察、司法部门已经配备科学仪器设备,用于文书鉴定工作。譬如,在可疑字迹的鉴定中,已普遍使用放大镜、照相机、投影仪和显微镜等设备用于放大、比对字迹。技术人员在检验时,将笔画显明且含有笔癖之单字,摄成照片,再就同样之字,上下排列,以放大镜详细比对,或置于显微镜之下,以判别其异同。

(4)现代光学照相在图像技术中的引入

中国历史上最早的图像检验技术可追溯至 1904 年,是年正值商务印书馆标志性刊物《东方杂志》创刊,该刊首次刊登了部分西方摄影技术及《尸体摄影之新法》等相关文章。1905 年,晚清政府正式废除画像识别罪犯法,改用照相、相片对罪犯进行管理,通缉在逃案犯。在此期间,摄影技术已然成为刑事犯登记的专门手段之一。1933 年,张澄志所著《侦探学要旨》第四章第一节"登录法"中记载:"刑事犯之登录,惟姓氏籍贯固最易改变者也,杜绝其弊,于是有罪犯摄影之法。"20 世纪 20 年代起,西方摄影器材开始源源不断地涌入国内市场,使得其价格日渐降低,一整套相机及暗房设备的总价只需 40～60 大洋。在此期间,各类警察学、摄影书籍中亦对照相在诉讼实践中的运用做了大量介绍。1935 年,浙江警官学校教官阮光铭所著的《犯罪搜查法》一书中,详细阐述了现场摄影、物证摄影、显微摄影、红外摄影、紫外摄影等专门手段在侦查中的应用。在此情况下,民国时期一些大城市的警察部门相继设立了专门的照相室,并在办案过程中逐渐采用滤光镜、红外荧光等照相手段。自 20 世纪 40 年代起,各种物证摄影方法相继被引入警察部门,成为发现、记录、提取、显现物证的一种重要手段。①

(三)西方法律思想冲击下的证据制度演进

**1. 司法鉴定制度的立法化规范**

清末以来的中国近代法律规范,对司法鉴定制度进行了相关规定。诉讼活动所涉及的专门性问题,需要鉴定人对其进行鉴别与判断。1906 年,晚清政府制定了《大清刑事诉讼法草案》,就鉴定人进行了专门规定:"凡诉讼上有必须鉴定始能得其事实之真者,得用鉴定人。鉴定人由审判官选用,不论本国人或外国人,凡有一定之学识经验及技能者,均得用之。"该法条的制定,不仅比元代、明

---

① 范明辛,雷晟生. 中国近代法制史[M]. 西安:陕西人民出版社,1988.

代"行人"的规定更为明确、具体,其鉴定人的称谓亦更符合国际规范。1907年,在《各级审判厅试办章程》中,又进一步对鉴定实施的条件、鉴定人的选用、鉴定人的待遇及鉴定书的制作等问题进行了规定。该章程的诞生,成为中国古代鉴定制度向近代司法鉴定制度演进的分界线。

《大理院判例》中记载了关于强制鉴定制度的内容,如在涉及亲子认定的案件中,仅凭外貌难以判断是否存在血缘关系时,应依法进行鉴定;犯罪人在作案时,仅具有诊断书备案,而无专门医士鉴定其是否疯疾,不能断定犯罪是否成立时,亦应强制进行鉴定。在清末《刑事诉讼律草案》的基础上制定的中国第一部刑事诉讼法典《刑事诉讼条例》,于1921年11月14日公布,1922年7月1日起在全国施行。《刑事诉讼条例》第一百二十九条规定,鉴定人在实施鉴定时,有权检阅卷宗及证物,若证物不在现场,可请求司法人员收集证物;鉴定人还有权讯问被告人、自诉人、证人,讯问可以通过审判人员或检察官进行,可以经过他们的允许由鉴定人直接向上述人员发问。鉴定人有权获得报酬,这些报酬主要包括日费、旅费和鉴定费。1927年,南京国民政府执政时期,在吸收外国先进法律制度的基础上,沿袭了大陆法系的立法传统,建立了庞大的法律体系。20世纪30年代颁布的《刑事诉讼法》设置了专门法条对司法鉴定制度进行了立法化规定。

### 2.近代法医解剖制度的首次确立

清代中前期的法医检验制度虽较之前的封建朝代有一定完善,但总体仍未超出尸表检验定案的框架。这一时期萌芽的一些法医检验制度,仍不甚明显,且存在着一些不合理、不实用之处。进入清朝末年后,法医检验在沿袭唐宋法医尸表检验制度的同时,也开始逐渐受到西方先进法医鉴定制度的影响。1912年,《大清刑事诉讼律》规定,"遇到横死人或疑为横死之尸体应速行检验";"检验得发掘坟墓,解剖尸体,并实施其余必要处分";"非解剖不足以断定犯罪之事实真相者,例如中毒致死案件,非实验尸体或解剖断不能举示证迹,故本条规定之";"解剖究属非常处分,非遇不得已情形不宜草率从事也"。辛亥革命后,北京政府内务部在1913年颁布了《解剖规则》,第二条明确规定:"警官及检察官对于尸体非解剖不能确知其致命之由者,指派医士执行解剖。"

可以说,《解剖规则》用立法的形式明确了法医解剖制度的重要性,该规则的确立为中国近代法医鉴定的发展奠定了法律基础。《解剖规则》的颁布,突破了数千年来不允许为了打官司解剖死者尸体的传统,确立了中国古代法医学与近代法医学的分水岭。

### 3.指纹登记制度的多途径传入

指纹识别在中国古代大多运用于民事行为及身份识别等领域。真正利用科学技术手段对指纹进行研究的,却始于自然科学最先兴起的西方国家。随着西方列强在旧中国势力范围的划分,德国人首次将指纹登记制度带入青岛。1905年,青岛市警察局首次采用"汉堡式指纹分析法"。自此之后,西欧各类指纹分类、登记制纷纷传入中国。1909年,上海英租界工部局设立了手印间,在其辖区内采用"亨利式十指指纹分析法",而同处上海的法租界内,则使用"爱蒙培尔式指纹分析法"。1911年,万国指纹学会成立,当局曾邀当时来华游历的弗斯缔克讲授指纹技术及其在侦查活动中的运用。国民政府执政时期,由于军阀割据及列强在华势力范围的划分,作为统治工具的指纹登记制度,只能通过不同途径传入中国,因此各地所采用的指纹登记制亦不统一。譬如,外交部汉口第三特别区市政管理局警察署、浙江省会警察局、首都警察厅、汉口市警察局、广东省会警察局、湖北省会警察局、江西省庐山管理局警察署、福建省会警察局采用英国"亨利式十指指纹分析法";江苏省会警察局采用中央大学刘紫菀教授创造的"中华式指纹分析法";青岛市警察局、北平市警察局采用德国的"汉堡式指纹分析法";天津市警察局、江西省会警察局采用法国的"爱蒙培尔式指纹分析法";而上海市警察局、重庆市警察局曾使用过"弗斯缔克式指纹分析法",后改用"亨利式十指指纹分析法"。

**4.机构管理制度的专门化运作**

自清末起,近代意义上的司法鉴定制度在中国开始缓慢发展,各项专门鉴定技术也初现规模,并形成一个较为完整的体系。尤其是在民国时期,法医鉴定、指纹鉴定等技术已经广泛运用于刑事案件的侦破工作。在此期间,诞生了若干从事司法鉴定的专门机构,形成了初步的机构管理制度。北洋政府成立之初,司法鉴定制度的近代化发展已初具规模。首都设立了直属于内政部的京师警察厅司法处,专司刑事、侦查等专门事项。其中与司法鉴定有关的职能机构第一科,即负责刑事案件中的法医鉴定等业务。1927年南京国民政府成立后,在其司法部门和警察部门中均设有司法鉴定专门机构,配备相关技术人员从事侦查、审判活动中有关线索和物证的勘查、检验与鉴定,主要为租界和部分大城市中刑事案件的侦查、裁判提供服务。1932年8月1日,南京国民政府在上海创建"司法行政部法医研究所",主要负责全国各地疑难案件的法医鉴定工作。在指纹登记制度方面,除当时的山西、山东、甘肃、陕西、河北、厦门等五省一市警察局尚未采用该制度外,其余各地的警察部门内均设立专门机构对指纹登记进行管理。例如上海警察局第三科指纹股、江苏省会警察局司法科指纹室、广东省会警察局指纹处和天津市警察局侦缉总队部指纹室等均为办理指纹登记的专门机构。此外,某些大城市警察局中亦设立了专门的鉴识科,从事笔迹、枪弹等事项的司法鉴定工作。[①]

---

① 沈臻懿,杜志淳.中国近现代司法鉴定早期嬗变与演进研究[J].甘肃政法学院学报,2013(3):44-49.

## 二、近代证据制度的相关立法

立法,又称法律制定。中国古代的立法与现代意义上的立法含义存在不同之处。《唐律疏议》的完成,标志着中国古代立法达到了最高水平。唐高宗永徽二年(651),长孙无忌、李绩等在《贞观律》基础上进行修订,最终,奏上新撰律 12 卷,是为《永徽律》。鉴于当时中央、地方在审判中对法律条文理解不一,每年科举考试中法科考试也无统一的权威标准的情况,唐高宗在永徽三年下令召集律学通才和一些重要臣僚对《永徽律》进行逐条逐句的解释,历时 1 年,撰《律疏》30 卷奏上,与《永徽律》合编在一起,于永徽四年十月(653)经高宗批准,将疏议分附于律文之后颁行。计分 12 篇,共 30 卷,称为《永徽律疏》,又称《唐律疏议》。《唐律疏议》总结了汉魏晋以来立法和法律的经验,不仅对主要的法律原则和制度做了精确的解释与说明,而且尽可能引用儒家经典作为律文的理论根据。作为中国封建社会法制的最高成就,《唐律疏议》全面体现了中国古代法律制度的水平、风格和基本特征,成为中华法系的代表性法典,对后世及周边国家产生了极为深远的影响。因《贞观律》等都已逸失,所以,《唐律疏议》成为中国迄今保存下来的最完整、最早、最具有社会影响的古代成文法典,在中国古代立法史上占有极为重要的地位。

现代意义上的立法,通常是指特定国家机关依照一定程序,制定或者认可反映统治阶级意志,并以国家强制力保证实施的行为规范的活动。近代中国关于刑事证据并没有单独的立法,其相关内容主要依靠刑事诉讼法和法院组织法来进行规范。

### (一)《大清刑事民事诉讼法》(草案)的制定

清末修订法律馆成立后,即翻译和整理了大量外国刑事诉讼法规和刑事诉讼理论。编订《大清刑事民事诉讼法》(草案)的起因,是 1905 年沈家本、伍廷芳批驳了御史刘彭年的奏折。刘彭年要求恢复刑讯制度,同时建议制定诉讼法。沈家本对刘彭年关于要求恢复刑讯制度的主张给予了驳斥,但是对他主张编订诉讼法的建议表示了赞同。1906 年,沈家本、伍廷芳编订了《大清刑事民事诉讼法》(草案),呈奏朝廷,该法共五章二百六十条。

关于诉讼规则,这部草案在一定程度上对刑事诉讼证据和民事诉讼证据进行了区分,贯彻了平等的诉讼原则,并肯定了法官对证据实行自由心证取舍的规定:"法官在作出裁判以前,必须对'两造所呈之证据','所呈证据是否足定被告之罪','证据是否为法律所准'等项问题进行细心研究,然后再作出判断。"

虽然这部草案对传统的司法体制予以基本保留,但还是引来了一片争议。

以沈家本为代表的立法者和以张之洞为代表的执行者之间围绕此草案产生了巨大争议,其背后的实质在于此草案的内容与当时的社会现实之间存在巨大鸿沟。沈家本、伍廷芳等上奏《大清刑事民事诉讼法》草案后,张之洞亲自写出驳议。张之洞指出:"盖法律之设,所以纳民于轨物之中,而法律本原,实与经术相表里,其最著者为亲亲之义,男女之别,天经地义,万古不刊。乃日本法所纂,父子必异财,兄弟必析产,夫妇必分资,甚至妇人女子责令到堂作证……启男女平等之风,悖圣贤修齐之教,纲沦法斁,隐患实深。"由于各省督抚与地方官僚的竭力反对,《大清刑事民事诉讼法》草案在交法部复核后旋即遭到搁置。

在清末立法改革的背景下,《大清刑事民事诉讼法》(草案)作为第一部明确规定证据制度的法律草案而备受争议,因为种种原因,这部草案虽未及颁行,但却成为近代中国证据制度的起点。[①]

(二)《各级审判厅试办章程》的制定

晚清司法体制改革前,清代中央司法机关主要沿袭明代的"三法司"旧制,在职能上实行"刑部受天下刑名,都察院纠察,大理寺驳正"的分工体制,同时其他机构如理藩院、宗人府等也拥有部分司法权力。这种体制的明显特征是司法行政不分,因此建立一套独立于行政机构之外的中央司法机关体系成为贯彻司法独立原则的基本要求。

正是按照这一变革思路,负责厘定中央官制的总核官制大臣奕劻等明确提出了"司法之权则专属之法部,以大理院任审判,而法部监督之,均与行政官相对峙,而不为所节制"的具体改革方案。这一方案得到清廷谕准后,1906 年 11 月清廷正式将原来的大理寺改为大理院,并让其作为全国最高审判机关,掌握最高审判权。同时将原来的刑部改为法部,主要负责司法行政事务,并在大理院附设独立行使职权的总检察厅。这一变革的结果,最终形成了由法部、大理院、总检察厅共同行使中央司法权的全新体制。

1907 年 3 月,直隶总督袁世凯所辖的天津成功试行《天津府属试办审判章程》,效果良好。在总结天津府审判章程的试行经验和沈家本所奏《法院编制法》草案的基础上,法部编纂了《各级审判厅试办章程》,拟先由京师各审判厅试办。1909 年经修订后颁行全国。《各级审判厅试办章程》是为了适应预备立宪的需要而起草的一部兼有法院组织法和诉讼法性质的法规。这部章程共五章一百二十条,五章篇名分别为:总纲、审判通则、诉讼、各级审判厅通则及附则。其中第

---

① 赵晓耕,陆侃怡.清末诉讼法改革对于律师制度的借鉴:以 190 年《大清刑事民事诉讼法草案》为视角[J].北方法学,2011(1):126-134.

三章包括起诉、上诉、证人、鉴定人、管收、保释、讼费七节,对证据规则进行了一些限定。该章程第一条对民刑事案件做了一个抽象的区分:"凡审判案件,分刑事、民事二项,其区别如下:(1)刑事案件,凡因诉讼而审定罪之有无者,属刑事案件;(2)民事案件,凡因诉讼而审定理之曲直者,属民事案件。"民刑诉讼实行分庭告诉、分别审理的制度,证据规则也有所区别,如刑事诉讼中更强调检察官在调查事实、收集证据方面的作用。

这部章程在证据规则方面,并不如《大清刑事民事诉讼法》(草案)那么完善,但它更适合当时中国新旧交替的社会现实,正是这种紧扣社会现实的特点,才使得《各级审判厅试办章程》具有可行性,从而成为中国法制历史上第一部从体制到程序全面变革传统审判制度的法律。随着章程的颁行,中国近代第一批新式审判机关相继筹建起来,并分别受理刑事诉讼和民事诉讼,中国近代证据制度开始在司法实践中发挥重要的作用。①

(三)《大理院审判编制法》的制定

《大理院审判编制法》共五节四十五条,仿照日本裁判制度,设立了四级三审制的法院体系。中央最高审判机关为大理院,以下分别为高等审判厅、地方审判厅及乡谳局(京师为城谳局)。这部法律对日后整个近代中国的审判机关体系产生了深刻的影响。同时,《大理院审判编制法》正式确立了近代意义上的检察制度。《大理院审判编制法》的历史贡献如下。

其一,它确立了司法独立的原则,"自大理院以下及本院直辖各审判厅局,关于司法裁判,全然不受行政衙门干涉,以重国家司法独立大权,而保护人民身体财产"(第六条)。这是中国司法史上最重大的变革之一,司法第一次与行政具有平等地位。司法独立是实现近代证据裁判主义的根本前提,如果没有独立的法庭,以及具有独立地位的法官,也就无法通过对于证据的取舍来证明法律事实,从而据证做出公正的裁决。

其二,它明确了民刑分立的原则,"自大理院以下各审判厅、局,均分民事刑事二类为审判事"(第三条)。

其三,首次建立检察制度并肯定检察官在证据制度中的特殊作用。根据1907年《各级审判厅试办章程》、1909年《法院编制法》等法令的规定,清末检察厅拥有多达28种具体职权。从有关规定来看,清廷为检察厅配置的各项权力,比较明确、具体且操作性强,能比较充分地给检察厅行使职权提供依据。这些职权,与当时的诉讼模式和司法体制相匹配,符合司法对检察职权配置的要求,也

---

① 李俊.司法独立原则的引进与晚清司法制度近代化转型[J].福建论坛,2008(8):70-74.

是检察厅作为执法机构履行职责、维护国家整体利益的必要保证。

（四）《法院编制法》的制定

1907年9月，修订法律馆为在全国推行新的审判机关体系，在《大理院审判编制法》的基础上编成《法院编制法》，其初衷是明确以大理院为首的审判机关的权限及职责。1910年2月，该法正式颁行全国。该法共十六章一百六十四条，继承并完善了《大理院审判编制法》的立法精神及法律内容。这部法律明确规定，各级法院的法官独立行使审判职能，其他任何人不得干预审判，或破坏法官终身制，即使是最高法院院长，虽然"有统一解释法令、必须处置之权，但不得指挥审判官所掌理之审判"，"法部对于推事（法官）及检察员，不得有勒令调任、借补、停职、免职、减俸等事"。这些规定，至少在制度设计层面上，有在试图确保法官完整的独立审判权。

这部法律未及全面推行，清朝即被推翻。民国政府成立后，继续援用该法。这部法律中有关刑证据制度的法规多为原则性的，如民刑分开、检察官的搜查取证权、诉讼相关人员的回避制度等。[1]

（五）《刑事诉讼律草案》的制定

晚清时期，中国正面临外来势力的压制和自身内部的改革，而这个时期的诉讼制度也既面临着其他国家诉讼制度的影响，又有本国先进学者对制度改革的呼声，沈家本作为律学大家，很好地将国外的先进制度与晚清的实际情况相结合，为我国刑事诉讼制度的近代化做出了巨大的贡献。虽然《大清刑事民事诉讼法》（草案）一度受挫，但沈家本所主持的修订法律馆，从未停止刑事诉讼法典和民事诉讼法典的起草工作。1911年1月，在日本法学家冈田朝太郎的帮助下，《大清刑事诉讼律》（草案）完成并奏呈朝廷。这是当时国内最为完整的一部刑事诉讼法典草案。草案共六编五百十五条。六编依次为：总则、第一审、上诉、再理、特别诉讼程序、裁判之执行。

草案基本仿照日本1890年刑诉法典而成。与传统的诉讼制度相比，这部草案变化极大。沈家本在其领衔所奏的《〈刑事诉讼法草案〉告成装册呈览折》中将修律的要旨概括为八个方面：一为诉讼用告劾程式；二为检察提起公诉；三为摘发真实；四为原被告待遇同等；五为审判公开；六为当事人无处分权；七为干涉主义；八为三审制度。这其中，关乎刑事证据制度者主要有三点：摘发真实、原被告待遇同等和干涉主义，其中摘发真实最为紧要。

---

① 王久斌.论司法独立原则[J].平顶山学院学报，2005，20（3）：19-21.

### 1. 证据裁判主义和自由心证

证据裁判主义也称为"证据裁判原则",是证据法的基本原则。从证据裁判主义基本含义来看,是指在诉讼活动中,认定案件事实必须依靠证据,证据是认定案件事实的唯一手段,没有证据就不得认定事实,更不能认定犯罪。第二款规定:"证据之证明力,任推事自由判断。"此即自由心证原则。自由心证原则在外国法文献中往往被称为自由心证主义。自由心证原则是公法上的强行规范,不许当事人、公诉人合意变更或排除适用,也不许法官随意排除适用。自由心证原则的主要内涵是,法律不预先设定机械的规则来指示或约束法官,而由法官针对具体案情,根据经验法则、逻辑规则和自己的理性良心来自由判断证据和认定事实。

### 2. 原被告待遇同等

"非地位相同,指诉讼中关于攻击防御俾以同等便利而言。盖原告之起诉,既为谙习法律之检察官,若被告系无学识经验之人,何能为之对待?故特许被告人用辩护人及辅佐人,并为收集有利证据,予以最终辩论之权。庶两造势力不至有所盈朒。"草案中举证责任分配、质证程序、证据保全等多项规定体现了近代法律原则。

沈家本就编成《大清刑事诉讼律》(草案)奏呈朝廷时还提到:"一曰诉讼用告劾程式。查诉讼程式,有纠问告劾之别。纠问式者,以审判官为诉讼主体,凡案件不必待人告诉,即由审判官亲自诉追,亲自审判,所谓不告亦理是也。告劾式者,以当事人为诉讼主体,凡诉追由当事人行之,所谓不告不理也。在昔各国多用纠问式,今则概用告劾式,使审判官超然屹立于原告被告之外,权皆两至以听,其成法最为得情之平。"在沈家本的理解中,纠问与告劾之分是构建近代中国刑事诉讼制度的首要所在,而刑事诉讼中的法官职权调查则是告劾式诉讼的重要制度构造,并不等同于纠问式审判。与纠问式的审判方式相比,这种对抗式的审判方式更有利于保护被告人的权益。

### 3. 法官的调查取证权

沈家本于1911年1月24日就编成《大清刑事诉讼律》(草案)奏呈朝廷时,在阐述修律的要旨时提到:"七曰干涉主义。民事诉讼当事人有处分权,审判官不得干涉。至刑事诉松,当事人无处分权。审判官因断定其罪之有无,应干涉调查一切必要事宜,而不为当事人之辩论所拘束。"这是刑事诉讼不同于民事诉讼的一大特征,就证据制度而言,它意味着法官有调查取证权,而不是被动地局限在原、被告双方所呈交的证据基础上进行裁量。第三百二十条规定:"地方审判厅不问开始辩论前后,得就该厅庭员或独任推事中指定受命推事,命调查特定证据或其他事宜。受命推事调查特定证据,有为一切必要处分之权。"

这部草案后来由于清政府被推翻而未及颁行,但它对中国近代证据制度的转型发挥了关键作用。它建立了相对合理的自由心证的证据规则,严格贯彻了法定的证据程序,实行证据裁判主义,开了近代证据制度之先河。

（六）民国初年有关证据立法

民国初年,战争不断,时局动荡,当局没有精力修订和颁布正式的刑事诉讼法典。整体来说,民国初期(1912—1914)的审判制度,基本上是援用清末沈家本等人所主持编纂的相关法规。1913年司法部将《各级审判厅试办章程》稍作修订,改名为《高等以下各级审判厅试办章程》加以颁行。1915年,司法部修订《法院编制法》并颁行。

《刑事诉讼律》(草案)的援用情形稍显复杂,北京国民政府并没有立即全部援用,而是由司法部逐步地呈请援用其部分规定,同时辅之以新制定的单行诉讼规则。先后被援引的内容包括"管辖""再理""裁判之执行""回避"等。虽未被正式赋予法律效力,但《刑事诉讼律》在司法实践中常被作为"诉讼法理"加以援用,从大理院所做的判决来看,基本与《大清诉讼律》草案的规定相一致。1921年,修订法律馆在《大清刑事诉讼律》草案的基础上编定了刑事诉讼法草案,北洋政府司法部将其命名为"刑事诉讼条例",这是中国正式颁布的第一部刑事诉讼法规,刑事证据制度终于"有法可依"。

## 三、近代证据制度的进步实践

晚清最后的十年统治,处于千古未有的剧烈的社会变动中,内外交困,风雨飘摇,政治体制与法律制度改革已成必然趋势。其改良的总体思路,是以体制变革为依托,建立大理院独立行使审判权,建立法部执掌司法行政权,建立各级检察厅代表国家行使公诉权和法律监督权,并强调行政不得干预司法。改革以立法为手段,统治者制定了宪法性文件、实体法与程序法,使法律变革制度化;以行刑制度的改革为保障,建立"模范监狱",改良监狱管理。从一定意义上说,中国司法由古代走向现代,从中国走向世界的重要一步,就是清末"新政"所包含的司法改革。它部分废除了刑讯的合法性,同时对证人和鉴定人做出了详尽的法律规定。

（一）刑事证据制度的近代化

清末通过制定《大清刑事诉讼律》(草案)《各级审判厅试办章程》等充满诉讼改革意义的法律文件,强调了证据制度的作用,初步完成了刑事诉讼的近代化进程,具体内容如下。

### 1.突破了古代社会证据制度的范畴

秦代至清代的证据制度,其重要特点是以被告人的口供作为定罪的一项重要根据。《清史稿·刑法志》指出,"断罪必取输服供词",说明被告人不供认,就定不了罪,被告人一供认,就可以定罪。与重视被告人口供相适应,当时的法律允许刑讯以逼取口供。古代诉讼重口供,允许刑讯,是冤案层出不穷、屡禁不绝的一个主要原因。但是,在下列特殊情况下,可不凭被告人口供而以其他证据定罪:①根据唐律、明律、清律的规定,属于议、请、减、老、小、废疾等不得拷讯的被告人,"皆据众证定罪"。《唐律·名例六》:"称众者,三人以上。"就是要有三个以上证人"明证其事,始合定罪"。如果只有两个证人,或虽有三个以上证人,但有人证实,有人证虚,也不能定罪。这种规定带有形式证据制度的色彩。②明律、清律规定:"若犯罪事发而在逃者,众证明白,即同狱成,不须对问。"③唐律规定:"若赃状露验,理不可疑,虽不承引,即据状断之。"

清末法律在证据种类方面,借鉴了中国传统与西方经验,正式确立为:口供、检证笔录、证人证言、鉴定意见、文件证据、证物(物证)等。较之现代的书证,范围更为广泛。由于理解与翻译的差别,《大清刑事诉讼律》(草案)规定了证物及其在诉讼审判活动中的重要地位与作用,实际上就是现今通用的物证。文件证据的重要性凸显出来,口供则只是普通证据的一种。检证笔录就是勘验笔录,增加了科技检验的成分,对犯罪现场实施勘查、验证,收集与确定证据材料,更加客观准确。①

### 2.立法对证人和鉴定人做出详尽的规定

法律规定证人须有法定的资格。法律保障证人在诉讼审判中的证明作用。证人也须履行法律规定的义务,在庭审中做出真实的证明,否则,要受到罚金与短期拘役的处罚。此外,《大清刑事诉讼律》(草案)、《各级审判厅试办章程》都规定各级审判衙门和受命推事有权根据审理需要,选择鉴定人,并要求鉴定人须依法定程序进行,其鉴定意见才可以认定为有效证据。

清末民初立法中的鉴定专指诉讼内的鉴定。鉴定是指具有特别学识、经验的鉴定人就鉴定事项陈述的意见。《大清刑事民事诉讼法》(草案)尚未规定鉴定。《各级审判厅试办章程》将"鉴定人"与证人并列一节。《大清民事诉讼律》(草案)明确设立鉴定作为证据方法和审判官判断之辅助。

鉴定人是经法院委任,运用自己特别的学识、经验,就法院指定事项(法则、习惯法、实验法则)陈述意见之第三人。这个定义说明鉴定人必须是当事人及当

---

事人法定代理人之外的第三人,由于鉴定人与证人都是第三人,因此《大清民事诉讼律》(草案)和《民事诉讼条例》都明确除特别规定外,鉴定准用关于人证之规定,但鉴定人是在诉讼过程中,就裁判机关指示的事项提供意见的第三人,鉴定标的物并非鉴定人所经历的过去事实。

鉴定人必须符合以下条件,方具备法律资格:其一是具备完全行为能力的自然人;其二是非诉讼当事人及其法定代理人或审理案件之法官的第三人;其三是具备从事鉴定所需的知识技能。

(1)鉴定人的义务

规范鉴定人义务是为了确保鉴定人如实公正地实施鉴定,法律关于鉴定人义务的规定与证人义务类似,因为鉴定人和证人参与诉讼的意义都是为了国家司法裁判能够正确实施,从而使其承担公法上之义务。

1)到场义务。鉴定人须遵照法院命令,赴法庭陈述意见。如鉴定人违反此义务,法院有权对其处以罚款。但鉴定人拒不到场,法院不得拘提,因为鉴定人不同于证人,证人不可替代,为保障诉讼顺利进行,当证人拒不到场时可予以拘提。而鉴定人可以替代,运用强制措施令其到庭,鉴定人必不能做出客观的陈述,无法达到鉴定之目的。

2)陈述义务。鉴定人应当到庭陈述自己的鉴定意见,如鉴定人拒绝鉴定,法院认为理由正当,可以免除其义务。

3)具结义务。鉴定人须在鉴定前,在受诉法院、主审法院或受托法官前,承担具结义务,保证做出公正诚实之鉴定,违反该义务所受制裁,与证人相同。

(2)鉴定人的权利

1)鉴定所需的权利。鉴定人在鉴定时,有权利用存放在法院的资料,申请法院调取证物或询问证人,或者经当事人许可后直接对证人或当事人发问。鉴定人享有这些权利,才能够充分了解鉴定事项,从而做出符合事实真相的鉴定意见。

2)请求给付费用和报酬的权利。《大清民事诉讼律》(草案)规定,鉴定人同证人一样,有权获得法定的日费和旅费。由于鉴定需要使用材料、器械等,因此鉴定人有权要求预先支付一定数额的鉴定费用。《民事诉讼条例》在此基础上,增加了鉴定人获得报酬的权利。

(3)拒却鉴定人

拒却鉴定人即申请鉴定人回避。当事人有权申请法官回避、拒却鉴定人:

1)推事或其配偶为该事件当事人或就该事件与当事人有共同权利、共同义务、担保义务、偿还义务之关系者,推事之配偶为当事人者,虽婚姻消灭亦同;

2)推事与该事件当事人为亲属或有养亲、养子关系,其亲属、养亲、养子关系消灭亦同；

3）推事为该事件当事人之未婚配偶者；

4）推事为该事件之当事人之法定代理人、监护人、保佐人，或曾为以上各项关系者；

5）推事于该诉讼事件，现为或曾为当事人之诉讼代理人者；

6）推事于该诉讼事件曾为证人或鉴定人者；

7）推事曾参与该诉讼事件之前裁判或公断者。

另外，法官、鉴定人虽没有上述情形，但存在使当事人足认其执行职务有偏颇之虞者，如与当事人一方有交谊、与该诉讼结果有利害关系等，当事人亦可以申请其回避。

当事人拒却鉴定人，应当在鉴定开始前，如果当事人事先不知道拒却原因或拒却原因发生在鉴定开始后，也可在鉴定意见做出后，以书状或言词向选任鉴定人的法院或推事提出声明，并释明理由。法院或法官就拒却声明做出裁决，认为拒却正当的裁决，当事人不得声明不服；认为拒却不当的裁决，当事人得以抗告。经法院认定拒却原因正当，鉴定人自不必从事鉴定工作，如在鉴定后被拒却，法院依职权或依申请另行委任鉴定人重新进行鉴定。

（4）鉴定程序

1）申请鉴定。法院可依职权或因当事人申请而为鉴定。当事人申请鉴定，只需表明鉴定事项，不需指定鉴定人，是否需要鉴定由法院决定。

2）委任鉴定人。鉴定人由法院选任，法院有权根据鉴定事项的难易指定一人或数人担任鉴定人，并改换不适当的鉴定人。法院亦可令当事人指定应选任的鉴定人。

3）鉴定人具结。鉴定人应当在鉴定前具结，保证公正诚实地实施鉴定。

4）实施鉴定。鉴定人通过利用诉讼资料、申请调取证物或询问证人、向证人或当事人发问等方法实施鉴定，最终得出鉴定意见。当鉴定人有数人且意见不同各执一词时，应当分别做出鉴定书。

5）询问鉴定人。如鉴定书需要说明，鉴定人应当到受诉法院以言词陈述意见，询问适用关于人证之规定。

6）二次鉴定。法院认为鉴定意见不充分，得命同一鉴定人或其他鉴定人复行鉴定。

### 3.规定了禁止刑讯的原则和追责条款

我国古代直至清末，残酷程度不等的肉刑和刑讯都是合法的。国家对刑讯的依赖，主要是因为提取物证的技术能力和认识能力不足，不得不依赖被告的口供。沈家本在《议复江督等会奏恤刑狱折》中称"外国案以证定，中国案以供定"。

　　到了近代,中外定案根据的差异,已非常明显。沈家本在《复奏御史刘彭年停止刑讯请加详慎折》中认为:"惟中外法制最不相同者,莫如刑讯一端。"其中更深刻的原因,当然是司法制度,包括刑事诉讼程序的差异。

　　在1906年《修订法律大臣沈家本等奏进呈诉讼法拟请先行试办折》所附的《刑事民事诉讼法》第三节"公堂"第九条,就设计了法庭中会审官、陪审员、书记、原告、被告、证人、律师和观审案外人的座位。该法第十三条还规定了公开审判的原则:"凡开堂审讯,应准案外之人观审,不得秘密举行。但有关风化及有特例者,不在此限。"第四节则规定了禁止刑讯的原则和追责条款:"第十七条　凡审讯一切案件,概不准用杖责、掌责及他项刑具或语言威吓、交逼,令原告、被告及各证人偏袒供证,致令淆乱事实。第十八条　凡承审官、巡捕官及各项官员违背前二条之例者,即行降革治罪。"该法第二章"刑事规则"第五节"审讯",还规定了当堂对诘,被告辩诉及证人、律师等法律程序。

　　然而,清末司法改革中停止刑讯的法令似乎并没有得到很好的执行。各级司法机关阳奉阴违,视其为具文。甚至在号称最为开放的上海公审公堂,也"时闻有刑求杖责之事"(沈家本《轻罪禁用刑讯笞杖改为罚金请申明新章折》)。一方面,是司法官因朝廷不准使用刑讯为由,对刑事案件消极推诿;另一方面,则是在法律明令禁止的刑讯之外,私设变通的刑讯手段。曾任山东郯城知县的黄六鸿在他编撰的《福惠全书》中,列举了牢头折磨犯人的种种名目,希望"在上者留心体察而痛除之",计有"本管牢头"联合众牢头群殴新来的犯人,名曰"打攒盘";夜间泼水将地铺弄湿,逼令犯人睡卧,名曰"湿布衫";将犯人双足吊起,头朝下睡觉,名曰"上高楼";捏称某犯人出入难以提防,将其套上枷锁,关入木笼,名曰"雪上加霜";勒索犯人出钱买鸡肉,如不遂其意,即唆使众犯人成群凌辱,名曰"打抽丰";对无钱孝敬的犯人,每遇亲属送饭来,牢头即命令饿犯抢走,名曰"请上路"。此外,又有逼勒犯人终夜站立不许睡倒,用短索绑住犯人手脚过夜,以手扭撞击犯人胸额,以枰板痛打犯人脚底,剥取穷犯衣服,用柏香熏焚犯人受刑的伤口等私刑。

　　其实,中国古代即使刑讯合法,但是在什么情况下刑讯也是有法定条件的,即必须有其他证据,并不允许仅仅依赖通过刑讯索取的口供。沈家本在他的力作《历史刑法考》中就注意到,《魏书·刑罚志》记载:"永平元年,尚书令高肇等奏曰,'谨按《狱官令》,诸察狱,先备五听之理,尽求情之意,又验诸证信,事多疑似,犹不首实者,然后加以拷掠。'"沈家本还注意到,"《唐律》:诸应议、请、减,若年七十以上、十五以下及废疾者,并不合拷讯,皆据众证定罪,违者以故失论……称众者,三人以上,明证其事,始合定罪。违者以故失论,谓不合拷讯而拷讯至罪有出入者,即依下条故出入人及失出入人罪法。其罪虽无出入而枉拷者,依前人不合捶拷法,以斗杀伤论,至死者加役流"。

从这一段看出两点,第一,唐代已经有不依赖犯罪嫌疑人口供而依靠"众证"的法律规定。可惜这个原则只是适用于特定的群体,而不是普遍适用。第二,对法律规定不应当刑讯的人进行刑讯,因此判错案的要受到刑法处罚;即使没有判错案也要受到处罚,追责的相应刑罚也规定得很具体。

在清末司法改革中,由沈家本等人修订的《钦定大清刑律》中也规定了对非法刑讯的追责:"至初次讯供时,及流刑以下罪名,概不准刑讯。如有违例用刑者,该管上司即行据实参处。"《民事刑事诉讼法》第十八条规定,对违法刑讯的承审官、巡捕官及各项官员"即行降革治罪"。

由于考虑到彻底根除刑讯逼供的艰巨性,1901年,刘坤一、劳乃宣提出,一般案件的审理,对人犯均不得使用刑讯逼供,而可据众证定罪。只有杀人命案与劫盗重案,被告在证据确凿面前仍不认罪,方准用刑问供。在《大清刑事诉讼律》(草案)中,也明确规定,对人犯"不得非法凌辱","禁用恫吓及诈罔之言,审讯案犯"。这样的规定,第一次正面肯定了证据的客观性与真实性,反对传统的刑讯逼供式的主观主义的认定证据的方法,这是法制的进步。①

(二)民事证据制度的近代化

从司法实践来看,民事案件的事实认定在很大程度上离不开当事人的口供。不过,民事诉讼中口供的获得一般都是以情证折狱为基础的,即当事人在情理或证据面前不能抵赖,从而承认对己不利的事实,而不像刑事诉讼中官府经常通过刑讯来获得被告人的口供。当然,司法实践中亦有例外情形,即司法官员往往既未察情,亦未据证,仅凭主观感觉就认定一方当事人主张真伪,倘一方当事人不承认认定,司法官员也会通过刑讯来迫使该方当事人承认。据清人奏折称:"清代地方衙门中如绷杆、钓杆、站笼等非刑,各州县大半有之,除以惩治盗贼外,甚至田土斗殴等案一切用之。"按清律规定,非法刑讯在刑事诉讼中尚且不得使用,在民事诉讼中应被禁用自不待言,但实践中,由于司法官员怠于取证而过度依赖口供,非法刑讯不但在重罪案件中使用,在田土案件中也广泛使用。清代立法对于某些特定证据形式的证明作用做出规定,从而间接体现立法对证据关联性的要求。清代有条例规定:"凡民人告坟山,近年者以印契为凭;如系远年,须将山地、字号、亩数及库贮鳞册并完粮印串,逐一丈勘查对,果相符合,则断令归己。如勘查不符,又无完粮印串,则所执远年旧契不得为凭。"这一条例明确规定在审

---

① 马少华.刑讯逼供在中国为何顽固存在[EB/OL].(2016-02-20)[2018-04-26].http://www.360doc.com/content/16/0220/10/9065871_535908343.shtml.

理坟山纠纷中,印契是关联性最强的证据,如缺少这一证据,则应将山地、字号、亩数及库贮鳞册并完粮印串,逐一丈勘查对。这表明库贮鳞册及完粮印串等作为证明坟山所有权纠纷的书证,不能单独证明纠纷事实,必须将其与现场勘查结合才可以认定事实;而远年旧契则不得作为证据。很显然,在立法者看来,上述证据在关联性上是越来越弱的,因此司法官员在运用上述证据时的做法也应有所不同。

清代的司法官员在民事案件审理实践过程中,积累了许多关于判断证据关联性的经验,汪辉祖在《病榻梦痕录》中记载了一则案件:谢子纯弟弟死亡六月后弟媳刘氏生子。三年后,谢子纯贿赂刘氏佣妇董某,控官称刘氏子为董妇之子,以董某为证。汪辉祖在审理中发现刘的证人都是喜宴时的亲友,证词证明力不强,董某不服。汪辉祖秘密调查当初刘氏生子时的稳婆钱氏,钱氏证明子为刘氏所生,与刘氏主张相符。董妇、谢子纯伏法。本案中,汪辉祖的办案思路即体现了对证据关联性的重视。因为系争子究竟是否为刘氏所生,所以参加喜宴的亲友是无法亲睹的,而稳婆的证词显然最有证明力。

清末修律大臣沈家本认为以往实体法与程序法不分,导致后果严重,他在《大清刑事诉讼律》(草案)的上奏文中,论述了实体法与程序法分立的重要性。他认为:"诸律中以刑事诉讼律尤为切要。"并引用西方学说,"刑律不善不足以害良民,刑事诉讼律不备,即良民亦罹其害。盖刑律为本,而刑诉为用,二者相为维系,固不容偏废也。"他的结论,不但揭示了刑事诉讼律在刑事司法活动中维护人权的重要价值;同时也指出民事诉讼律在民事司法活动中维护正义、保障人权的重要作用。与此同时,他又分析了传统中国"重刑轻民"的倾向,导致民事诉讼与民事证据制度相对落后的状况:"保护私权,实关重要。东西方各国法制虽殊,然于人民私权维护至周,既有民律以立其基,更有民事诉讼律以达其用,是以专断之弊绝,而明允之效彰……中国民刑不分,由来已久,刑事诉讼虽无专书,然其规程,尚互见于刑律;独至民事诉讼,因无整齐划一之规,易为百病丛生之府。若不速定专律,曲防事制,政平讼理未必可期,司法前途不无阻碍。"

《大清民事诉讼律》(草案)遵循的立法原则是:①采纳各国通行的民法原则;②以最新、最合理的法律理论为指导;③充分考虑中国特定的国情民风,确定最适合中国风俗习惯的法则,并适应社会演进的需要。应当肯定,晚清的诉讼法律制度改革,对传统的证据制度向证据制度近代化转型起到了重要的推动作用。同时,证据制度近代化也对清末的法制改革起到了实际的保障作用。

晚清民事证据制度的近代化,无论在理论层面,还是在法律层面都有充分的表现。在理论层面:①引进人权原则,强调依法据证维护公民的私权与公权,以避免受到不法侵害;②引进法律平等的理论,确认证人具有平等出庭作证的权利与义务,这种权利与义务关系受到法律的保护,从而排除了封建时代收禁、关押乃至拷打证人,逼迫他们违心做出证词的丑陋历史现象;③引进公开辩论的原则,使原被告和证人在法庭上拥有辩论与质证的充分权利,同时有遵守法庭秩序的义务。

在法律层面上,虽然没有制定单独的证据法,但在《大清新刑律》《大清刑事诉讼律》(草案)、《大清民事诉讼律》(草案)中都有明确而具体的规定。例如奕劻等在《核订新刑律告竣敬谨分别缮具清单请旨交议恭折》中就明确指出:"朝廷博采各国成法,预备立宪,其要旨,重在保护人权。"《钦定宪法大纲》也对所有臣民的权利义务,均逐一做出规定。"旧律之与立宪制度背驰之处亦应逐加增损。"晚清改革把保护人权作为立宪要旨,为保障立宪的实施,又相继制定了维护臣民权利与义务的刑事、民事法律制度,包括刑、民证据制度。

在《刑事民事诉讼法》(草案)中规定"证人"一节,表明证人在证据体系中具有的重要地位。它打破了传统社会拘禁证人,强迫作证的做法。改为通知证人出庭,只有在证人拒绝出庭时,才改用传票方法,若再不到庭,才能用拘禁拘提的方式。同时,也规定了证人资格,凡不能辨别是非的未成年人,患有心病、疯疾的人不能作为证人。另外,也规定了证人出庭作证的义务,对拒不出庭者处以罚款。但由于受到"礼法之争",特别是守旧势力的影响,根据证人的身份高下,给予不同的礼遇。例如,对职官命妇作证,法庭须另置座位以礼相待;对三品以上大员作证,则规定无须出庭作证,改由法庭派员询问等。

而在法部编成的《各级审判厅试办章程》中,其"诉讼"章,则专门规定了"证人、鉴定人"。从而提高了鉴定者的身份与地位,摒弃传统社会视"仵作"工作为下九流之役,仵作之人为贱人的偏见。在光绪二年(1910)制定的《大清民事诉讼律》(草案)第三编第一章总则中明确规定,民诉法根本法则之一,因为证据结合主义易于保护当事人的权益,所以排除证据分离主义;以自由心证主义及法定证据主义相结合,以法官自由心证为主,以法定证据主义为辅。此外,进一步规定举证责任;人证及其作证义务;鉴定人及其经济补偿;证书及其证明效力;检证及其检证程序;证据保全及其保全程序等。

虽然《大清民事诉讼律》(草案)未来得及颁布与实行,但标志着中国近代民事证据制度开始真正转型,并为近代化民事证据制度的建立奠定了基础,成为中华民国民事证据立法的主要依据之一。

# 第二章　新中国司法鉴定体制评述

　　概念是人类在认识过程中，从感性认识上升到理性认识，把所感知的事物的共同本质特点抽象出来，加以概括，是人类所认知的思维体系中，最基本的构筑单位。鉴定，作为人类实践活动中抽象出来的一个概念，按照 1989 年版《辞海》的解释，意为"鉴别评定，确定优劣真伪"。我国使用的"司法鉴定"一词是从俄文翻译过来的，最早出现在 1955 年至 1956 年苏联专家楚贡诺夫编写的"司法鉴定讲义"中。1949 年至 1979 年，司法鉴定机构基本上设立在政法机关内部，司法鉴定被限定在刑事技术领域。

　　常见的法律规范有基本法、实体法、特别法及程序法等，不同类型的法律规范的适用是不一样的。程序法是正确实施实体法的保障，如行政诉讼法、民事诉讼法、刑事诉讼法等。审判活动则是实体法和程序法的综合运用。

　　我国刑事诉讼法的草拟工作，早在中华人民共和国成立初期就已开始准备。1957 年拟出了草案草稿，1963 年拟出了草案初稿。《中华人民共和国刑事诉讼法》（以下简称《刑事诉讼法》）于 1979 年 7 月 1 日第五届全国人民代表大会第二次会议通过并公布，1980 年 1 月 1 日起生效。全文共四编十七章一百六十四条。第一编为总则，第二编为立案、侦查和提起公诉，第三编为审判，第四编为执行。

　　为了贯彻《刑事诉讼法》有关刑事案件勘验、检查、鉴定的规定，准确及时地进行刑事技术鉴定，以揭露犯罪、打击犯罪分子、保护公民权利，1980 年 5 月 7 日，公安部颁布了《刑事技术鉴定规则》，针对刑事技术鉴定的原则、受理程序、鉴定步骤、鉴定书的内容及鉴定人出庭等做了相关规定。1982 年 3 月 8 日通过了《中华人民共和国民事诉讼法（试行）》，这两部法律、一部部门规章，为建立有中国特色的司法鉴定制度奠定了基础。

　　生动而复杂的司法实践，不断要求改革其不能适应社会的司法鉴定制度。2005 年 2 月 28 日，第十届全国人民代表大会常务委员会第十四次会议通过了《关于司法鉴定管理问题的决定》。从国家层面启动了"从分散到统一"的司法鉴定管理体制改革，确立统一的司法鉴定管理体制，加强对鉴定人和鉴定机构的管理，适应司法机关和公民、组织进行诉讼的需要，保障诉讼活动的顺利进行。

2014 年,党的十八届四中全会又提出健全统一司法鉴定管理体制改革的任务。2017 年 7 月 19 日,中央全面深化改革领导小组审议通过了《关于健全统一司法鉴定管理体制的实施意见》,10 月 4 日,中央办公厅、国务院办公厅颁布了该实施意见。强调司法鉴定制度是解决诉讼涉及的专门性问题、帮助司法机关查明案件事实的司法保障制度。健全统一司法鉴定管理体制,要适应以审判为中心的诉讼制度改革,完善工作机制,严格规范执业责任,强化监督管理,加强司法鉴定与办案工作的衔接,不断提高司法鉴定质量和公信力,保障诉讼活动顺利进行,促进司法公正。

## 第一节　司法鉴定的分散管理体制(2005 年前)

我国司法鉴定制度的发展,以 2005 年全国人大常委会颁布的《关于司法鉴定管理问题的决定》为界,可以分为两个阶段:2005 年之前的司法鉴定分散管理体制,以及 2005 年之后的司法鉴定统一管理体制。从司法鉴定管理模式上分,则可以分为三个阶段:1949 年到 1997 年之间的公检法管理阶段,1997 年到 2005 年之间的公检法司管理阶段,2005 年之后的司法行政统一管理阶段。

### 一、公检法的管理阶段(1949—1997)

#### (一)垄断性的管理模式

从我国刑事诉讼制度发展演变的历程来看,特别是 1979 年之后,我国首先在公检法系统恢复和重建了司法鉴定系统,进而逐渐形成了公检法内设为主、院校为辅的司法鉴定队伍结构。与此相适应的是逐渐形成了一个事实上由公检法垄断刑事专业问题判断的格局,由公检法机关尤其是内设的司法鉴定机构来主导专业问题判断的鉴定权。经过多年的建设,公安、检察、法院系统内的鉴定机构具备了很强的鉴定实力;而其中又以公安机关鉴定队伍的规模、项目、人员、装备、能力、实力最为强大。这个时期的司法鉴定制度,主要是由政法部门进行管理,并且在公安系统、检察系统及法院系统内各自设立司法鉴定机构,实行自上而下的内部直属管理。在 1949—1997 年这段时间内,司法鉴定基本上被公检法系统垄断。

公安系统最初由公安部在"126 所"法医和毒化两个研究室的基础之上整合组建法医研究室,并在 1984 年合并"1129 研究所"的两个业务室正式组建公安部第二研究所,也就是现在的公安部物证鉴定中心。随着《关于加强三级技术点工作的通知》(1982 年)、《刑事技术三级点的职责和技术人员的岗位责任制度

（试行）》（1983 年）、《刑事技术二级点的职责和技术人员的岗位责任制度（试行）》（1990 年）、《关于进一步明确刑事科学技术机构职责、统一称谓和规范内部设置的通知》（2002 年）等文件的发布，公安系统的司法鉴定机构迅速恢复成立。不仅公安部，各地的公安机关也在较短的时间内组建了各自的刑事科学技术处、实验室等，大批技术人员回归岗位，以满足一线办案的需求。此外，在全国范围内开展法医、痕迹、理化、文件、声像等多专业的鉴定，建立脱氧核糖核酸（DNA）实验室，为侦察办案、打击犯罪活动提供了强大的技术支持。

我国检察机关在 20 世纪 50 年代开始在地市以上建立了法医鉴定机构。20 世纪 70 年代后期，全国恢复建立检察机关以后，各地又陆续设立检察技术机构，省市级检察院设立技术处，县（市）级设立技术科（室），同时也选调了相关的技术人员，购置了必要的检验鉴定仪器设备，开展了与检察机关业务密切相关的各类检验鉴定工作。检察系统借鉴公安部的经验，相继发布了《关于检察机关刑事技术工作建设的意见》《人民检察院法医工作细则（试行）》《人民检察院文件检验工作细则（试行）》《关于加强检查技术工作的决定》等文件。但是检察系统的技术鉴定工作与公安系统的有所区别，主要体现在：检察系统的技术工作主要服务于检察系统的法律监督职责，提供技术性的证据及审查技术性的证据，同时在涉及职务犯罪的时候，进行勘验取证，检验鉴定，但是不涉及刑事案件的鉴定。

法院系统的鉴定机构建立始于 1979 年，第五届全国人大第二次会议通过的《中华人民共和国人民法院组织法》第四十一条规定"地方各级人民法院设法医"，明确了法院鉴定机构的设置权。20 世纪 80 年代初，江西省南昌市中级人民法院率先开展法医活体检验，此后法院系统兴起开展法医鉴定业务的风潮。各地法院相继配备法医技术人员，健全法医技术机构，其主要的任务为检验复核鉴定，为法官审判案件提供技术性的支持，从而避免冤假错案的发生。1986 年，《最高人民法院关于加强法院法医工作的通知》提出各高、中级人民法院要建立法医技术室，基层法院应配备专职法医技术人员。与此同时，法院逐渐增加文书、痕迹鉴定等业务。中级以上各级法院普遍设置了鉴定机构，部分县级法院也设置了鉴定机构；即便未设鉴定机构的基层法院，最高人民法院也要求在司法行政管理部门配备专职司法鉴定人员。至 1997 年，全国人民法院已有法医等司法技术人员 2000 余名，超过 1000 个法院设置了法医技术性机构。

随着公检法系统相继恢复司法鉴定机构的设置，大量技术性人才的需求缺口逐渐显现，这就需要高校培养专业人才以满足社会需求。1979 年，卫生部在中国医科大学、中山医学院（现中山大学中山医学院前身）、四川医学院（现四川大学华西医学院前身）设立法医学本科专业，随后山西医学院（现山西医科大学）、中国刑事警察学院也相继设立法医学培养专业人才。同时，各大高等院校均设立了专门的司法鉴定机构,将教学、科研与服务三者有效融合。高校法医专业扎实的基础和雄厚的科研实力,也为公检法系统解决鉴定疑难问题提供了技术性的支持。

### (二)公检法鉴定机构间的相互关系

公检法系统各自设立的司法鉴定机构,其出发点和主要任务是不同的。公安系统主要服务于一线的破案刑侦需求,需要在全国各级公安系统设立相应的司法鉴定机构,形成县级公安局、地级市公安处、省级公安厅及公安部四级鉴定机构,大批技术性人才服务于一线的实战。检察系统设立司法鉴定机构,主要的任务是提供技术性的证据及审查技术性的证据,同时为查处职务犯罪进行相关的鉴定。法院系统则侧重于复核鉴定等技术性工作,为法官的公正性审判提供支持。相比于公安系统一线工作,检察系统和法院系统的技术性要求相对没有那么高,因此检察系统和法院系统鉴定机构的设立跟当地的实际工作量相关。

我国现行宪法规定:"人民法院、人民检察院和公安机关办理刑事案件,应当分工负责、互相配合、互相制约,以保证准确有效地执行法律。"分工负责、互相配合、互相制约是公检法三机关在办理刑事案件时所应遵循的基本行为准则,它对调整司法机关之间的基本关系具有宪法指导意义。

**1.分工负责是前提**

所谓的分工负责是指公检法三机关根据法律规定的责任,依照法定程序,各司其职、各尽其责,既不越权代办和干涉,也不互相推诿和不履行职责。具体在办理刑事案件时的分工体现为:公安机关负责对刑事案件的侦查、拘留、预审,执行逮捕,依法执行判决,除了由人民检察院依法自行侦查的案件外;人民检察院负责批准逮捕,审查起诉和出庭支持公诉、抗诉;人民法院负责审判。

**2.互相配合是基于公检法三机关在工作目的和任务上的一致性**

所谓互相配合是指公检法三机关在分工负责的基础上,通力合作,互相支持,密切配合,依法办理刑事案件。在办理刑事案件的程序上,公安机关按照法律的规定完成自己的职责并及时移交人民检察院,人民检察院在完成自己的职责后及时向人民法院提起公诉,人民法院对该案件进行审判,公安机关执行经人民法院审判需要执行的有关刑罚。公检法三机关的具体配合还体现在一些具体的司法行动上,如逮捕犯罪嫌疑人必须经人民检察院批准或者人民法院决定,由公安机关负责执行。

**3.互相制约是国家监督原则的体现,也是国家权力依法行使的重要保障**

所谓互相制约是指公检法三机关在分工配合的基础上,依照法律的规定,互相监督,防止错案的发生,保证准确有效地执行法律。公安机关在侦查过程中,逮捕犯罪嫌疑人时要经过人民检察院审查批准,对不予批准的,公安机关认为有错误的可以要求复议,以及向上一级人民检察院提请复核。人民检察院对公安机关侦查终结移送起诉的案件,进行审查,决定是否起诉。犯罪事实不清、证据不足的,可以退回公安机关补充侦查或者自行侦查。在办理案件中发现公安机关有违法情况的,通知公安机关予以纠正。公安机关认为人民检察院的决定有错误的,可以要求复议,以及向上一级人民检察院提请复核。人民法院对人民检察院提起公诉的案件,根据具体情况和法律做出有罪或无罪的判决。人民法院对人民检察院起诉的案件认为事实不清、证据不足,或者有违法情况的,可以退回人民检察院补充侦查,或者通知人民检察院纠正。人民检察院认为判决有错误的,可以提起抗诉。对已生效的判决和裁定,人民检察院认为有错误的,可以依照审判监督程序抗诉引起再审。[①]

公检法司法鉴定系统内部的关系是复杂的,总的来说就是既相互配合又相互制约。公检法系统之间的相互配合,其主要目的是一致的,都是为司法诉讼提供准确的证据,保证审判公正性和公平性。

我国立法上侦查终结、提起公诉与审判定罪的证据标准是同一的。在 20 世纪 50 年代和 60 年代两次起草但最终未颁布实施的《刑事诉讼法(草案)》中,对侦查终结的事实认定要求是"侦查人员对案件的全面情节查清",对具体的证据标准则没有明确规定;对提起公诉的证据标准是"犯罪事实、情节已经全面查清,证据确凿"。受此影响,新中国于 1979 年颁布的首部《刑事诉讼法》对侦查终结的证据标准没有规定。为保证该法的顺利实施,公安部 1979 年 8 月 20 日颁布的《公安部预审工作规则》第二十八条规定:"结束预审的案件,必须具备犯罪事实、情节清楚,证据确凿、充分……";1987 年 3 月颁布的《公安机关办理刑事案件程序规定》九十九条第一款规定:"对于犯罪事实、情节清楚,证据确实充分,犯罪性质和罪名认定正确,依法应当追究刑事责任的案件,应当制作《起诉意见书》。"

在此基础上,我国 1996 年《刑事诉讼法》第一百二十九条增加规定"公安机关侦查终结的案件,应当做到犯罪事实清楚,证据确实、充分"。对此,立法机关当时的考虑是:"侦查终结标志着公安机关侦查活动的结束,直接关系到能否准确、及时地惩罚犯罪,保障无罪的人不受刑事追究。因此,在执法中,必须严格遵守法定程序,慎重对待侦查终结工作。"1979 年《刑事诉讼法》第一百条对提起公诉证据标准的规定是"人民检察院认为被告人的犯罪事实已经查清,证据确实、充分"。此规定基本延续了先行《刑事诉讼法(草案)》的表述,只是在措辞上略有

---

① 中华人民共和国刑事诉讼法[M].北京:中国检察出版社,2006:12.

变化,将"证据确凿"改为"证据确实、充分"。随后,1996 年《刑事诉讼法》第一百四十一条、2012 年《刑事诉讼法》第一百七十二条一直延续此规定。我国1979 年《刑事诉讼法》在第三编第二章"第一审程序"中虽对法院定罪的证据标准没有直接规定,但是鉴于该法第三十五条规定的"没有被告人供述,证据确实、充分的,可以认定被告人有罪",以及第一百条对提起公诉证据标准的规定是"犯罪事实已经查清,证据确实、充分",可以推定出该法对审判定罪的证据标准是"犯罪事实清楚,证据确实、充分"。

1996 年修正后的《刑事诉讼法》第一百六十二条明确规定有罪判决的证据标准是"案件事实清楚,证据确实、充分",2012 年修正后的《刑事诉讼法》第一百九十五条延续了此规定,并在第五十三条对何为"证据确实、充分"做了解释。从立法字面来看,我国现行《刑事诉讼法》对提起公诉与审判定罪证据标准的规定都是"案件事实清楚,证据确实、充分"。因此,自 1996 年《刑事诉讼法》颁布实施以来,我国已经在立法上形成了侦查终结、提起公诉和审判定罪同一的证据标准。

正因为证据标准的同一性,所以,首先,公检法系统在案件破获、起诉和审判上的关系,是分工负责、互相配合、互相制约的关系。刑事案件的鉴定意见及其鉴定依据是法院审判案件的一个重要参数,法院的司法鉴定机构必须对公安机关和检察机关的鉴定报告做出复核。公检法虽然是三个职能不同的国家机关,但是设立司法鉴定机构的目的是一致的,都是进行司法技术鉴定,为公正的审判提供科学的依据,保证法律的公正性和权威性,这就必然决定了在公检法系统内司法鉴定机构之间存在相应的竞争关系。

其次,公检法系统在鉴定活动上有良好的合作传统。如 1988 年,四川省成立了"四川省法医学技术鉴定委员会";1990 年,黑龙江省成立了"黑龙江省司法医学鉴定领导小组";1994 年,吉林省通过《吉林省司法医学鉴定管理条例》,成立了"司法医学鉴定委员会";1997 年,北京市高级人民法院、北京市人民检察院、北京市公安局、北京市司法局、北京市监狱管理局共同成立了"北京市法医学鉴定委员会",以及上海市法医学鉴定委员会等组织机构的成立,均在不同程度上促进了公检法系统司法鉴定机构之间的交流与合作,为司法鉴定工作的有序发展提供了基础。

再次,公检法系统共同成立了全国刑事技术标准化委员会,制定了各项技术标准:TC179/SC1(负责全国毒物分析等专业领域的标准化工作)、TC179/SC2(负责全国刑事犯罪信息、术语、代码、数据库等专业领域的标准化工作)、TC179/SC3(负责全国指纹检验等专业领域的标准化工作)、TC179/SC4(负责全国理化检验等专业化领域的标准化工作)、TC179/SC5(负责全国刑事照相、录像等专业化领域的标准化工作)、TC179/SC6(负责全国法医检验等专业化领域的标准化工作)、TC179/SC7(电子物证检验)、TC179/SC8(刑事技术产品)、TC179/SC9(刑事技术痕迹检验,包括足迹、工具痕迹、枪弹痕迹、爆炸痕迹和其他痕迹)、TC179/SC10(文件检验)。这些行业技术标准的建立,规范了司法鉴定工作的公平有序,各部门司法鉴定机构鉴定意见和报告文书在相同的条件和规范下可以进行有效的比对。

最后,公检法系统又是相互制约和监督的。在刑事诉讼中,公安机关总是在侦破第一线,其鉴定意见从流程上看一般属于初次鉴定,受到检察机关或者法院的监督和制约,但是如若检察机关或者法院变更了初次鉴定的意见,公安机关同样可以向上级反映。相互制约和监督可以防止冤假错案的发生。完善法律监督的体制、机制,使侦查权受到有效制约,是现代司法的基本要求,也是世界通例。制约侦查权的目的,就是为了防止刑讯逼供、非法取证,保证对公民采取的各种侦查措施的合法性。一个案件的反复论证,就是防止出现错误鉴定,同时,也是对司法鉴定人员的约束。反复论证和监督促进了不同系统技术人员之间的经验交流和技术探讨,有利于确立和强化公检法系统通用的技术标准,推动司法鉴定制度的逐步完善。同时,公检法系统的相互监督,规范了司法鉴定人的行为,可以有效地防止司法鉴定人因为个人的私利或者其他原因主观性地影响司法鉴定意见,影响判决的公正性,在一定的程度上制止了所谓的"关系案件"或者"人情案件"的出现。

(三)公检法管理的作用评价

从1949年至1997年的近50年间,我国司法鉴定机构主要实行系统内部管理制度,即公安机关、检察院、法院分别管理所属鉴定机构和鉴定人。这种体制在司法实践中曾经发挥了积极的作用。虽然按照现代的眼光看,部门管理的司法鉴定体制存在明显缺陷,但是,我们不能脱离历史背景和条件来研究这些问题。苛求立法者必须站在今天的立场,以开阔的国际视野及对司法鉴定实践的深刻反思,进行司法鉴定的制度设计。

首先,公检法管理体制满足了非常态司法实践的鉴定需求。从20世纪70年代末开始,随着中国经济与社会的双重转型,民商事纠纷日益增多;同时,犯罪问题越来越严重,犯罪增长速度超过经济增长速度,相继出现了新中国历史上的几轮犯罪高峰。而司法鉴定(特别是法医鉴定)是公检法机关办案的重要调查手段,在办案过程中不可或缺。

其次,公检法管理体制能够降低办案成本。在国家的司法鉴定资源十分有限的历史背景下,国家层面优先考虑的是充分发挥公检法机关的积极性,推动司法鉴定工作,满足现实的司法实践需求,这是符合逻辑和实际的一种选择。当然,由于部门管理形成的"自侦自鉴""自诉自鉴""自审自鉴""自管自鉴"局面,也是长期受到争议的一大热点问题。

再次,以公检法系统为主、院系为辅的司法鉴定体制,解决了鉴定人才的培养问题,特别是在 1978—2005 年之间。改革开放之后,在极短的时间内迅速恢复体系内的司法鉴定机构,满足了司法工作需求,在维护社会稳定、保障司法审判公正上起到了巨大的作用。而院校系统中司法鉴定机构的设立及国家、政府对科研投入的重视,在几十年间,为公检法系统输送了大量的技术人才。1978年,全国的法医人数只有几百人,但是到 1995 年,全国已经有超过 1 万名法医工作在各个系统和部门。由于国家的重视,院校的科研技术成果也相当丰硕。鉴定技术逐渐和世界接轨,与国外的技术差距日渐缩小。

随着国外司法鉴定制度的逐渐传入,许多专家学者提出了中国司法鉴定制度的问题及相应的改进方法。我国著名法医学专家贾静涛教授曾指出我国法医体制存在以下十大缺陷。

1)机构重复,浪费人力和物力。各系统都设法医机构,造成人力不足和设备水平低下,客观上浪费有限的财力。

2)人员分散,技术力量薄弱。由于人员分散,面对复杂的、业务面很宽的法医工作,技术支撑能力不足,鉴定水平不高,影响办案质量。

3)相互监督成为相互扯皮。不同系统的法医不时发生鉴定意见不一致的情况,有时相互对立,争执不休,表面上相互监督,实质上相互推诿和扯皮,甚至是相互拆台。

4)行政干预法医鉴定。鉴定缺乏独立性,受行政干预不得不改写鉴定意见的现象时有发生。

5)各系统业务量饱饿不均。有的系统法医业务量接近饱和,有的无人问津。

6)大都只管使用不管培训。不少领导认为法医一旦学成终生管用,因而一线法医缺乏进一步提高的机会。

7)自侦自鉴、自审自鉴。由于法医隶属司法职能部门,鉴定人有时参加鉴定案件的侦查工作,难免发生自侦自鉴、自审自鉴的违规现象。

8)技术人员长期不能享受相应待遇。

9)不利于其他部门利用法医技术。由于部门限制,不利于保险、民政和劳动部门利用法医技术解决相关问题。

10)不易取得群众信任。群众往往认为法医同侦查、检察和审判人员是同一单位的,不会为当事人负责,影响科学鉴定的社会效果,在群众眼中,法医的地位也低于一般医生,由于地位低下及其他诸多因素,基层法医队伍很不稳定。

　　这些问题的出现,促使领导者、管理者思考该如何改革中国的司法鉴定制度,该怎样去除这些弊端,找到适合自身发展的模式,使得中国的司法鉴定科学事业更加快速地发展。①

## 二、公检法司的管理阶段(1998—2005)

### (一)分散管理的特征

　　公检法机关司法鉴定体制的恢复、重建与日常运营,几乎都是系统内部安排,没有中央或国家层面的统一布局与宏观规划。1949年以来,政法部门的鉴定管理体制就呈现垄断状态,公安机关几乎拥有所有的鉴定资源。历时十年的"文化大革命"结束后,政法部门恢复、重建各自的司法鉴定体系,但依然沿袭了分散管理的结构。在公检法机关内部,鉴定机构层层设置。公安机关形成了四级鉴定体制,检、法机关主要形成了三级鉴定体制。在公检法机关内部的司法鉴定管理上,实行"条块结合、以块为主"的模式。正因为鉴定机构主要分属于公检法等不同的部门,所以,在实践中形成"自侦自鉴""自诉自鉴""自审自鉴"的所谓"三自"格局。这种体制因无法满足诉讼制度、证据制度改革的方向和诉求的目标,造成职能部门内设鉴定机构之间因鉴定结论不一致而出现"鉴定打架"的现象。部门权力的大小成为衡量鉴定结论效力高低的尺度,科学技术也因职能部门权力的强弱具有了位次"等级"。

　　1997—2005年,中国的司法鉴定管理进入改革和摸索阶段。随着司法机关体制和诉讼模式的改革,管理格局发生了革命性变化。1998年,国务院办公厅《关于印发〈司法部职能配置内设机构和人员编制规定〉的通知》中,确定由司法部指导面向社会服务的司法鉴定工作。司法部成为继公检法机关之后行使司法鉴定管理权的又一重要部门,标志着司法部管理面向社会服务的司法鉴定工作新阶段的开始。为履行此项职能,扩大面向社会服务的司法鉴定的司法地位和影响,逐步建立起独立、科学、规范、高效、公正的面向社会服务的司法鉴定的新体制,规范面向社会服务的司法鉴定机构,司法部决定从1999年起,凡是经司法部批准的面向社会服务的司法鉴定机构,必须由司法部统一向社会公告。首批公告的面向社会服务的司法鉴定机构有8家,分别是:司法部司法鉴定科学技术研究所、西南政法大学司法鉴定中心、华东政法学院司法鉴定中心、中国政法大学司法鉴定中心、中国人民大学物证技术鉴定中心、北京大学司法鉴定室、西北政法大学司法鉴定中心和北京华夏物证鉴定中心。以审判为中心,意味着整个

---

　　①　樊崇义,陈永生.我国刑事鉴定制度改革与完善[J].中国刑事法杂志,2000(4):3-12.

诉讼制度和活动围绕审判而建构和展开,审判阶段对案件的调查具有实质化的作用,侦查是为审判进行准备的活动,起诉是开启审判程序的活动,执行是落实审判结果的活动,审判中控诉、辩护、审判三方构成诉讼的中心结构。以审判为中心的最重要意义是保障案件质量,防止冤假错案,实现司法公正。同时,它也体现了尊重司法规律、增强司法公信、革除制度弊端的现实需要。自党的十八届四中全会提出"完善以审判为中心的诉讼制度"以来,这一诉求已成为我国刑事司法改革的一条主线。同时,明确了健全统一司法鉴定管理体制的改革任务,改革的顶层设计具体由司法行政部门牵头负责。[①]

在司法鉴定管理权主体中,形成了以公检法部门管理为主,司法行政机关管理为辅的局面,形成"多头管理、多部门配置"的特点。各部门"各自为政",再加上司法鉴定的立法相对滞后,诉讼中又长期实行超职权主义的诉讼模式,职权机关在诉讼制度安排上缺少必要的合理分工和权力制约,由此引发了"重复鉴定""多头鉴定"等问题。同时,由于公检法系统有鉴定启动权,又各自设有鉴定机构,实行"自侦自鉴""自诉自鉴""自审自鉴",使得当事人先入为主地认为某一鉴定机构出具的鉴定意见有失公平后,就会找更高一级的鉴定机构。控辩双方如此往复,从市级到省级再到国家级,最终演变为"打官司变成了打鉴定"。

司法部为了充分行使司法鉴定管理权,在4年内出台了5个部门规章和1个规范性文件:2000年8月14日发布了《司法鉴定机构管理办法》和《司法鉴定人管理办法》;2000年11月29日发布了《司法鉴定执业分类规定(试行)》;2001年2月20日发布了《司法鉴定许可证管理规定》;2001年8月31日发布了《司法鉴定程序通则(试行)》;2004年4月14日发布了《人体损伤程度鉴定标准》。以上6个法律文件内容涵盖了鉴定人和鉴定机构资质管理、准入管理、执业许可管理、鉴定程序设置、鉴定标准编制等各个方面,使得面向社会服务的司法鉴定逐渐完善。[②]

最高人民法院于2001年11月16日发布了《人民法院司法鉴定工作暂行规定》,2002年2月22日发布了《人民法院对外委托司法鉴定管理规定》,其中不乏自行"设权"的规定:首先,中级以上法院要自行设立独立的鉴定机构;其次,法院审理的案件需要司法鉴定的,都应当由人民法院的司法鉴定机构自行鉴定,如有必要才由法院鉴定机构统一对外委托,保护自己的部门利益;再次,法院有权从事司法鉴定管理工作,对鉴定机构实行"名册"管理,经法院"核准"后列入法院"名册"的鉴定机构和鉴定人,还要接受法院的"年检"等监督管理,对未入其"名

① 陈如超.司法鉴定管理体制改革的方向与逻辑[J].法学研究,2016(1):187-208.
② 王瑞恒.论我国司法鉴定管理权部门间配置新模式[J].中国司法鉴定,2014,74(3):7-18.

册"的鉴定机构的鉴定意见不予采信;最后,接受委托后,法院的司法鉴定机构可自行鉴定,也可以组织、联合其他人员进行鉴定。2005 年 1 月 1 日,发布了《人体损伤残疾程度鉴定标准(试行)》,其中规定,除法律规定的工伤与职业病、道路交通事故所致残疾程度适用专门的标准以外,法院审理的刑事、民事和行政诉讼中涉及人体损伤的鉴定均得适用该标准。

2004 年 6 月 29 日,依照《行政许可法》和行政审批制度改革的有关规定,国务院第 412 号令公布了《国务院对确需保留的行政审批项目设定行政许可的决定》(以下简称《决定》),赋予司法部面向社会服务的司法鉴定人执业核准和设立面向社会服务的司法鉴定机构审批的两项行政许可权,再次强化了司法部的司法鉴定管理权。传统的司法鉴定管理权配置平衡发生了倾斜,一时间各相关部门相继出台部门规章,互不相让。出台国家层面的法律,予以规制成为当务之急。

在立法过程中,公检法、司法部不断在司法鉴定领域争当"主角",致使鉴定体制的改革困难重重,步履维艰,甚至出现一度搁浅的危机。基于法院中立的诉讼地位和司法行政部门的管理地位,《决定(草案)》明确规定了法院和司法行政部门不得设立鉴定机构。这种改革消除了"自审自鉴""自管自鉴"的积弊,使司法鉴定体制改革迈出了可喜的一步。但《决定(草案)》同时规定:"侦查机关所属的鉴定机构对外承担司法鉴定业务的,在本系统省级以上主管机关批准后,经过登记,编入司法鉴定机构名册并公告。"该规定直接授予了侦查机关对外承担司法鉴定的职能,"自侦自鉴"不仅没有得到限制,反而得到了法律的确认,与司法体制改革的方向显然相悖。侦查机关是否应保留鉴定机构是《决定(草案)》出台时争议的核心。

2004 年 12 月,中共中央转发了《中央司法体制改革领导小组关于司法体制和工作机制改革的初步意见〉的通知》(中发〔2004〕21 号)。根据其精神,侦查机关保留鉴定机构,目的是为侦查犯罪提供技术支持,其工作性质是侦查工作的组成部分。侦查机关设立的鉴定机构对外承担司法鉴定是导致饱受争议的"自侦自鉴"的根本原因,侦查机关虽然保留鉴定机构,但是否应面向社会从事司法鉴定业务就成为下一个焦点。最终,立法机关在质疑声中将《决定(草案)》的二次审议稿中相关内容修改为:"侦查机关根据侦查工作的需要设立的鉴定机构,除办理自行侦查的案件时进行鉴定以外,不得面向社会接受委托从事司法鉴定业务。"这次修改使得《决定(草案)》高票通过表决。①

---

①　王瑞恒.论我国司法鉴定管理权部门间配置新模式[J].中国司法鉴定,2014,74(3):7-18.

## (二)分散管理的制衡作用

这个时期的司法鉴定机构主要分为五类：

1)公检法机关各自设立的鉴定机构,主要负责本机关的司法鉴定活动或接受其他司法机关及当事人委托而进行的鉴定;

2)卫生系统的医学会设立的鉴定机构,主要负责对医疗事故的鉴定;

3)根据《刑事诉讼法》第一百二十条的规定,由省级人民政府指定的医院,主要从事对有争议的人身伤害和精神病进行医学鉴定;

4)在专业领域内为司法实践服务的行业鉴定机构;

5)司法行政部门审批成立的司法鉴定机构。

但是不同的鉴定机构隶属于不同的系统,造成司法解释与部门规章之间冲突,司法解释与地方法规之间冲突,公检法机关鉴定机构与面向社会服务的鉴定机构之间冲突,等等。

### 1.分散管理能够实现部门制衡

公检法、司法部分别行使鉴定管理权,以实现鉴定分权与部门制衡,基本保证了鉴定意见的客观可靠,保障了司法公平。20世纪80年代以前的司法鉴定实践表明,鉴定资源过于集中在公安机关的问题是,在鉴定活动中容易出现"一言堂"现象,错误结论难以纠正。因此,公检法机关(特别是检、法机关)都积极配置鉴定资源,其目的之一就是实现相互制约,防止和纠正诉讼过程中可能发生的鉴定错误。而且,司法鉴定管理体制的分权与制衡也弥补了系统内部自我约束与上级监督的缺陷。

### 2.分散管理能够调动部门与地方积极性

长期以来,中央对各级政法机关的人事权与财政权实行"简约集权",即主要控制各级政法部门干警人员编制。而在中央—地方财政分权格局下,地方政法部门的业务经费、建设经费与工资福利保障,主要以地方财政投入为主、中央转移支付为辅。因此,地方公检法机关若要建立司法鉴定机构,购买仪器设备,主要依赖地方财政与地方政府的配合。地方政府为发展经济,维护社会稳定,完成上级指标,需要发挥公检法机关在地方上的政治功能——解决纠纷、控制犯罪、创造良好的社会秩序,为经济发展保驾护航,因此,也都愿意根据地方财政能力保障政法部门经费,甚至自主增编政法干警,这客观上为地方公检法机关扩大部门鉴定人员编制与争取鉴定经费提供了条件,也带动了各级鉴定机构的建立与鉴定基础设施的完善。[①]

---

① 陈如超.司法鉴定管理体制改革的方向与逻辑[J].法学研究,2016(1):187-208.

（三）分散管理的功能异化

**1.分散管理导致部门间的利益争夺**

虽然,公检法机关的内部规定要求,所属鉴定机构不应具有营利性,只为本部门办案提供技术支持。但随着经济发展与社会转型,鉴定需求迅速增加,公检法机关的鉴定机构开始提供有偿服务。鉴定权力、鉴定资源的商品化,不同部门、不同地域的鉴定机构争夺案源、随意要价,以致滋生鉴定腐败。公检法机关根据法律授权,履行法定职能,利用国家提供的经费、技术、人员实施的鉴定活动,本质上是国家职能的体现,不应当自行收费,开展有偿服务。但实际上,不少公检法内设的鉴定机构不但开展有偿服务,而且收费畸高,为腐败提供了温床。

**2.分散管理强化鉴定权力的部门化**

公检法、司法部之间的鉴定制衡,目的是通过四机关的相互把关来保障鉴定意见质量。但遗憾的是,鉴定机构设置上自立门户和管理上各自为政,再加上技术方法和标准上各自为用,公检法机关常常采用本部门鉴定机构的鉴定意见,并以此来否定其他部门的鉴定意见。在一些地方,公安机关要求其处理的案件到公安机关所属的鉴定机构检验,案子到了法、检机关,法、检机关又分别要求重新或复核鉴定,技术鉴定由此成为部门的权力附庸。

**3.分散管理造成社会公平的高风险**

鉴定权力、鉴定资源的部门化与商品化,以及鉴定机构、鉴定人资质、鉴定标准等统一规范的缺失,使部门之间就同一鉴定事项频现鉴定冲突,这为基于不同利益的当事人提供了"维权"或"抗争"的依据。20世纪90年代以来涌现的上访潮,以及"以闹维权""以闹解决纠纷"的风气,使司法鉴定争议有可能演变为群体性事件。当事人鉴定争议的泛政治化严重影响了司法鉴定的公信力,鉴定意见被贬为"是非之王"。从第九届全国人大一次会议以来,每次代表大会期间都有关于要求尽快制定司法鉴定法,改变司法鉴定管理体制的议案、建议与提案。[①]

# 第二节 司法鉴定的统一管理体制(2005年后)

## 一、司法鉴定资源的配置缺陷

1949年后,国家积累的鉴定资源有限,公检法机关的鉴定资源无法满足司法实践需求,出现了鉴定资源总量的绝对性匮乏。公安系统虽然在20世纪70

---

① 陈如超.司法鉴定管理体制改革的方向与逻辑[J].法学研究,2016(1):187-208.

年代末增加和引进了一些先进技术和设备,但由于总体财力不足,只在北京和少数大城市才有配备;至于法、检系统的设备与实验室建设,则更为落后。因此,司法鉴定管理的"条条分立""以块为主"的属地化倾向,客观上调动了部门与地方的积极性,分散了中央统一建设的信息约束和财政压力。但是,"大而全、小而全、其实都不全"的制度特色,以及管理体制条块分割、过度分散所产生的资源配置问题也逐渐凸显。公检法机关又是自成一体、层层分设的司法鉴定格局,造成有限的鉴定资源被无限分割。

20世纪80年代,公检法机关中过度分散的司法鉴定管理结构,引起有识之士的关注。但囿于当时客观条件,直到2000年后,司法鉴定管理体制过于分散造成的弊端与诉讼制度、庭审方式改革所激发的外部压力,才促使国家层面认真面对这些问题。

(一)鉴定人力资源配置失衡

一方面,全国公安系统鉴定人员紧缺,检、法机关强烈呼吁加强建设,扩充鉴定人才;另一方面,检、法系统的部分鉴定人员,无鉴定业务,工作悬置或兼任其他工作。过度分散的鉴定体制导致鉴定人力资源使用效率过低。

(二)鉴定实验室重复建设

公检法机关开展鉴定业务,须购置必要的鉴定仪器、设备,配备相应的办公用房。然而,国家长期没有统筹规划,公检法机关从"条条"到"块块"都在积极建设各自的实验室,由此导致:①实验室低水平重复建设。有限的鉴定资源无法在部门之间与系统内得到合理配置;②仪器设备利用率低,导致资源浪费。比如检察院,因为鉴定案源少,使得一些设备长期闲置,而在公安机关内部,层层都有一套设施,不能相互调剂使用;③实验室设置向基层倾斜,形成金字塔形的分布状态,使得实验室的服务空间缩小,服务人口数量下降,鉴定效益不高。

(三)财政投资使用率不高

公检法机关层层分设的司法鉴定体制,均要求增加投入、增添鉴定设施。同一地区的几家司法部门可能都要购买同一品种、同一型号的昂贵进口仪器。同一地区多部门的重复性建设给中央与地方财政带来了沉重压力。1993年,云南省成立了云南省公检法司法鉴定中心,使鉴定人才统一使用,财政统一拨款,购买高精尖仪器设备集中使用,提高投资使用率。与此同时,财政部也建议按照行政区划,将各级公检法机关的鉴定部门合三为一,共建一套司法鉴定机构,为公检法三家提供服务。①

———————————

① 陈如超.司法鉴定管理体制改革的方向与逻辑[J].法学研究,2016(1):187-208.

## 二、统一管理体制的艰难实践

改革开放深刻地改变了中国经济、社会结构与民众意识，进而影响到国家的司法理念与诉讼制度。从 20 世纪 80 年代末开始，国家开始启动、推进司法改革，其总体方向是：建立公正、高效的司法体制，约束公检法机关权力，保障司法机关依法独立行使职权，加强当事人的权利保障。特别是审判方式的改革，使法官从积极主动收集和确认证据，转变为基于中立地位和客观立场的居中裁判者的角色；同时，当事人诉讼权利的保障渐趋强化，其举证责任也逐步加重。

在改革司法制度与庭审方式的背景下，公检法机关管理的司法鉴定体制备受关注。司法鉴定附属于侦查、起诉与审判职能，公检法机关分权调度鉴定资源，管理鉴定机构、鉴定人，导致司法鉴定丧失了独立性与超然性，特别是法院居中裁判的制度定位与司法鉴定的部门化、利益化格格不入。同时，过度重视司法鉴定的国家权力属性与工具理性，压抑当事人利用鉴定参与诉讼的制度功能，也使得鉴定争议容易异化为"鉴定抗争"。因此，必须重新认识司法鉴定的性质与功能，将完全内嵌于政法机关权力性、垄断性之中的依附性鉴定，转变为具有独立品格的客观性、中立性鉴定，充分保障当事人的合法权利。

1998 年起，司法部获国务院授权，管理面向社会服务的鉴定机构和鉴定人。社会鉴定机构突飞猛进，在一定程度上动摇了公检法机关鉴定机构原有的、几乎是垄断性的地位。但是，司法行政机关的统一管理没有触及公检法机关鉴定机构、鉴定人的部门化与利益化问题，也未改变鉴定机构、鉴定人的性质与功能，反而随着社会鉴定机构加入竞争，多头鉴定、重复鉴定的风气更加盛行，鉴定秩序更显混乱。

迫于现实压力，2004 年，中央提出了"建立统一的司法鉴定管理体制"的改革目标和任务。全国人大常委会也于 2005 年通过《关于司法鉴定管理问题的决定》（以下简称《决定》），授权司法行政机关代表国家进行跨地区、跨部门的全行业、全过程的动态化管理，开启了 1949 年以后第一次司法鉴定管理体制改革。然而，过程并不顺畅。[①]

经过 1997 年到 2005 年长达 8 年的分散管理模式的运行，国家逐渐意识到需要一套更加完善的司法鉴定管理体制来进行统一管理，以使司法鉴定更好地为社会公正公平服务。

---

① 陈如超.司法鉴定管理体制改革的方向与逻辑[J].法学研究,2016(1):187-208.

（一）公检法机关的分权后果

《决定》甫一公布，公检法机关纷纷表态，表示坚决贯彻执行，并采取了配合措施：法院撤销鉴定机构；公安机关鉴定机构不再接受社会委托的鉴定事项，不再向社会提供鉴定服务。但此后，公检法机关并未接受《决定》规定的由司法行政部门行使"统一管理权"，即对全国三大类鉴定机构与鉴定人进行审核登记、编制名册、向社会公布及实施行政处罚等管理权。

公安、检察机关先后实现对本系统司法鉴定管理的独立化，并先后出台了系列管理规范，详见表 2-1。

表 2-1　2005 年后公安部与最高人民检察院出台的相关鉴定管理规范

| 年份 | 部门 | 出台的鉴定规范 |
|------|------|----------------|
| 2005 | 公安部 | 《关于贯彻落实〈决定〉进一步加强公安机关刑事科学技术工作的通知》 |
| 2005 | 公安部 | 《公安机关鉴定机构登记管理办法》 |
| 2005 | 公安部 | 《公安机关鉴定人登记管理办法》 |
| 2005 | 最高检 | 《关于贯彻《决定》有关工作的通知》 |
| 2006 | 最高检 | 《人民检察院鉴定机构登记管理办法》 |
| 2006 | 最高检 | 《人民检察院鉴定人登记管理办法》 |
| 2006 | 最高检 | 《人民检察院鉴定规则（试行）》 |
| 2008 | 公安部 | 《公安机关鉴定规则》 |

2005 年，公安部颁布《关于贯彻落实〈决定〉进一步加强公安机关刑事科学技术工作的通知》，明确指出，公安机关所属鉴定机构和鉴定人不属于《决定》规定的"司法鉴定机构"和"鉴定人"范畴，不在司法行政机关登记之列；公安机关鉴定机构和鉴定人一律不准到司法行政机关登记注册，自 2005 年 10 月 1 日起，已在司法行政机关登记注册的将自动失效；公安机关将实行统一鉴定机构和鉴定人名册制度，准予登记的鉴定机构和鉴定人，将统一编入公安机关鉴定机构和鉴定人名册；公安机关鉴定机构和鉴定人名册抄送审判机关和检察机关。公安部同年出台《公安机关鉴定机构登记管理办法》和《公安机关鉴定人登记管理办法》，规定公安部和各省、自治区、直辖市的公安厅、局，设立或者指定统一的登记管理部门，负责鉴定机构、鉴定人资格的审核登记、延续、变更、注销、复议、名册编制与公告、监督管理与处罚等事项。

在公安部的带动下，最高人民检察院于 2005 年发布《关于贯彻〈决定〉有关工作的通知》,指出检察机关将依据《决定》,对司法鉴定工作实行统一管理;并在2006年颁布《人民检察院鉴定机构登记管理办法》和《人民检察院鉴定人登记管理办法》,重申最高人民检察院负责本院和省级检察院鉴定机构、鉴定人的登记管理工作,各省级检察院检察技术部门设立检察院鉴定机构、鉴定人的登记管理部门,具体负责登记审核、名册编制与公告、监督等工作。

与此同时,公安、检察机关还分别出台了制约司法鉴定活动的内部性鉴定规则,各自建立起一套鉴定登记与管理体系。但应承认,与此前相比,两机关依据《决定》等法律法规颁布了系列管理规范,在一定程度上实现了内部的统一管理。最高人民法院起初对《决定》表示拥护,后于2005年7月发布《关于贯彻落实〈决定〉做好过渡期相关工作的通知》,要求坚决贯彻执行《决定》禁止法院设立鉴定机构的规定,积极稳妥地完成法院撤销司法鉴定职能的工作;法院对外委托鉴定时,要委托省级人民政府司法行政部门登记和公告的鉴定机构或鉴定人;各级法院如有事业单位性质的鉴定机构继续从事司法鉴定工作的,应当同法院脱钩。然而,2007年8月,最高人民法院下发《对外委托鉴定、评估、拍卖等工作管理规定》,改变了原先的态度:对外委托鉴定按照公开、公平、择优的原则,实行对外委托名册制度;最高人民法院司法辅助工作部门负责《最高人民法院司法技术专业机构、专家名册》的编制和对入册专业机构、专家的工作情况进行监督和协调;法医、物证、声像资料三类鉴定的专业机构名册从司法行政管理部门编制的名册中选录编制,其他类别的专业机构、专家名册由相关行业协会或主管部门推荐,按照公开、公平、择优的原则选录编制,法院司法行政辅助部门应对名册中的专业机构、专家履行义务的情况进行监督。最高人民法院的上述规定,试图在司法行政机关登记注册的三大类鉴定机构、鉴定人的基础上择优编制"册中册",同时,对三大类外的鉴定机构、鉴定人进行选择性登记注册;法院对外委托只能委托上述名册中的鉴定机构、鉴定人,并对名册中的鉴定机构、鉴定人进行监督。这意味着,法院系统也将建立一套与司法行政机关并行的统一管理体制。

司法鉴定制度在实践过程中,主要存在以下几个问题。

1)司法鉴定制度的立法缺失。在法律定位、管理体制、鉴定程序及鉴定标准等多方面缺乏具体可行的相关法律,导致司法鉴定工作无法可依。

2)缺乏统一的司法鉴定管理机构。公检法系统及有关科研院校均设置有自己的司法鉴定机构,引发同一案件的多头鉴定及重复鉴定,浪费了大量的社会资源,甚至引发矛盾冲突。

3)鉴定人资格认定标准不统一。没有一个对鉴定人资格认定的全国标准。公检法系统虽然出台了一些相关的规章和制度,但是这些规章和制度都局限于其所属的司法鉴定机构。

（二）司法行政机关的统一管理受到制约

公检法机关分别建立一套司法鉴定管理体系，动摇了司法行政机关的统一管理权威。2016年10月，司法部副部长表示，司法鉴定体制改革一年以来，司法鉴定在开局良好、有序推进、平稳发展、初见成效的同时，仍然存在不适应、不完善、不到位的地方：

1)由于社会公共鉴定资源的整合和发展需要一个过程，有些地方在政法机关所属鉴定机构不面向社会服务后，存在鉴定资源不足甚至匮乏的情况；

2)有的鉴定机构投入不足，仪器设备陈旧，鉴定人素质参差不齐，内部管理不规范、制度不健全，难以满足当事人和司法机关的鉴定要求，极少数鉴定机构片面追求经济效益，忽视社会效益，影响了整个司法鉴定行业的整体形象；

3)有的地方宏观调控手段不健全，管理行为不规范，把握准入的条件、标准的尺度不一致，个别地方急于求成，过于追求发展速度，存在审核登记过多、盲目发展的隐患等。①

这些问题，有的是改革前长期存在，需要在改革过程中逐步解决的；有的是改革中出现的新情况、新问题；也有的是这次改革尚未涉及需要在诉讼法修改中配套完善的。②

所以，中央政法委于2008年发布了《关于进一步完善司法鉴定管理体制遴选国家司法鉴定机构的意见》（以下简称《意见》），承认《决定》中"所确定的统一司法鉴定管理体制尚未形成"。面对颁布后反被公检法机关强化的分散管理体制及其弊端，《意见》对政法机关的管理权进行了调整：公安、检察等机关所属鉴定机构和鉴定人，实行所属部门直接管理和司法行政部门备案登记相结合的管理模式；公安、检察等机关管理本系统所属鉴定机构和鉴定人；对经审查合格的鉴定机构和鉴定人，由最高人民检察院、公安部和省级公安、检察机关等，分别向同级司法行政部门免费备案登记。

为落实上述精神，公检法司国安五部门随即联合发布《关于做好司法鉴定机构和司法鉴定人备案登记工作的通知》，对上述管理模式进行细化：侦查机关行使"实质"管理权，包括部门内部鉴定机构和鉴定人的资格审查、年度审验、资格延续与变更注销、颁发鉴定资格证书、系统内部名册编制、技术考核和监督检查等职责；司法行政机关行使"形式"管理权，对经侦查机关审查合格的所属鉴定机构和鉴定人免费进行备案登记，编制和更新国家鉴定机构、鉴定人名册，并向社

---

① 陈如超.司法鉴定管理体制改革的方向与逻辑[J].法学研究,2016(1):187-208.

② 郭华.对我国司法鉴定制度改革现状的评价与思索:以建设公正高效权威的司法鉴定制度为视角[J].中国司法,2008(5):74-78.

会公告。

中央的协调使侦查机关内设鉴定机构、鉴定人，实行公安、检察机关与司法行政机关的"双重管理"，取代了《决定》确定的由司法行政机关进行审核登记管理。换言之，司法行政机关仅取得了统一管理的形式，即对公安、检察机关认可的鉴定机构、鉴定人进行登记、注册与公告。即便如此，2008 年之后，一些地方的公安、检察机关所属鉴定机构、鉴定人仍拒绝到司法行政机关备案登记。直到2015 年，司法行政机关才宣称："十年改革，司法鉴定统一管理体制基本形成。"

关于部分高级人民法院对鉴定机构、鉴定人进行登记注册、行政管理等问题，全国人大常委会法工委针对黑龙江省人大常委会《对如何处理省高级人民法院制定的规范性文件的意见》，进行了正面回应："黑龙江省高级人民法院发布公告，规定由省高级人民法院统一编制辖区内法院系统司法鉴定工作名册，与全国人大常委会上述决定的规定不符；同时，地方法院对属于司法鉴定行政管理工作的事项做出规定，也超越了地方法院的职权范围。对此，地方人大常委会可以通过听取专项工作报告的方式要求其纠正，或者向全国人大常委会反映，由全国人大常委会办事机构向最高人民法院提出，由最高人民法院予以纠正。"但上述答复显然没有完全改变法院系统的立场，一些地方的高级人民法院依然坚持另立社会鉴定机构、鉴定人的"册中册"。而且，因为只有入围法院名册的鉴定机构才能被委托，所以法院的名册管理远比司法行政机关的登记注册更有效力。[①]

（三）司法鉴定统一管理体制的确立

研究学者指出，为实现党的十八届四中全会提出的"健全统一司法鉴定管理体制"的改革目标，国家应注重在法律、法规、技术等层面实现规范性统一。司法鉴定管理体制改革要重塑统一管理体制的原则：一要明确区分司法鉴定的行政管理与诉讼规制；二要合理平衡国家统一管理与政法部门内部管理的界限；三要实现司法鉴定的行政管理与行业管理相结合；四要区别对待社会鉴定机构与公安、检察机关的职权性鉴定机构。

改革当前统一管理体制的途径与方法，一要完善司法鉴定行业协会的组织和功能；二要实现司法鉴定规范层面的统一；三要实现鉴定机构、鉴定人审核登记的统一；四是要实现对鉴定机构、鉴定人的监督处罚的统一。随着三大类鉴定机构、鉴定人统一管理关系的理顺与国家统一管理经验的积累，以及相关鉴定学科的成熟，司法鉴定统一管理应逐步拓展管理范围与领域，实现全国不同部门、不同司法鉴定领域的整体有序化。同时，随着司法鉴定规范层面统一管理的完

---

[①]　陈如超.司法鉴定管理体制改革的方向与逻辑[J].法学研究,2016(1):187-208.

善与司法行政机关操作层面统一管理能力的提升,以及社会鉴定机构和鉴定人鉴定水平的提升,职权性鉴定机构应逐步实现剥离,按照社会鉴定机构、鉴定人的操作模式进行运作与管理。最后,国家应实现司法鉴定从行政管理到行业管理的转变。

"健全统一司法鉴定管理体制"这一重要的改革任务,由于被党和国家反复重申,通盘考虑、统筹决策、有序推进,才得以确立司法鉴定统一管理体制,结束了 20 世纪 90 年代到 21 世纪初期,我国司法鉴定管理及运行混乱的局面,使得司法鉴定管理有法可依,有章可循。

2017 年 7 月 19 日下午,中共中央总书记、国家主席、中央军委主席、中央全面深化改革领导小组组长习近平主持召开中央全面深化改革领导小组第三十七次会议并发表重要讲话。会议审议通过了《关于健全统一司法鉴定管理体制的实施意见》。司法鉴定制度是解决诉讼涉及的专门性问题、帮助司法机关查明案件事实的司法保障制度。健全统一司法鉴定管理体制,要适应以审判为中心的诉讼制度改革,完善工作机制,严格执业责任,强化监督管理,加强司法鉴定与办案工作的衔接,不断提高司法鉴定质量和公信力,保障诉讼活动顺利进行,促进司法公正。

中办、国办《关于健全统一司法鉴定管理体制的实施意见》的正式出台,提出了健全统一司法鉴定管理体制的若干条意见。贵州省发布了《省委十一届五次全会重要举措实施规划(2015—2020 年)》,明确了研究贯彻落实中央健全统一司法鉴定管理体制实施意见措施的改革任务。贵州省严格实行登记管理制度,切实落实"严格登记管理"要求,对从事法医类、物证类、声像资料、环境损害司法鉴定的鉴定人和鉴定机构实行严格登记管理制度;对没有法律依据的"四类外"司法鉴定机构一律不予准入;对因历史原因遗留的"四类外"鉴定机构及鉴定人,坚决执行司法部严格准入的要求,2018 年内完成全部完成注销任务。

## 第三节　对《关于司法鉴定管理问题的决定》的解读

2005 年 2 月 25 日,在第十届全国人民代表大会常务委员会第十四次会议上,全国人大法律委员会副主任委员王以铭做了《全国人大法律委员会关于〈全国人民代表大会常务委员会关于司法鉴定管理问题的决定(草案)〉审议结果的报告》(《关于司法坚定管理问题的决定》详见附录 A)。

第十届全国人大常委会第十三次会议对《关于司法鉴定管理问题的决定》(草案二次审议稿)进行了审议。会后,法制工作委员会就草案有关问题进一步征求了有关部门和专家的意见。法律委员会于 2 月 6 日召开会议,根据常委会组成人员的审议意见和各方面的意见,对草案进行了审议。内务司法委员会、最高人民法院、最高人民检察院和国务院法制办、公安部、司法部的负责同志列席了会议。2月22日,法律委员会召开会议,再次进行了审议。法律委员会认为,为了加强对从事司法鉴定活动的鉴定机构和鉴定人的管理,制定本决定是必要的,草案基本可行;同时,提出以下主要修改意见。

第一,草案二次审议稿第四条第一款规定:"具备下列条件之一的人员,可以申请登记从事司法鉴定业务:(一)具有高级专业技术职称的;(二)具有相关专业执业资格或者高等院校相关专业本科以上学历,从事相关工作五年以上的;(三)具有公认的专业实践经验,并经相关领域专家认可的。"有的常委委员建议,对申请从事司法鉴定业务的人员应具备的条件规定要得更具体一些,以便于执行。法律委员会经同内务司法委员会研究,建议将这一款修改为:"具备下列条件之一的人员,可以申请登记从事司法鉴定业务:(一)具有与所申请从事的司法鉴定业务相关的高级专业技术职称;(二)具有与所申请从事的司法鉴定业务相关的专业执业资格或者高等院校相关专业本科以上学历,从事相关工作五年以上;(三)具有所申请从事的司法鉴定业务十年以上工作经历并具有较强的专业技能。"

第二,有的常委委员提出,为了保证司法鉴定的公正,应当增加有关鉴定人依法回避的规定。法律委员会赞成这一意见,建议增加规定:"鉴定人应当依照诉讼法律规定实行回避"。

第三,有的常委会组成人员提出,应增加有关农业生产资料等产品质量鉴定管理,以及电子鉴定等新型鉴定业务管理的规定。法律委员会经研究认为,产品质量检验鉴定机构应当具备的条件和监督管理,有关法律、行政法规已有规定,可以不再纳入本决定规定的登记管理范围。

## 一、《关于司法鉴定管理问题的决定》的背景

我国现行的司法鉴定管理体制产生于计划经济时期,基本定型于20世纪80年代。可以说,该体制基本上适应了当时的政治、经济、社会乃至法制建设的需求,在特定历史阶段发挥了重要作用。随着社会主义市场经济体制的建立与完善,利益的多元化使矛盾和纠纷大量增加,社会的发展与科技的进步导致司法实践中高科技和各种专门性问题大量出现,诉讼中需要鉴定的事项越来越多;广大人民群众不断增强的维权和法律意识也要求社会提供支持其维权诉求所必需的客观、中立的鉴定服务。

而我国现行的司法鉴定管理体制属于典型的部门设立、分散管理模式,其弊端突出表现为:司法鉴定从业人员和机构没有统一的执业准入条件,鉴定人的业

务素质、职业道德水准参差不齐;由于没有建立从中央到地方的健全统一的司法鉴定管理体制,鉴定机构多系统重复设置,司法鉴定的程序和技术标准的确定、完善工作长期缺乏统筹设计和规划,司法鉴定行业长期处于无序或失序发展的状态。一方面,现阶段有限的司法鉴定资源不能得到充分利用,违背了资源优化配置,有偿共享的市场经济规律;另一方面,也为案件的多头鉴定、重复鉴定、违规鉴定提供了滋生蔓延的温床,妨碍了司法活动的顺利开展。社会和人民群众对此反映强烈。

自 2000 年第九届全国人大三次会议以来,在每年的全国人大会议期间,要求对司法鉴定立法,加强对司法鉴定行业的规范和管理的议案都有一定的数量。《决定》作为规范司法鉴定管理工作的重要法规,是贯彻落实党的十六大关于推进司法体制改革的一项重要举措,对于提高司法鉴定的社会公信力,切实保障当事人的合法权益,维护法律的正确实施,在全社会实现公平和正义都具有重要意义。通过该决定的贯彻实施,通过相关部门的通力合作,司法鉴定这一特殊行业将步入在规范中发展的良性轨道,为社会提供高质量、可信赖的鉴定服务。

## 二、《关于司法鉴定管理问题的决定》的意义

### (一)确定了司法鉴定活动的性质

不论是在实务界还是在理论界,对司法鉴定的性质一直存在不同的认识。有观点认为,鉴定是侦查破案的重要手段,是侦查工作的组成部分;也有观点认为,鉴定是法院审判职能的一部分,各级法院应建立鉴定机构。

为了明确界定司法鉴定的性质,《决定》第一条规定:"司法鉴定是指在诉讼活动中鉴定人运用科学技术或者专门知识对诉讼涉及的专门性问题进行鉴别和判断并提供鉴定意见的活动。"我国《刑事诉讼法》《民事诉讼法》《行政诉讼法》都规定,鉴定意见是证据种类之一。刑事诉讼中侦查机关为了发现犯罪、查证犯罪而进行的自主鉴定,犯罪嫌疑人、被告人、辩护人申请进行的鉴定,或者民事诉讼、行政诉讼中当事人委托进行的鉴定,其目的都是获取相关证据,都是鉴定人运用科学技术或者专门知识对某一专门性问题进行检验、鉴别和判断的活动。这一活动既不是行政行为,也不属于检察和审判职权的范畴。需要注意的是,《决定》调整的范围是"诉讼活动"中的鉴定,包括刑事诉讼、民事诉讼、行政诉讼中的鉴定,不包括仲裁案件的鉴定及其他日常生活中的鉴定。

明确、统一的司法鉴定概念的提出,除对规范司法鉴定活动,加强司法鉴定管理有重要的实践意义外,对司法鉴定的学科发展也有重要价值。司法鉴定学科正处于重要的发展阶段,该学科逐渐有了自身明确的研究对象、专门的研究方

法和独特的学科体系。学科的研究人员之间也逐渐形成了司法鉴定学科的统一范式,全国不少高校、研究机构已经开设了司法鉴定相关课程和培养司法鉴定的硕士研究生。

### (二)统一了司法鉴定的管理体制

《决定》第三条明确了国务院司法行政部门是司法鉴定行业的主管机关。应当说,这一规定是对我国宪法确立的司法审判与司法行政分立制的落实,与党的十六大提出的司法体制改革目标相一致。司法鉴定管理本身是一项社会管理职能,司法鉴定管理属于司法行政工作范畴。国务院在1998年机构改革方案中已将面向社会服务的司法鉴定的管理权授予了司法行政部门。《决定》明确司法鉴定工作的主管部门,表明国家将进一步加强对鉴定行业的宏观监管。

在《决定》出台之前,我国司法鉴定管理政出多门,管理主体多元化,部门之间存在各种冲突。司法部曾于2000年分别颁布了《司法鉴定人管理办法》《司法鉴定机构登记管理办法》,规定面向社会服务的司法鉴定机构一律由司法行政机关核准设立并进行管理,司法鉴定人的执业资格和执业活动由司法行政机关进行指导和监督。最高人民法院于2001年和2002年分别印发了《人民法院司法鉴定工作暂行规定》和《人民法院对外委托和组织司法鉴定管理规定》,规定凡需要进行司法鉴定的案件,应当由人民法院司法鉴定机构鉴定,或者由人民法院司法鉴定机构统一对外委托鉴定。各级人民法院司法鉴定工作管理部门建立社会鉴定机构和鉴定人名册,并对经其批准入册的机构和人员进行监督管理。

针对上述问题,《决定》规定国家对从事司法鉴定业务的鉴定人和鉴定机构实行登记管理制度,并明确规定国务院司法行政部门和省级人民政府司法行政部门负责对鉴定人和鉴定机构的登记和管理工作。

考虑到诉讼活动中的鉴定事项范围非常广泛,而我国现行的一些法律法规对建筑工程质量等事项的检验鉴定,在鉴定机构设立、监督管理等方面已经有了规范,不可能将所有涉及诉讼鉴定的机构和人员都纳入司法行政部门统一登记管理的范围。《决定》将对鉴定人和鉴定机构实行统一登记管理的鉴定事项,限定于诉讼活动中常见的几类,如法医类鉴定、物证类鉴定、声像资料类鉴定,以及根据诉讼需要由国务院司法行政部门商最高人民法院、最高人民检察院确定的其他事项。对其他类鉴定,只需要依照有关法律、法规的规定执行即可,不纳入司法行政部门登记管理的范围。

司法鉴定由多方混合管理向统一管理转变,避免了多管、脱管现象的发生,同时,所有鉴定机构共用同一个标准、同一套制度,有利于司法鉴定工作的有序展开,最大限度地减少了不同系统之间的矛盾冲突。司法鉴定的管理机关、管理对象、管理内容、管理责任等都趋向于统一,极大地改善了管理问题混乱的局面。

**(三)明确了鉴定人和鉴定机构的条件**

人始终是生产力发展最活跃的要素。制而用之存乎法,推而行之存乎人。司法鉴定是科学实证活动应用于司法的实践,司法鉴定从业人员的业务水平、法律知识素养及职业道德的高低直接关系着司法鉴定活动能否依法、科学、公正地实施。司法鉴定人被称为"白衣法官",只有真正建立起一支职业道德观念强、个人品德操守好、业务精湛、专业技能过硬的司法鉴定人队伍,才能更好地为司法活动、为公民和组织的诉讼活动服务。

《决定》第四条对司法鉴定人的条件做了严格的要求和限制。《决定》要求,申请登记从事司法鉴定业务的人员,必须具备下列条件之一:具有与所申请从事的司法鉴定业务相关的高级专业技术职称;具有与所申请从事的司法鉴定业务相关的专业执业资格或者高等院校相关专业本科以上学历,从事相关工作五年以上;具有与所申请从事的司法鉴定业务相关工作十年以上经历,具有较强的专业技能。但是因故意犯罪或者职务过失犯罪受过刑事处罚的,受过开除公职处分的,以及被撤销鉴定人登记的人员,不得从事司法鉴定业务。

鉴定机构是司法鉴定人从业的平台,首先必须是能够独立承担民事责任的法人或者其他组织。这是因为,鉴定机构如因所属鉴定人员违法鉴定或者侵犯委托人、当事人合法权益,则需要承担相应的民事责任。《决定》第五条对申请从事司法鉴定业务机构的条件做出了原则性规定。申请从事司法鉴定业务的法人或者其他组织,应当具备下列条件:有明确的业务范围;有在业务范围内进行司法鉴定所必需的仪器、设备;有在业务范围内进行司法鉴定所必需的依法通过计量认证或者实验室认可的检测实验室;每项司法鉴定业务有三名以上鉴定人。这些条件为申请从事司法鉴定的人员和机构设定了明确的资质要求,有利于推动司法鉴定工作的统一规范管理。

**(四)规定了有关机关鉴定机构的设立及执业要求**

《决定》第七条第二款的立法目的是解决鉴定机构发起、设立主体资格的限制问题。司法行政部门作为司法鉴定主管机关并不等于自己就要设立鉴定机构,从事具体的鉴定业务。这也是当前许多社会服务行业实行管办分离,加强管理的重要改革举措。主管部门不办鉴定机构,地位更加超脱,更利于对鉴定行业的严格监管。

以前,我国法院、检察院、公安机关内部都设有鉴定机构。根据司法鉴定活动的性质,《决定》要求,除侦查机关为侦查犯罪提供技术鉴定支持而在内部设立鉴定部门外,其他从事司法鉴定业务的机构都应当独立于审判机关、司法行政部门之外。法院是国家的审判机关,职责是审查判断包括鉴定意见在内的案件证据,依据案件事实和法律进行裁判,不宜自行进行司法鉴定。司法行政机关作为司法鉴定的行政管理部门,为了保证执法公正,也不应设立鉴定机构。因此,《决定》特别规定,人民法院和司法行政部门不得设立鉴定机构。

在侦查过程中,鉴定是调查取证的重要手段,是准确、及时查明案件的重要保障。因此,侦查机关根据侦查工作的需要在内部设立鉴定机构是必要的。这里的"侦查机关",是指行使侦查权的机关,包括公安机关、人民检察院等。

为了保证诉讼的公正性,同时考虑到国家关于政法机关不得从事经营性活动的规定,《决定》又强调,侦查机关根据侦查工作的需要设立的鉴定机构,不得面向社会接受委托从事司法鉴定业务。这里有两点需要注意:一是不得面向社会提供鉴定业务的是"侦查机关根据侦查工作的需要设立的鉴定机构",指的是侦查机关内部直接为侦查工作服务而设立的鉴定机构,不包括有关机关所属的事业单位。这些事业单位不是侦查机关为了侦查工作的需要而设立的,是独立的事业单位,它们完成《决定》规定的登记手续后,在国家司法行政部门的管理监督下,可以面向社会接受委托提供鉴定业务。二是"侦查机关根据侦查工作的需要设立的鉴定机构",只是不得面向社会接受委托,但并不意味着只能办理自行侦查的案件。这些侦查机关内部的鉴定机构,可以接受其他国家机关的委托,对有关事项进行鉴定。鉴定是一项专业性很强、技术要求很高的活动,不同侦查机关的鉴定机构,由于人员、设备等方面的差异,技术特长也不一样,如公安部门的鉴定机构对弹痕、毒物等方面的鉴定能力很强,检察机关的鉴定机构对文痕类的鉴定能力较强。为侦查工作的需要,侦查机关内部设立的鉴定机构可以接受其他国家机关的委托进行鉴定。

关于鉴定机构之间的关系,《决定》规定,各鉴定机构之间没有隶属关系。这意味着各鉴定机构都是依法设立、可以依法接受委托为他人提供鉴定意见的独立组织。各鉴定机构之间法律地位平等,互不隶属,没有高低之分,所做的鉴定意见也无高低之分。鉴定是运用技术或专门知识进行鉴别和判断的活动,其性质是一种科学实证活动,鉴定意见只是证据的一种,都需要法院最终审查判断其可采性和证明力,不存在级别高低之分。

（五）规范了鉴定人负责制度

在有关诉讼法律规定中,《决定》第一次明确规定实行鉴定人负责制,这是司法鉴定管理制度改革与完善的一大亮点。司法鉴定是鉴定人个人以自己的知识和技能实施的鉴别和判断行为,具有直接、亲历和独立的特点。实行司法鉴定人负责制的目的在于:鉴定的中立性和独立性必须受到尊重,以有效排除有关部门和个人对鉴定业务的非法干预;突出鉴定人的职业风险意识,强化鉴定人的责任意识,促使鉴定人更加审慎地对待自己的工作,追求更高的工作质量;使违法鉴定责任追究得到落实,避免谁都负责,但谁都不承担责任的情况。

鉴定机构是鉴定人的执业机构,鉴定人应当而且只能在一个鉴定机构中执业,鉴定机构接受案件的委托不受地域范围和行政区划的限制,可以接受全国范围内任何地方的委托。不同鉴定机构之间没有高低上下之分,更没有所谓"终局鉴定"之说。这样规定,有利于鉴定机构之间开展平等的竞争,促进鉴定行业的健康发展,有利于消除鉴定行业中存在的行政色彩和鉴定活动的行政化倾向。鉴定人与鉴定人之间,尤其是高职称的鉴定人与相对低职称的鉴定人之间,也没有高低之分,平等独立享有完整的鉴定权。即使在多人共同参与的鉴定活动中,任何鉴定人,包括相对较低职称的鉴定人也具有坚持自己意见的权利。他们如果持不同的鉴定意见,也不可以采取少数服从多数的方法来裁决,或者用职称、职务高低来取舍,应该在鉴定书中载明不同意见,以保障鉴定人享有完整、独立的鉴定实施权。

(六)强化了司法鉴定工作的监督管理

司法鉴定是鉴定人独立做出的,鉴定机构的自律和自我约束,鉴定人遵守职业道德的程度,特别是尊重客观事实的科学态度、诚实守信的品质将直接影响鉴定意见的客观真实性,影响到司法公正的实现。目前,社会和广大群众最担心、反应最强烈的就是个别鉴定人弄虚作假,搞人情鉴定、关系鉴定和由违法鉴定导致的裁判不公和腐败问题。司法鉴定的公信力和行业形象,必须靠制度的严格管理来维护和提升。

为了加强对司法鉴定工作的管理,《决定》明确了鉴定人、鉴定机构的法律责任。《决定》规定,鉴定人或者鉴定机构有违反本决定规定行为的,由省级人民政府司法行政部门予以警告,责令改正。有下列情形之一的,给予停止从事司法鉴定业务三个月以上一年以下的处罚;情节严重的,撤销登记:因严重不负责任使当事人合法权益遭受重大损失的;提供虚假证明文件或者采取其他欺诈手段,骗取登记的;经法院依法通知,拒绝出庭作证的;法律、行政法规规定的其他情形。鉴定人故意作虚假鉴定构成犯罪的,依法追究刑事责任。司法行政部门工作人员在登记管理工作中,滥用职权、玩忽职守,造成严重后果的,追究直接责任人员相应的法律责任。

## 三、《关于司法鉴定管理问题的决定》的修正

2005年2月28日全国人大常委会颁布的《关于司法鉴定管理问题的决

定》,对司法鉴定进行了一次大刀阔斧、脱胎换骨的改革。2012 年 3 月 14 日,第十一届全国人大第五次会议通过了《刑事诉讼法》修正案,该修正案于 2013 年 1月 1 日实施。新修改的《刑事诉讼法》涉及司法鉴定和鉴定人的条款达 20 多个,司法鉴定在诉讼中的地位日趋凸显。针对司法鉴定体制改革中存在的问题,全国人民代表大会常务委员会于 2015 年对《全国人民代表大会常务委员会关于司法鉴定管理问题的决定》做出修改,将第十五条修改为:"司法鉴定的收费标准由省、自治区、直辖市人民政府价格主管部门会同同级司法行政部门制定。"

有全国人大代表指出,2005 年全国人大常委会出台的《关于司法鉴定管理的决定》,虽然改善了当时全国司法鉴定政出多门、管理混乱、群龙无首的局面,但由于《决定》仅有短短的十八条,很多法律问题尚未涉及。曾有一个案件,前后五家鉴定机构得出五个结论,令当事人啼笑皆非,法官举棋不定,大众一头雾水。如何防止重复鉴定、久鉴不决,需要法律的规定,因此完善和提升立法质量仍任重道远。

客观地说,自 2005 年 10 月全国人民代表大会常委会通过实施《关于司法鉴定管理问题的决定》以来,司法鉴定管理体制改革稳步推进,司法鉴定工作逐步进入规范化、法制化、科学化的发展轨道。但在实际工作中,司法鉴定还存在管理与使用"脱节"、久鉴不决、多头鉴定等影响审判质效和行业发展的问题。①

司法行政机关是司法鉴定的监督管理者,法院是司法鉴定的审查使用者。《决定》以法律形式确立了司法鉴定管理体制的框架,赋予了司法行政机关对法医类、物证类、声像资料司法鉴定和经司法行政部门、最高人民法院、最高人民检察院确定的其他鉴定事项的登记管理职能。

为了充分发挥司法鉴定在审判活动中的积极作用,2016 年 10 月 6 日,最高人民法院、司法部联合出台了《关于建立司法鉴定管理与使用衔接机制的意见》(以下简称《意见》)。

《意见》的出台,有利于解决司法鉴定管理与使用脱节等问题,有助于提升司法鉴定的质量和公信力,审判机关作为具体司法鉴定意见的使用者,同时也是鉴定意见是否客观、公正的检验者,其与司法鉴定管理机关密切合作,及时通报审判中发现的司法鉴定问题,有助于促进司法鉴定管理工作,有助于司法鉴定质量的提高,加速推进以审判为中心的诉讼制度改革。

《意见》提出,司法行政机关要严格履行登记管理职能,严格把握鉴定机构和鉴定人准入标准,加强对鉴定能力和质量的管理,规范鉴定行为,强化执业监管。

---

① 全国人民代表大会常务委员会关于司法鉴定管理问题的决定[J].证据科学,2005,12(1):119-120.

人民法院要规范鉴定委托,完善鉴定材料的移交程序,规范技术性证据审查工作,规范庭审质证程序。人民法院和司法行政机关要建立常态化的沟通协调机制和信息交流机制,不断健全完善相关制度。

委托与受理是司法鉴定的关键环节。《意见》要求,司法行政机关要严格规范鉴定受理程序和条件,依法科学、合理地编制鉴定机构和鉴定人名册,为人民法院提供多种获取途径和检索服务。鉴定机构无正当理由不得拒绝接受鉴定委托,不得私自接收当事人提交而未经人民法院确认的鉴定材料,要规范鉴定材料的接收和保存,需要调取或者补充鉴定材料的,由鉴定机构或者当事人向委托法院提出申请。人民法院要加强对委托鉴定事项特别是重新鉴定事项的必要性和可行性的审查,择优选择与案件审理要求相适应的鉴定机构和鉴定人。

人民法院要完善鉴定人出庭作证的审查、启动和告知程序,通过强化法庭质证解决鉴定意见争议。要为鉴定人出庭提供席位、通道等,依法保障鉴定人的人身安全及其他合法权益,刑事法庭可以配置同步视频作证室,并采取不暴露鉴定人外貌、真实声音等保护措施。鉴定人的交通费、住宿费、生活费和误工补贴,按照国家有关规定应当由当事人承担的,由人民法院代为收取。司法行政机关要监督、指导鉴定人依法履行出庭作证义务,对于无正当理由拒不出庭作证的,要依法严格查处。

《意见》明确,司法行政机关要加强司法鉴定监督,完善处罚规则,促进鉴定人和鉴定机构规范执业。监督信息应当向社会公开。鉴定人和鉴定机构对处罚决定有异议的,可依法申请行政复议或者提起行政诉讼。人民法院发现鉴定机构或鉴定人存在违规受理、拒不出庭作证等违法违规情形的,可暂停委托其从事人民法院司法鉴定业务,并告知司法行政机关或向鉴定人下发司法建议书。司法行政机关要按规定及时查处,并向人民法院反馈处理结果。

《意见》同时明确,鉴定人或者鉴定机构经依法认定有故意做虚假鉴定等严重违法行为的,由省级人民政府司法行政部门给予停止从事司法鉴定业务三个月至一年的处罚;情节严重的,撤销登记;构成犯罪的,依法追究刑事责任。人民法院可视情节不再委托其从事人民法院司法鉴定业务。鉴定人或者鉴定机构在执业活动中因故意或重大过失给当事人造成损失的,依法承担民事责任。

# 第三章　中国司法鉴定制度概况

　　司法鉴定制度的产生和发展是与诉讼制度的产生和发展相关联的，从一定意义上说，是诉讼制度的有机组成部分。在现代社会里，司法鉴定是诉讼活动实现科学、公正、文明的客观需要，是确保诉讼证据真实、可靠、合法的重要手段。司法鉴定意见既是立案依据和侦查、调查线索，又是定案的重要证据。而司法鉴定活动的合法性、科学性、公正性、有效性，在很大程度上取决于司法鉴定制度的设计。司法鉴定制度如果适应法制建设和诉讼制度的需要，就会在诉讼过程中起到积极作用，否则必将影响诉讼活动的成效，甚至影响诉讼活动的开展。因此，在研究与改革我国诉讼制度的同时，必须重视作为其组成部分的司法鉴定制度的研究与改革。

　　长期以来，我国司法鉴定制度严重滞后于社会主义法治建设的步伐和诉讼制度改革的进程，出现司法鉴定制度不完备，鉴定程序、鉴定对象、鉴定方法、鉴定意见缺乏科学标准，管理混乱等问题，其实，这与我国法律对什么是司法鉴定没有给出一个明确、权威的界定，以及没有权威部门对此做出令人信服的解释，是有直接关联的。这种状况一直持续到2005年2月全国人民代表大会常务委员会通过《全国人民代表大会常务委员会关于司法鉴定管理问题的决定》（以下简称《决定》）。但由于《决定》本身在立法内容和立法程序上存在着空白，立法机关未做出明确的立法解释，相关的司法机关又各行其是，《决定》的施行，非但未能解决长期以来存在的多头鉴定、重复鉴定等问题，反而又造成了新的问题。司法鉴定制度的正本清源必须从科学界定概念入手。

## 第一节　司法鉴定的概念

　　司法鉴定的概念之辩总是与司法鉴定体制的改革创新问题相伴，否则就失去了概念界定的意义。对司法鉴定的概念做出准确界定，是研究与探讨、改革与完善我国司法鉴定制度的首要问题。因为事物的定义不仅是事物内涵、外延的简单描述，而且是事物价值、目标的本质揭示。只有明确司法鉴定的具体含义，才能建立探讨问题的平台,避免无谓的争论,集中精力解决问题,以促进我国司法鉴定制度的发展和完善。

对于司法鉴定的概念问题,我国理论界和实务界争议颇多。综合来看,目前主要有广义与狭义两种理解模式。

广义论者认为,司法鉴定是指在争议解决过程中,鉴定人运用科学技术或者专门知识对争议解决中涉及的专门性问题进行鉴别和判断并提供鉴定意见的活动。广义上的司法鉴定涉及范围很广,在诉讼、仲裁、调解、和解等多种争议解决的过程中所进行的各种技术鉴定都属于司法鉴定,都是专业技术人员运用科学技术或专门知识对相关的待定事实问题进行鉴别和判定的科学实证活动。

狭义论者则将司法鉴定作用的范围限制于诉讼活动,认为只有在诉讼过程中进行的鉴定活动才可以称作司法鉴定。而狭义上的司法鉴定,又包括三种观点:一是"启动机关论",认为凡是司法机关启动的鉴定都是司法鉴定,其他机关启动的鉴定则不属于司法鉴定;二是"服务领域论",认为司法鉴定只是服务于诉讼活动的技术鉴定,既服务于法官,又服务于当事人;三是"司法规制论",认为司法鉴定是司法权规制下的技术鉴定,是司法活动的技术支撑手段,它虽不是司法活动本身,但与司法活动密切相关,受司法权的影响和制约。

严格意义上说,司法鉴定中的"司法"并不是说这种鉴定是由司法机关进行的或是带有司法裁判的性质,只是表明这种鉴定是在司法过程中开展的,以此来区别于其他在非诉讼程序中开展的鉴定。因此,司法鉴定只能作为诉讼中收集证据的活动。鉴定人就有关事项所做出的判断并不能等同于法官的判断,鉴定意见的指向目标是为事实裁判者认知能力的不足提供一种补强方式。2005年2月,全国人大常委会颁布的《决定》第一条规定,司法鉴定是指在诉讼活动中鉴定人运用科学技术或者专门知识对诉讼涉及的专门性问题进行鉴别和判断并提供鉴定意见的活动。这在一定程度上消除了人们在司法鉴定概念问题上的争议。

在我国,司法鉴定概念的应用有一个发展的过程。在相当长的时期内,司法鉴定的名称带有浓厚的部门色彩、权力色彩。如公安机关使用"刑事技术鉴定",后改称为"刑事科学技术鉴定";检察机关使用"检察技术鉴定",后改称为"检察科学技术鉴定";人民法院使用"司法技术鉴定";司法行政机关由于有司法鉴定科学技术研究所的存在,故一直使用"司法鉴定技术鉴定"一词。尽管称谓各异,但在国家诉讼活动中则只有"鉴定"一词,直到《决定》并首次将司法鉴定视为法律术语。这是我国司法鉴定制度的重要创新。

## 一、鉴定人的定义

鉴定人是依法取得鉴定人职业资格证书和鉴定人执业证书,受司法机关的指派或聘请,运用专门知识和科学技术,对诉讼、仲裁等活动中涉及的某些专门性问题进行鉴别和判断并提供鉴定意见的自然人。

个人申请从事司法鉴定业务,应当具备下列条件:

1)拥护中华人民共和国宪法,遵守法律、法规和社会公德,品行良好的公民;

2)具有相关的高级专业技术职称;或者具有相关的行业执业资格或者高等院校相关专业本科以上学历,从事相关工作五年以上;

3)申请从事经验鉴定型或者技能鉴定型司法鉴定业务的,应当具备相关专业工作十年以上经历和较强的专业技能;

4)所申请从事的司法鉴定业务,行业有特殊规定的,应当符合行业规定;

5)拟执业机构已经取得或者正在申请《司法鉴定许可证》;

6)身体健康,能够适应司法鉴定工作需要;

7)经过相应的岗前培训。

有下列情形之一的,不得申请从事司法鉴定业务:

1)因故意犯罪或者职务过失犯罪受刑事处罚的;

2)受开除公职处分的;

3)被司法行政机关撤销司法鉴定人登记的;

4)所在的司法鉴定机构受到停业处罚,或处罚期未满的;

5)无民事行为能力或者限制行为能力的;

6)侦查机关、人民法院、司法行政部门的在职人员,以及与侦查机关、人民法院、司法行政部门在人财物方面存在隶属关系的人员。

7)法律、法规和规章规定的其他情形。

个人申请领取《司法鉴定人执业证》从事司法鉴定业务的,应当通过拟执业的司法鉴定机构向所在地[含市(县)]司法行政机关提交申请材料,进入申请程序。申请材料如下:

1)司法鉴定人登记申请表(需本人填写、签名);

2)身份证;

3)与拟执业的司法鉴定执业类别相关的专业技术职称证书及行业执业资格证书;

4)高等院校相关专业学历证书;

5)符合特殊行业要求的相关资格证书;

6)从事相关专业工作经历、专业技术水平评价及业务成果等证明材料(如获

得的学术奖项、在相关学术报刊上发表的专业论文、出版的学术论著等);

7)在职人员兼职从事司法鉴定业务的,应当符合法律、法规的规定,提供本人所在单位同意其兼职从事司法鉴定业务的书面意见及司法鉴定机构与其签订的聘用协议。

8)离退休人员需提供离退休证明和县级以上医院出具的能适应正常工作需要的身体健康证明;

9)申请人需提供相应专业的培训合格证书(凡拟申请执业人员均需提供司法鉴定人基本素质培训合格证书;拟从事法医临床业务的人员还需提供法医临床业务培训和业务进修合格证书);

10)提供户籍所在地派出所或者单位人保部门出具的未受过刑事处罚的证明;所在单位(离职人员原所在单位)政工部门出具的未受过开除公职处分及工作或职业品行的基本评价的证明材料;

11)本人近期两寸证件彩照 1 张(近期、免冠、便装 2 寸标准照,执业证用);

12)登记管理机关要求提供的其他材料。

鉴定人实行职业资格证书制度和执业证书制度。鉴定人应当在"依法许可的业务范围内从事鉴定业务"。鉴定人是重要的诉讼参与人,鉴定人执业实行回避、保密、时限和错鉴责任追究制度。鉴定人进行鉴定后,应当写出鉴定意见,并且签名。鉴定人故意做虚假鉴定或因失职造成严重后果,构成犯罪的,依法追究刑事责任;尚不构成犯罪的,应承担相应的法律责任。

## 二、司法鉴定的范围

范围是指上下四周的界限。司法鉴定的范围指的是法律法规规定的鉴定专业和鉴定事项,从司法鉴定概念和鉴定管理的层面理解,其范围应从下面几个方面进行理解和明确。

《决定》赋予司法鉴定一个明确的定义:"司法鉴定是指在诉讼活动中鉴定人运用科学技术或者专门知识对诉讼涉及的专门性问题进行鉴别和判断并提供鉴定意见的活动。"在诉讼活动中,鉴定人运用科学技术或者专门知识对诉讼涉及的专门性问题进行鉴别和判断并提供鉴定意见的活动,都是司法鉴定。

(一)纳入《决定》管理的范围

《决定》第二条规定了国家只对从事下列司法鉴定业务的鉴定人和鉴定机构实行登记管理:①法医类鉴定,包括法医病理鉴定、法医临床鉴定、法医精神病鉴定、法医物证鉴定和法医毒物鉴定。这是根据当时我国司法鉴定的专业设置情况、学科发展方向、技术手段、检验和鉴定内容,并参考国际惯例而制定的。②物证类鉴定,包括文书鉴定、痕迹鉴定和微量鉴定。③声像资料鉴定,包括对录音带、录像带、磁带、光盘、图片等载体上记录的声音、图像信息的真实性、完整性及其所反映的情况过程进行的鉴定,对记录的声音、图像中的语言、人体、物体作出种类或者同一认定。④根据诉讼需要由国务院司法行政部门商最高人民法院、最高人民检察院确定的其他应当对鉴定人和鉴定机构实行登记管理的鉴定事项。

纳入《决定》管理的鉴定类别只有四大类,任何将超出这四大类的鉴定纳入《决定》管理的做法都是违反《决定》规定的。根据《决定》注册登记的社会鉴定机构,其开展司法会计鉴定、建筑工程质量司法鉴定、价格司法鉴定、税务司法鉴定、医疗司法鉴定等名目繁多的所谓"司法鉴定"项目,即使有的由司法部或者省级司法行政部门独家许可,有的由地方人大立法通过,均与《决定》规定的"应该由国务院司法行政部门商最高人民法院、最高人民检察院确定"的精神相悖,因而都是违法的行为。司法鉴定范围的任意扩大化,并不利于司法鉴定制度的稳定发展。截至 2017 年年底,全国经司法行政机关登记管理的鉴定机构共计 4338 家,比上年减少 10.96%。其中从事"四大类"(法医、物证、声像资料和环境损害)鉴定业务的机构为 2606 家,超过机构总数的 60%。从事"其他类"鉴定业务的机构为 1732 家,占总数的近 40%。

**(二)纳入其他法律管理的范围**

《决定》第二条规定:"法律对前款规定事项的鉴定人和鉴定机构的管理另有规定的,从其规定。"这里的"法律"是指全国人民代表大会及其常委会通过的法律或者法律性文件,不包括行政法规、地方性法规、部门及地方规章。因此,从这个角度看,目前纳入其他法律规定的鉴定有医学鉴定。根据《刑事诉讼法》第一百二十条规定:"对人身伤害的医学鉴定有争议需要重新鉴定或者对精神病的医学鉴定,由省级人民政府指定的医院进行。"因此,对于刑事诉讼中的医学鉴定有争议需要重新鉴定的,或者对精神病的医学鉴定,明确由省人民政府指定医院进行,不得委托其他司法鉴定机构鉴定。

《刑事诉讼法》提出的是对医学鉴定有争议需要重新鉴定的由指定医院进行,而不是法医学鉴定有争议需要重新鉴定的由指定医院进行,医学鉴定与法医学鉴定的本质属性是完全不同的。但在司法实践中,有些办案人员对什么是"医学鉴定",什么是"法医学鉴定"概念分辨不清,经常混为一谈。

尽管《刑事诉讼法》没有给"医学鉴定"做明确的定义,但可以概括为:医疗机构的执业医生,利用医学检验技术和检查手段,根据医学原理和诊疗规范,对被鉴定人的损伤、疾病提出医学诊断并出具鉴定意见的活动。

而法医学鉴定是法医学鉴定人依法定程序,运用法医学和医学的理论与技术,按照司法机关的送检目的和要求,对涉及刑事、民事案件中的尸体、活体,以及与人体上的各种物质有关的问题进行科学的检验、分析、鉴别和判断,从而取得死亡原因、伤害程度、凶器种类、血型分析等结论性意见,是诉讼证据的一种,在法律上具有独立的证据作用。法医学鉴定是司法鉴定的重要内容,有关人身伤害的轻重伤法医鉴定、轻伤与轻微伤之间罪与非罪的界限、轻伤与重伤之间轻罪与重罪的界限、伤残程度的鉴定,不仅涉及刑事诉讼的程序问题,而且涉及实体法的问题,在诉讼中具有十分重要的意义,是查明案件事实、分清案件性质的重要根据,同时又是鉴别案内其他证据是否真实的重要手段。

医学和法医学既有密切的关系又有本质的区别。法医学是一门特殊的医学,属于应用医学的范畴。一方面,医学是法医学的重要基础,医学的许多学科知识如解剖学、组织学、病理学、生理学、内科学、妇科学、外科学、儿科学、遗传学等都为法医学提供了理论依据和检验手段;另一方面,法医学又是一门独立的科学,有自己的理论体系,它的重点主要在解决司法实践中涉及的专门性问题。医生的主要任务是研究疾病的发生、发展规律,明确疾病诊断,采取相应的治疗措施;而法医的主要任务是使用一切可利用的科学知识和技术手段,为确定事实提供线索和证据。医生追求的目标是治病救人,而不是为诉讼提供证据,所以其医学诊断可以是明确的,也可以是可能性的,医学鉴定只不过是将医学诊断和意见固定为法定证据而已;而法医学鉴定则必须建立在客观依据的基础上,除非条件限制,一般应该给出明确性的意见。例如在损伤检验方面,如伤者皮肤有创口,临床医生不可能具体测量长度,其在病历上记载的数据只是估计所得,仅供办案参考,不能作为明确依据;而法医必须以实际测量的长度作为鉴定依据。外科医生的着眼点在诊断和治疗上,而法医临床学的着眼点主要是研究损伤形成的机制、性状、受伤时间、致伤物推断、自伤与他伤的鉴别,以及损伤与死亡或致残的关系等。所以,《刑事诉讼法》第一百二十条做出"对人身伤害的医学鉴定有争议需要重新鉴定或者对精神病的医学鉴定,由省级人民政府指定的医院进行"的规定,充分考虑到了医学和法医学的区别,医生只需明确医学诊断,至于损伤性质和损伤程度的鉴定,仍应该由法医专业人员做出。当前,有的医生通过转岗培训注册为法医鉴定人,从事法医鉴定工作。从司法鉴定行业的发展来看,这有一定的合理性,但从实际的执业质量来看,则需要时间的检验。

(三)其他未纳入法律管理的鉴定事项

其他如医疗事故鉴定、工伤鉴定、劳动能力鉴定等鉴定事项,相关主管部门以部门规章的形式进行了多年的管理;而涉及门类众多的行业鉴定,则大多实行行业管理。就"其他类"鉴定事项的统一管理问题,司法部与最高人民法院、最高人民检察院已进行了多轮磋商,取得了基本共识,逐步推进"其他类"鉴定事项纳入统一管理工作。

（四）专门性问题的鉴定

我国《刑事诉讼法》第一百一十九条规定:"为了查明案情,需要解决案件中某些专门性问题的时候,应当指派、聘请有专门知识的人进行鉴定。"对专门性问题,法律没有明确的界定,然而在具体的案件中某一问题是否属于专门性问题是此案是否进行鉴定的先决条件。刑事案件中,什么问题属于专门性问题,需要进行鉴定,什么问题不属于专门性问题,不需要进行鉴定,在司法鉴定理论研究和实践中存在着较大的争议。

剖析《刑事诉讼法》第一百一十九条的含义,此规定的目的是查明案情和解决案件中的专门性问题,鉴定的对象是专门性问题,鉴定的主体是具有专门知识的人。要正确理解这一法律规定,还必须进一步弄清专门性问题和专门知识的概念。专门知识是指人类在认识世界、改造世界的实践中,在某一特定领域所获取和积累的经验总和。专门性问题是指涉及某一专业领域的原理、原则、规则、规定、方法、程序等需要经过专家复核验证后,才能判断和回答的问题。与之对应的是普通性问题或基础性问题。从理论上讲,专门性问题与普通性问题的界定标准是不一致的。一个问题对于某些人来讲,是专业性问题,而对于另一些人来讲,则可能是普通性问题;一些以前认为是专业性问题的,现在可能已成为普通性问题。人类认识的发展规律往往是不断地将专业知识转化为基础知识,将专门性问题转化为普通性问题。随着社会发展和人类进步,许多专门性问题被人们普遍理解和掌握后变成了普通性问题。也许现在认为非常专业的问题,将来普遍被人们理解后也会变成普通性问题。因此,专门性问题与普通性问题没有统一的、严格的界定标准。

无论是专门性问题,还是普通性问题,最终都应当被诉讼参与人正确理解和接受。因为,如果是专门性问题,依法应当进行鉴定,鉴定意见出来后,诉讼参与人就会从自己的角度来利用鉴定意见。首先,犯罪嫌疑人要正确理解鉴定意见,他如果认为鉴定意见不正确,对自己不利,亦有权要求重新鉴定。其次,鉴定意见依法应当经办案人员审查后,才能作为诉讼证据使用。在法庭上,审判人员不仅要正确理解和接受鉴定意见,而且他还要听取公诉人、被告人、辩护人对鉴定意见的意见,就鉴定意见中的不明之处询问鉴定人,否则他就无法决定是否采信鉴定意见。因此,从这个意义上讲鉴定人在诉讼活动中的任务和作用就是将专业性问题翻译或解释为普通性问题。以便使各诉讼参与人正确理解和接受涉案的专门性问题,从而达到查明案情这一最终目的。

### 三、司法鉴定机构的管理

#### (一)司法鉴定机构登记管理

根据《决定》第十六条规定,《司法鉴定机构登记管理办法》已由国务院批准,于2005年9月30日公布实施。《司法鉴定机构登记管理办法》规定司法鉴定机构是司法鉴定人的执业机构,应当具备本办法规定的条件,经省级司法行政机关审核登记,取得《司法鉴定许可证》,在登记的司法鉴定业务范围内,开展司法鉴定活动。

司法鉴定机构的登记事项包括:名称、住所、法定代表人或者鉴定机构负责人、资金数额、仪器设备和实验室、司法鉴定人、司法鉴定业务范围等。

法人或者其他组织申请从事司法鉴定业务,应当具备下列条件:①有自己的名称、住所;②有不少于20万至100万元人民币的资金;③有明确的司法鉴定业务范围;④有在业务范围内进行司法鉴定必需的仪器、设备;⑤有在业务范围内进行司法鉴定必需的依法通过计量认证或者实验室认可的检测实验室;⑥每项司法鉴定业务有3名以上司法鉴定人。

法人或者其他组织申请从事司法鉴定业务,应当提交下列申请材料:①申请表;②证明申请者身份的相关文件;③住所证明和资金证明;④相关的行业资格、资质证明;⑤仪器、设备说明及所有权凭证;⑥检测实验室相关资料;⑦司法鉴定人申请执业的相关材料;⑧相关的内部管理制度材料;⑨应当提交的其他材料。

申请人应当对申请材料的真实性、完整性和可靠性负责。申请设立具有独立法人资格的司法鉴定机构,除应当提交规定的申请材料外,还应当提交司法鉴定机构章程,按照司法鉴定机构名称管理的有关规定向司法行政机关报核其机构名称。

#### (二)司法鉴定机构外部管理

司法鉴定机构是指在诉讼活动中接受委托人鉴定委托,遵循法律规定的方式、方法、步骤及相关的规则和标准,对诉讼涉及的专门性问题运用科学技术或者专门知识进行鉴别和判断并提供鉴定意见的机构。

##### 1.司法鉴定机构接受司法行政机关的管理、监督和指导

司法行政机关是我国国家政权的重要组成部分,在我国司法体系和法制建设中占有重要地位。我国根据《中央人民政府组织法》,于1949年10月30日设

立中央人民政府司法部。1954年《中华人民共和国宪法》颁布后,中央人民政府司法部改称中华人民共和国司法部。司法行政机关的职能是围绕国家司法展开一系列活动,一个国家秩序的正常运行,离不开司法行政机关对有关社会事务的管理,包括主管司法鉴定人和司法鉴定机构的登记管理工作,对司法鉴定机构的发展统筹规划、合理布局、优化结构、有序发展。

2007年8月,司法部公布了《司法鉴定程序通则》,在2016年5月开始施行的新《司法鉴定程序通则》开宗明义:为了规范司法鉴定机构和司法鉴定人的司法鉴定活动,保障司法鉴定质量,保障诉讼活动的顺利进行,根据《决定》和有关法律、法规的规定,制定本通则。强调本通则适用于司法鉴定机构和司法鉴定人从事各类司法鉴定业务的活动。要求司法鉴定机构和司法鉴定人在进行司法鉴定活动时,遵守法律、法规、规章,遵守职业道德和执业纪律,尊重科学,遵守技术操作规范。司法鉴定机构和司法鉴定人应当保守在执业活动中知悉的国家秘密、商业秘密,不得泄露个人隐私。

党的十八届四中全会提出了"健全统一司法鉴定管理体制"的改革要求。2016年,中央政法工作会议进一步明确了统一鉴定标准的改革任务。司法部进一步加大工作力度,组织专家反复修改完善并广泛征求意见,最终形成了《人体损伤致残程度分级》。同年,最高人民法院、最高人民检察院、公安部、国家安全部和司法部联合发布《人体损伤致残程度分级》,规定了人体损伤致残程度分级的原则、方法、内容和等级划分,是开展法医临床司法鉴定,确定民事赔偿责任的重要标准。该分级于2017年1月1日起施行。

司法部明确要求,各地要通过开展专项检查、鉴定文书评查、能力验证等多种方式,加大监督力度,督促司法鉴定机构和司法鉴定人严格执行分级。于进一步严格规范司法鉴定执业活动、提高司法鉴定质量、有效遏制和减少重复鉴定、维护司法公正和人民群众合法权益具有重要意义。自2017年1月1日起,省级司法行政机关在授予法医临床司法鉴定人执业资格时,要对申请人掌握和适用分级的能力进行专项考评,对于不具备能力的,不得授予执业资格。

**2. 司法鉴定机构接受国家市场监管总局(国家认监委)的监督、管理和指导**

从维护司法公正、促进社会公平正义的高度分析,司法鉴定认证认可工作是保证司法鉴定质量的必要手段。自2008年7月25日司法部、国家认证认可监督管理委员会下发《关于开展司法鉴定机构认证认可试点工作的通知》以来,北京、江苏、浙江、山东、四川、重庆六个试点地区的司法行政机关和质量技术监督部门相互支持、相互配合,共同推进司法鉴定机构认证认可试点工作,取得了明显成效。

2012年,为贯彻落实《全国人民代表大会常务委员会关于司法鉴定管理问题的决定》和《司法部国家认证认可监督管理委员会关于全面推进司法鉴定机构认证认可工作的通知》(司发通〔2012〕114号)精神,国家认证认可监督管理委员会会同司法部组织专家对《司法鉴定机构资质认定评审准则(试行)》进行了补充修订。要求司法鉴定机构应当按照《司法鉴定机构资质认定评审准则》建立并运行管理体系。该准则自2013年1月1日起实施。

司法鉴定机构资质认定评审,应当遵循客观公正、科学准确、统一规范和避免不必要重复的原则。司法鉴定机构应当按照本准则建立和保持与其鉴定活动相适应的管理体系。管理体系应当形成文件,阐明与鉴定质量相关的政策,包括质量方针、目标和承诺,使所有相关人员理解并有效实施。司法鉴定机构负责人应当根据预订的计划和程序,每12个月对管理体系和鉴定活动进行一次评审,以确保其持续适用和有效,并进行必要的改进。管理评审应当考虑到:总体目标,政策和程序的适应性;管理和监督人员的报告;近期内部审核的结果;纠正措施和预防措施;由外部机构进行的评审;司法鉴定机构间比对和能力验证、测量审核的结果;工作量和工作类型的变化;投诉及委托人反馈;改进的建议;质量控制活动、资源及人员培训情况等。

中国国家认证认可监督管理委员会(中华人民共和国国家认证认可监督管理局)是国务院决定组建并授权履行行政管理职能,统一管理、监督和综合协调全国认证认可工作的主管机构。2018年,司法部、认监委共同成立国家资质认定司法鉴定评审组,负责协助开展国家认监委组织的司法鉴定行业检测实验室资质认定技术评审、司法鉴定行业资质认定评审员的继续教育培训、司法鉴定行业资质认定技术要求制定、司法鉴定行业检测实验室能力验证和日常监督工作。司法行政机关和市场监督管理部门应当加强沟通协调,建立工作机制,共同做好本地区司法鉴定行业检测实验室资质认定管理工作。司法鉴定机构应当确保司法鉴定人员按照管理体系要求工作并受到监督,监督范围应当覆盖鉴定活动的关键环节。

为贯彻落实党中央、国务院关于健全统一司法鉴定管理体制的实施意见要求,严格司法鉴定登记管理、质量管理,依据《决定》的规定,在总结工作经验的基础上,经认真研究,就规范和推进司法鉴定认证认可工作,下发了《司法部 国家市场监管总局关于规范和推进司法鉴定认证认可工作的通知》(司发通〔2018〕89号)。工作要求:经司法行政机关审核登记的司法鉴定机构,业务范围包括法医物证、法医毒物、微量物证、环境损害鉴定的,其设立单位相应的检测实验室应当于2019年12月31日前通过资质认定或者实验室认可。司法行政机关应当严格落实《司法部关于严格准入 严格监管 提高司法鉴定质量和公信力的意见》(司发〔2017〕11号)要求,对到期未达到要求的司法鉴定机构限期整改,限期整改后仍不符合要求的,依法注销其相应的业务范围。

（三）司法鉴定机构内部管理

加强司法鉴定机构内部管理,是促进司法鉴定机构规范化建设的必由之路,司法鉴定机构要根据法律法规规章,重视司法鉴定机构内部管理,建立完善机构内部管理制度,提供专业化、职业化、规范化和科学化建议,提高从业人员的政治素质、业务素质和职业道德,规范司法鉴定执业活动。

**1.制定司法鉴定机构章程**

司法鉴定机构负责人根据章程或者授权,对内负责管理鉴定机构内部事务和执业活动,对外代表鉴定机构,依法履行法定义务,承担管理责任。

章程包括下列内容:①司法鉴定机构的名称、住所和注册资金;②司法鉴定机构的宗旨和组织形式;③司法鉴定机构的业务范围;④司法鉴定机构负责人产生、变更程序和职责;⑤司法鉴定人及其相关从业人员的权利和义务;⑥司法鉴定机构内相关职能部门的设置和职责;⑦司法鉴定机构章程变更、修改;⑧司法鉴定机构内部执业管理、质量管理形式;⑨司法鉴定机构资产来源、财务管理和使用分配形式;⑩司法鉴定机构注销或者撤销后的终止程序及其资产处理;⑪其他需要载明的事项。

**2.保障鉴定人依法独立执业**

坚持依法、科学、规范、诚信、合作的原则,根据鉴定业务需要依法聘用人员并保障其合法权益,保障司法鉴定人依法独立执业,维护鉴定人合法权益,规范鉴定人执业行为。

司法鉴定机构应当规范管理司法鉴定人出庭作证的有关事务,为鉴定人出庭作证提供必要条件和便利,监督鉴定人依法履行出庭作证的义务。建立完善司法鉴定风险告知制度、鉴定质量评估办法,建立执业风险基金。建立完善人事管理制度,负责办理本机构从业人员的执业证书、聘用合同、职称评聘、社会保障、执业保险等相关事务。合理规划人员的专业结构、技术职称和年龄结构。对本机构人员遵守职业道德、执业纪律等执业情况进行年度绩效评价、考核和奖惩。建立完善教育培训和业务考评制度,支持和保障本机构人员参加在岗培训、继续教育和学术交流与科研活动,定期组织本机构人员开展业务交流和专题讨论。

**3.依法依规开展鉴定业务**

司法鉴定机构在领取《司法鉴定许可证》后的 60 日内,应当按照有关规定刻制印章,办理与机构执业活动有关的收费许可、税务登记、机构代码证件等依法执业手续。

司法鉴定机构应当建立完善业务管理制度,统一受理鉴定委托,统一签订委托协议,统一指派鉴定人员,统一收取鉴定费用,统一建立鉴定材料审核、接收、保管、使用、退还和存档等工作制度。依法建立完善财务管理制度,单独建立账册。对外统一收取鉴定等费用,依法出具票据;对内按劳计酬,合理确定分配形式。逐步建立教育培训基金、执业责任保险基金和机构发展基金。建立完善印章和证书管理制度。司法鉴定机构红印、司法鉴定专用章、财务专用章及司法鉴定许可证等,除需要公示的,由机构指定专人统一管理并按规定使用。

**4.规范执业区域鉴务公开**

司法鉴定机构的执业场所应当根据业务范围和执业类别要求,合理划分接待鉴定委托、保管鉴定材料、实施鉴定活动、存放鉴定档案等区域。

司法鉴定机构应当在执业场所的显著位置公示下列信息:①司法鉴定机构的业务范围和《司法鉴定许可证(正本)》证书;②司法鉴定人姓名、职称、执业类别和执业证号;③委托、受理和鉴定流程;④司法鉴定收费项目和收费标准;⑤职业道德和执业纪律;⑥执业承诺和风险告知;⑦投诉监督电话和联系人姓名;⑧其他需要公示的内容。

**5.建立完善质量管理体系**

司法鉴定机构应当建立完善质量管理体系,明确质量组织、管理体系和内部运转程序,加强质量管理,提高鉴定质量。建立内部讨论和复核制度。对于重大疑难和特殊复杂问题的鉴定或者有争议案件的鉴定,组织鉴定人研究讨论,并做好书面记录。建立重大事项报告制度,受理具有重大社会影响案件委托后的 24 小时内,向所在地及省级司法行政机关报告相关信息。指定专人对鉴定文书的制作、校对、复核、签发、送达、时效等环节进行有效监管。司法鉴定机构的仪器、设备应当按照鉴定业务所需的配置标准,及时购置、维护和更新。根据本机构司法鉴定业务档案的制作、存储要求,配备档案管理人员,切实做好档案管理工作。

**6.加强执业活动监督管理**

司法鉴定机构必须加强执业活动的监督管理,指定专人负责投诉、核查立案、调查处理工作,回复司法行政机关或者司法鉴定行业协会转交的涉及本机构投诉事项的调查办理意见。对投诉中发现的问题,要采取有效方式并及时加以解决。

**7.司法鉴定机构应当建立完善外部信息管理制度**

外部信息的使用应当根据程序进行核查、验证,因专业技术问题需要外聘专家的,应当依照有关规定执行。

# 第二节　司法鉴定的相关术语

术语是在特定学科领域用来表示事物、状态或过程的称谓的集合,是科学发展的产物。新事物新概念不断涌现,人们在自己的语言中利用各种方式创制适当的词语来标记它们,这是术语的最初来源。科技术语一般产生于科学技术发达的国家。同一事物或概念也可能同时在不同国家出现,因而会产生许多内容相同而形式不同的术语。另外,在术语的移植过程中,也会产生不少同义不同形的术语。在司法鉴定中,术语混乱说明理论认识模糊,必定导致司法实务的混乱。

## 一、主要术语

### (一)鉴定

顾名思义,"鉴定"是"鉴别和判定"的意思;《现代汉语词典》对"鉴定"的释义为"鉴别和评定"。当然,汉语的字面意思与法律上的概念不尽一致,在三大诉讼法中都统一使用了"鉴定"一词,鉴定意见为法定证据之一。尽管三大诉讼法均未给"鉴定"下一个明确、规范、全面的定义,但从相关表述可知,诉讼法中的鉴定是指在诉讼活动中,由司法机关委托,由专业机构的专业人员对诉讼所涉及的专门性问题进行鉴别和判断,并提供鉴定意见的活动。其含义包括:①鉴定是诉讼活动中的行为;②鉴定的委托必须由司法机关(公安机关、国家安全机关、检察机关、审判机关)发起;③鉴定的对象仅限于诉讼活动中的专门性问题;④有法定鉴定机构的应该委托法定鉴定机构,没有法定鉴定机构的,可以委托其他专业机构进行,故鉴定主体既包括公安机关、国家安全机关、检察机关、审判机关和司法行政机关的鉴定机构,也包括登记注册的社会鉴定机构,还包括不必注册的其他专业机构;⑤鉴定的范围既包括纳入《决定》的三大类,也包括医学鉴定、精神病鉴定、工伤和劳动能力鉴定,以及其他所有在诉讼活动中需要对专门性问题进行鉴别和判定的事项。

### (二)刑事科学技术鉴定

刑事科学技术也称刑事技术,是指公安机关等案件的承办单位指派或者聘请专家证人,利用法医学、指纹学、痕迹学、足迹学、物理学、化学、文件检验学、影像学等学科和其他科学的理论和技术,对案(事)件侦查、调查阶段的某些专门性问题进行勘验、检查、鉴别和判断,并由此得出结论的一门专门科学和技术。刑事科学技术工作包括现场勘查和技术鉴定两个方面,其中在诉讼活动中进行的刑事科学技术鉴定即属于司法鉴定的范畴。为确保刑事科学技术鉴定意见的科学可靠,我国《刑事诉讼法》《公安部刑事科学技术鉴定规则》《公安机关办理刑事案件程序规定》《公安机关办理行政案件程序规定》等对鉴定主体、鉴定对象、鉴定相关程序和鉴定文书制作等做了相应的规定,从而在法律上为刑事科学技术鉴定提供了程序上和实体上的保障。

刑事科学技术检验的内容包括法医检验、指纹检验、痕迹检验、微量物检验(也称理化检验)、毒物毒品检验、文件检验、声像资料检验、电子物证检验、警犬技术检验等专业门类,最早可以追溯到世界公认的法医学鼻祖宋慈编撰的《洗冤集录》中的法医学理论。公安机关在司法实践中,刑事科学技术对判定事件性质、缩小侦查范围、确定侦查方向、核实其他证据的真伪、直接认定犯罪嫌疑人、为刑事诉讼活动服务具有不可替代的重要作用;同时,刑事科学技术也被公安机关广泛应用于治安管理、交通管理、消防管理、出入境管理、重大公共安全事故和重大灾害事故处置等工作。因此,公安机关在刑事侦查、行政执法、行政管理、服务社会的工作中,都离不开刑事科学技术的支持。

但从司法实践来看,由于刑事科学技术的称谓本身冠有"刑事"两字,而且长期以来刑事科学技术机构多设在公安机关刑事侦查部门,其工作职责也主要是服务于刑事案件的侦查、取证、诉讼,故该名称具有浓厚的部门色彩,也容易使人产生误会。在同一个案件侦查中,侦查人员或者鉴定人,既参与现场勘验、检查等侦查活动,又同时担任鉴定工作,理论界称之为"自侦自鉴"。而根据《刑事诉讼法》第二十八条及《程序规定》第二十四条之规定,侦查人员担任过本案鉴定人的,应当自行回避,当事人及其法定代理人也有权要求他们回避,反之也成立。"自侦自鉴"行为的本质就是同一主体的侦查活动与鉴定活动的重叠与交叉;"自侦自鉴"行为的最大弊端,是鉴定人有可能因为参与侦查,熟悉案情,了解已有的证据材料,在鉴定之前就形成"思维定式",带着预设寻找符合主观想象的"鉴定意见",可能会妨碍其客观、公正地做出鉴定意见。[①]

公安部针对"刑事科学技术鉴定"这个名称无法与公安机关鉴定机构实际承担的职责相匹配的现状,又提出了一个"物证鉴定"的概念。物证鉴定,是指诉讼中用自然科学的原理和技术方法对与案件有关的物证材料进行鉴别和判断的活动。公安机关的鉴定机构对外也相应地改称为"物证鉴定中心""物证鉴定所""物证鉴定室"。但是,改名并不能真正改变人们对刑事科学技术鉴定概念上的误解,有学者认为:"司法鉴定是一种取证手段,而非侦查手段,公安部门作出的

---

① 郑卫平.刑事科学技术鉴定实践的反思与法律完善[J].司法实践与改革,2007:112-114.

技术鉴定属于刑事侦查结果,未经过法院质证和认定,还不能称为司法鉴定。"①。这种观点把公安机关刑事科学技术鉴定排除在司法鉴定之外,有待商榷。公安机关所属鉴定资源占全国鉴定资源的80%,承担的鉴定工作量占全国的95%,是我国鉴定工作的重要组成部分,是推进司法鉴定事业进步和发展,维护司法公正,为公安机关履行职责提供鉴定技术支撑的重要力量。在国家司法鉴定工作改革过程中,公安机关刑事科学技术工作不能削弱,必须得到进一步规范和加强。

（三）检察技术鉴定

检察机关是代表国家依法行使检察权的国家机关,其主要职责是追究刑事责任,提起公诉和实施法律监督。审查起诉权是指检察机关对一切刑事犯罪案件的事实、证据、侦查程序进行审查,对刑事案件出庭支持公诉的权利。

顾名思义,检察技术鉴定就是检察机关在案件办理过程中,指派或者聘请专家证人,对某些专门性的问题进行鉴别和判断,并由此得出结论的过程。与公安机关相比,尽管检察机关担负的职责比较单一,不涉及行政执法、行政管理和服务社会的职责,但由于历史的原因,其鉴定工作的性质同样被一些学者和立法部门所否定,即认为检察技术鉴定只是为检察机关的侦查工作服务,因此,不属于司法鉴定范畴。

从司法实践来看,国家检察机关必须掌握检察技术工作的"金刚钻",如山东省人民检察院司法鉴定中心具有电子数据实验室、声像资料实验室、刑事照相室和陈列室、法医实验室、文检实验室、痕检实验室、K12小班培训＋网络教学实验室等。司法鉴定中心实验室于2018年通过国家认可,标志着司法鉴定中心出具的鉴定意见将得到国际互认,对于提升检察机关司法鉴定的权威性和公信力、推动司法鉴定规范化、科学化具有重要意义。充分发挥检察技术应用的基础性作用,开展好法医、文检、司法会计等传统实验室工作,有效发挥高端技术设备的功能作用,为发现固定证据、顺利突破案件提供强有力的技术支撑。实践证明,只有主动自觉地运用司法鉴定技术,促进严格规范司法,才能提升办案质量和司法公信力。

（四）司法技术鉴定

同公安机关、检察机关一样,1949年后我国各级审判机关也相继设立了鉴定部门,由于不涉及现场勘查业务,故多为法医、文件检验、司法会计等专业,不少省区市人民法院将所属鉴定机构命名为"司法技术处"或者"法医技术

---

① 霍宪丹.关于司法鉴定工作若干问题的探讨[A].司法鉴定研究文集,2001:144.

处"。由于其服务审判的色彩较浓,也有学者采用英美等国的习惯,将司法技术鉴定称为法庭科学技术鉴定。审判机关设立的鉴定机构在服务诉讼,特别是服务法官审判上起到了非常重要的作用,但同时由于其隶属于审判机关的特殊性,法官在审判过程中主观上往往倾向于采用本系统鉴定机构的鉴定意见,客观上造成审判机关鉴定机构出具的鉴定意见证明效力凌驾于其他鉴定机构之上,因此这种"自审自鉴"的模式一直受到外界诟病。随着《决定》的实施,审判机关所属的鉴定机构全部取消鉴定权限,目前已相应地转变职能,一般只行使协助法官做好司法鉴定的委托和司法鉴定意见的审查工作,因此司法技术鉴定的称谓已经成为历史,不复存在。但是伴随着以审判为中心的司法制度改革的深入和专业案件类型的增多,法官比以往任何时候都需要司法鉴定意见的支撑。

(五)司法鉴定技术鉴定

1932 年 8 月,法医学家林几主持建立了司法行政部法医研究所。1949 年上海解放后,该研究所由上海军政委员会接收,曾隶属于最高人民法院华东分院,1955 年交司法部,更名为司法部法医研究所。1956 年又在此基础上建立了司法鉴定科学研究所,于是形成了一套班子领导下的两个研究所。20 世纪 50 年代,法医研究所为全国公检法机关和部队培养、输送了 300 多名法医,建立起新中国首批法医队伍。司法鉴定科学研究所在苏联专家科尔金和阔勒马科夫的指导下,用 3 年时间培养出 20 多名我国首批司法鉴定(刑事技术)专业研究生。1959 年司法部被撤销后,公安部接收了这两个研究所,将其合并更名为公安部三局刑事科学技术研究所。

我国"司法鉴定"一词是 20 世纪 50 年代从俄文翻译过来的。"司法鉴定"和"司法鉴定技术"的称谓一直就被司法行政部门的鉴定机构使用,但其概念也跟刑事科学技术、检察技术一样,是一种部门色彩浓厚的称谓,始终未得到公检法等司法机关的认可,也未在相关法律中得以体现。1998 年,国务院赋予司法部指导面向社会服务的司法鉴定工作的责任,自此"司法鉴定"一词开始被频繁使用,直到 2005 年以《决定》这样的法律形式对司法鉴定的法律概念进行明确。

(六)举证鉴定

当前,造成司法鉴定混乱局面的一个重要原因,是社会鉴定机构为了追求经济利益的最大化,严重偏离司法鉴定公益属性,而不受约束地将司法鉴定进行商业化运作,甚至出现鉴定机构和"黄牛"勾连、违规提供"上门服务",大量由个人直接委托的资料合法性和真实性均难以保证,所谓的"司法鉴定意见"严重地影响了司法公正。

　　对于这种鉴定,学者称谓不一,有诉前鉴定、非诉鉴定、举证鉴定等各种叫法,但比较一致的意见认为这种鉴定不是诉讼中的活动,由于委托程序上的不合法,故不属于司法鉴定的范畴,称这种鉴定为举证鉴定比较妥当,理由是:①这种鉴定多为个人想获取或者制造对自己有利的所谓“证据”而进行的一种委托,目的是为了举证;②这种鉴定大多不属于诉讼中的活动,也存在属于诉讼中的个人的单方面行为,但因其委托程序不合法,仍不属于司法鉴定;③委托当事人也有不用于诉讼目的的,如调查、仲裁等。

　　根据三大诉讼法和《决定》的规定,司法鉴定只适用于诉讼过程中的鉴定活动,因此如律师事务所或者当事人委托的咨询性鉴定,纪检、监察机关、行政执法机关以查处违法违纪为目的的鉴定均不属于司法鉴定。[①] 这类鉴定一般仅限于司法机关尚未受理或立案的刑事自诉案件、民事与行政案件中某些专门性问题,或者人民法院虽已立案但由律师、当事人收集的,尚未开庭审理的案件中的专门性问题。此类鉴定一般只接受律师事务所委托。[②] 故这类鉴定只是应用司法鉴定的技术来解决专门性问题而已,并不是诉讼中的行为,也就不是真正意义上的司法鉴定,其鉴定意见只能作为委托单位和个人进行非诉讼活动之依据,而不得作为诉讼活动的证据,司法机关在诉讼活动时应当予以排除。

## 二、概念辨析

### (一)司法鉴定的概念

　　《决定》对司法鉴定是这样定义的:司法鉴定是指在诉讼活动中鉴定人运用科学技术或者专门知识对诉讼涉及的专门性问题进行鉴别和判断并提供鉴定意见的活动。其含义包括两层:司法鉴定是诉讼活动中的行为;司法鉴定只对诉讼涉及的专门性问题进行鉴别和判断。从定义形式上来看,只要同时具备上述两个条件,就是司法鉴定。从三大诉讼法对于“鉴定”的界定来看,作为法律名词,“司法鉴定”和“鉴定”在概念的内涵和外延上是完全一致的。

　　在《决定》实施前,有学者就对“司法鉴定”的概念进行了定义。如“司法鉴定是在诉讼过程中(含刑事诉讼、民事诉讼、行政诉讼),对案件中的专门性问题,按照诉讼法的规定,或根据诉讼当事人的申请,由司法机关指定具有专门知识的鉴定人,运用科学技术手段,对专门性问题做出判断结论的活动”[③]。这个概念是

　　① 邹明理.侦查与鉴定热点问题研究[M].北京:中国检察出版社,2004:174.

　　② 邹明理.司法鉴定法律精要与依据指引[M].北京:人民出版社,2005:105.

　　③ 邹明理.我国现行司法鉴定制度研究[M].北京:法律出版社,2001:2.

在《决定》出台以前提出的,现在看来其内涵和外延与《决定》中的司法鉴定也是一致的,在定义形式和内容上甚至比《决定》更加详尽、全面、清楚,不容易产生歧义。

同时,也有学者认为:"司法鉴定有狭义和广义两种理解,其概念有一个发展的过程。早期是狭义的理解,专指司法鉴定人接受司法机关的委托依照法律的条件和程序,运用专门知识和技能对司法活动(主要指审判活动)中涉及的某些专门性问题进行鉴别和判定的一种活动;后来是广义上的理解,是指司法鉴定人接受司法机关、仲裁机关或当事人的委托,依照法律规定的条件和程序,运用专门知识或技能对诉讼、仲裁等活动中所涉及的某些专门性问题进行检验、鉴别和判定的活动。"①上述狭义的理解比较符合《决定》对司法鉴定的定义,至于在仲裁、公证等活动中的鉴定事项,不是严格意义上的司法鉴定,只是司法鉴定技术应用于仲裁、公证等活动而已。

(二)刑事科学技术鉴定、检察技术鉴定和司法鉴定的概念差异

**1. 从鉴定目的来看**

在公安机关开展的刑事科学技术鉴定中,既有在刑事、民事、行政案件诉讼活动中为诉讼提供意见的鉴定,如刑事案件侦查中的死因鉴定、强奸案件中的精斑鉴定等;也有不属于诉讼活动的鉴定,如单方交通事故造成死亡案件的死因鉴定、灾害事故中进行身源甄别的 DNA 鉴定等;检察技术鉴定也一样,除了检察机关自侦案件的鉴定和公安机关移送案件的重新鉴定属于诉讼活动的鉴定外,也有不属于诉讼活动的鉴定,如看守所内在押人员突然病故的死因鉴定等。因此,刑事科学技术鉴定、检察技术鉴定如果是在诉讼活动中的行为,其目的是为诉讼提供鉴定意见,这种鉴定才能称为司法鉴定。

**2. 从鉴定的专业内容来看**

刑事科学技术鉴定和检察技术鉴定的范围是一样的,而司法鉴定所涵盖的内容要大得多,如诉讼过程中所要涉及的医学鉴定、建筑工程质量鉴定、古玩字画鉴定、产品质量鉴定等,均不是刑事科学技术鉴定和检察技术鉴定,但由于是诉讼活动中为解决专门性问题而做出的鉴定,故均属于司法鉴定范畴。

虽然司法鉴定在法律上已经有了明确的定义,但由于《决定》条文之间的冲突,以及对国家鉴定机构、社会鉴定机构的差异化管理,《决定》又造成了司法鉴定概念的模糊。《决定》除了第一条的定义让人感觉"司法鉴定"与三大诉讼法的"鉴定"概念一致外,其他条文其实均专指社会鉴定机构的鉴定。司法鉴定概念

---

① 刘一. 司法鉴定研究文集[M].北京:法律出版社,2001.

和《决定》登记管理范围是两回事,不能混淆。从管理对象来看,《决定》调整的是面向社会、有偿经营的社会鉴定机构的鉴定活动,尽管公安机关、检察机关、国家安全机关按照诉讼法规定程序进行的鉴定活动是司法鉴定,但其不在《决定》调整、管理之列;以"司法鉴定"来代替"社会司法鉴定"概念,赋予社会鉴定机构完全的司法鉴定权,容易使人得出只有社会鉴定机构做出的鉴定才是司法鉴定的错误结论。

# 第三节　司法鉴定的属性和原则

## 一、司法鉴定的属性

一个具体事物,总是有许许多多的性质与关系,我们把一个事物的性质与关系,都叫作事物的属性。本质属性是决定一事物之所以成为该事物而区别于其他事物的属性。所谓司法鉴定的属性,就是指司法鉴定本身随着其定义的明确而产生的固有的、本质的、内在的反映,这种内在的反映决定了司法鉴定的价值取向和目标实现。司法鉴定的固有属性可以概括为以下几个方面。

### (一)司法性

司法鉴定权不等同于司法权,鉴定机构和鉴定人本身并不具有司法权。但司法鉴定是一种诉讼证据的固定过程,是国家司法机关在诉讼活动中将部分公权力委托给鉴定机构,鉴定机构在接受委托后根据法律规定行使公权力的过程。在古老的罗马法中就有"鉴定人是关于事实的法官"这样一句谚语。[1] 现代司法鉴定服务诉讼、服务司法的特征非常明显,特别是在大陆法系国家,司法鉴定实质是司法权的一种延伸,具有明显的司法性。

#### 1. 鉴定人的权限

鉴定人在接受鉴定委托后有权开展现场勘查、调查访问、查验案卷、调阅资料,甚至对相关场所、物品、人身、尸体进行检验、检查,其权限已经等同司法人员,是一种证据固定过程中的特权,普通公民并无行使的资格;鉴定人也只有在接受司法机关委托后才具有这种特权,并随着司法鉴定的结束而自然消失。

法院委托司法鉴定是诉讼活动中必不可少的环节,是查明案件事实、保障审判活动顺利进行的重要手段。在诉讼活动中,因鉴定材料是否齐全、完整,常出现司法鉴定能否接受委托或接受委托后又中途退回的情形,由于责任不明确,对

---

[1]　谷口安平. 程序的正义与诉讼[M]. 王亚新,等译. 北京:中国政法大学出版社,1996:270.

审判活动正常秩序造成较大影响。因此,必须规范司法鉴定机构受理人民法院委托鉴定案件的行为。

首先,细化司法鉴定机构受理司法鉴定的审查工作。根据《司法鉴定程序通则》第十五条规定的不予受理的情形,可将其分为三类不同情况。一是对不予受理的情况做出规定:①委托鉴定事项超出本机构司法鉴定业务范围的;②鉴定用途不合法或者违背社会公德的;③鉴定要求不符合司法鉴定执业规则或者相关鉴定技术规范的;④鉴定要求超出本机构技术条件或者鉴定能力的;⑤委托人就同一鉴定事项同时委托其他司法鉴定机构进行鉴定的。二是做出不予受理决定时,要引用相关法律、法规、规章条款。三是发现鉴定材料不真实、不完整、不充分或者取得方式不合法的,明确争议解决办法:①发现提供材料不真实的,与委托法院充分沟通,经法院确认后做出不予受理决定;②认为鉴定材料不完整、不充分,经补充后仍不能满足鉴定需要或无法补充的,做出不予受理决定前预先告知委托法院,并做出具体解释;③仍有争议的,可按重大事项报告要求上报所在地司法局,组织专家参与,进行评估论证。

其次,明确司法鉴定机构承担重新鉴定业务的能力。司法鉴定机构根据《司法鉴定程序通则》等规定,如实判断能否承担相关专业重新鉴定业务。

再次,加强法院对委托鉴定机构的监督管理。对于"无正当理由拒绝接受委托、接受委托后中途退回或完成委托事项后又撤回的"和"存在其他类似情形的",予以暂停委托或停止委托。

**2.委托的营利性**

公权力的委托在中外都很常见,但这种委托必须以公益性为前提,否则就是公权力的泛化,就容易对公平公正带来损害。如很多国家的行业协会,在一定程度上行使了国家的行政管理权,如果是公益性机构、不以营利为目的,则这种公权力的委托行使不但可以节约行政成本,而且因为其独立性而更加具有公信力。但如果将这种公权力的委托变成营利的手段,则会对公平正义带来很大损害。

**(二)公益性**

"公益"为后起词,在五四运动后方才出现,其意是"公共利益",是一门实践的学问。正因为司法鉴定具有明显的司法性特征,商品交换的规则就不应该出现在司法鉴定领域。市场化与公益性是一对天生的矛盾体,而且无法调和。凡是公益性的行业都应该禁止市场化行为,否则就无法保证真正的公益属性。司法鉴定的公益属性是确保司法鉴定公平公正的基础和前提,这个属性确保了司法鉴定以司法公正为目标。司法鉴定的公益性主要体现在其社会效益上,司法鉴定公益性的变动必然导致胜诉权、诉讼目的和诉讼发展方面的损益,我国司法鉴定在经济利益和客观性、中立性方面面临着重重困境。对此,应该从鉴定规范化、监督常态化和回避制度化等方面入手,完善我国司法鉴定制度,并提高鉴定人员的专业素养和职业素质,以最终实现司法鉴定的理性化、服务化,为实现社会公平正义发挥应有的作用。

（三）规范性

司法鉴定的规范性是指鉴定人必须按照相应鉴定专业的标准、规范、要求开展鉴定工作,鉴定意见的出具必须要有规范性的依据。例如,在人体损伤程度的鉴定中,鉴定人必须依据《人体重伤鉴定标准》的相应条款,《人体重伤鉴定标准》就是损伤鉴定中的法定规范。司法鉴定的规范性使鉴定人不能随心所欲地进行鉴定,这也是对司法鉴定公正性的一种保障。而现阶段司法行政部门把大量根本不具备鉴定标准和规范的项目纳入司法鉴定管理,如医疗费合理性、医疗护理依赖程度、误工护理营养时限、医疗时限等评定,完全由鉴定人自由裁量,缺乏司法鉴定规范性。

有学者认为,以"科学性"来代替"规范性"作为司法鉴定的属性更加准确,其实不然。科学性是司法鉴定追求的目标,但目前司法鉴定的手段、技术、规范不一定就是科学的,有的甚至存在很大缺陷。比如《人体重伤鉴定标准》和《人体轻伤鉴定标准（试行）》就不完善,存在尚待改善的地方,如伤病并存的情况就缺乏相应的条文规定。从司法鉴定的角度来看,不能撇开规范性来追求科学性,在鉴定标准即规范没有修改完善前,鉴定人还必须要按照这并不科学的条文去鉴定。由此看出,规范性是司法鉴定的固有属性,鉴定人必须遵循。

（四）主观性

通常,语境中的主观是指人的一种思考方式,与"客观"相反。未经分析推算,下结论、决策和行为反应,暂时不能与持其他不同看法的人仔细商讨,称为主观。主观性是人区别于动物的本质特征之一。主观性与客观性相反,主观性以主体自身的需求为基础去看待客体、对待客体。虽然司法鉴定活动本身是根据科学原理或者特殊技能探究案件客观真实的活动,但鉴定中的观察、解释、评断却均是人的主观活动,鉴定意见作为证据使用,也恰恰是意见证据规则的一个例外。心理学的原理和规律已经表明人对客观事物的观察受到其固有的观念、情绪等心理因素的影响,从而使其观察带有选择性、倾向性。常见的对双关图的不同观察结论和疑邻偷斧现象都说明人的观察受到许多心理因素的影响,并不能做到完全的客观。而解释、评判环节受心理因素影响的可能性就更大了,特别是在评断标准未规范化的情况下,解释、评断活动更容易受到鉴定人主观因素的影响。正是基于此特征,经过司法鉴定而形成的鉴定意见并不一定是正确的,因而需要在法庭上接受当事人双方的质证。

## 二、司法鉴定的原则

原则是司法鉴定工作必须依据的准则。司法鉴定是指在诉讼活动中接受委托人鉴定委托,遵循法律规定的方式、方法、步骤,以及相关的规则和标准,对诉讼涉及的专门性问题运用科学技术或者专门知识进行鉴别和判断并提供鉴定意见的司法证明活动。司法鉴定原则是由司法鉴定的属性决定的,是司法鉴定立法的指导思想,也是设计司法鉴定权的配置,司法鉴定主体资格、权利、义务、责任,司法鉴定程序,司法鉴定意见审查等问题的重要理论依据。[①]

司法鉴定原则就是司法鉴定追求的目标,该目标不同于司法鉴定本身的属性,需要通过对司法鉴定体制的完善设计、司法鉴定机构和司法鉴定人的共同努力才能达成。司法鉴定的公平正义从来不是司法鉴定活动与生俱来的。关于司法鉴定原则,在我国地方性法规和部门规章中的表述不一,学界也有不同看法。有学者认为其中的"合法性原则、独立性原则、客观性原则、公正性原则"是普遍一致的,合称为"司法鉴定四原则";也有人提出司法鉴定制度改革应遵守"法治、科学、独立、公开"四原则。[②]"司法鉴定四原则"基本反映了司法鉴定应该追求的目标,但效率性原则也应该得到充分体现,缺乏效率,正是目前司法鉴定较为突出的问题。综上所述,司法鉴定应遵守五条基本原则。

### (一)合法性原则

合法性原则是我国依法治国方略在司法鉴定制度中的重要体现和运用。由于司法鉴定活动是鉴定人向委托人提供鉴定意见的一种服务,这种服务活动是涉及诉讼的专门活动,其行为本身就具有诉讼性、程序性、法律性。因此,司法鉴定必须遵循合法性原则。具体来说,司法鉴定合法性原则是指司法鉴定活动必须严格遵守国家法律、法规的规定。它是评判鉴定过程与结果是否合法和鉴定意见是否具备证据效力的前提。这一原则在立法和鉴定过程中主要体现为:鉴定主体合法,鉴定材料合法,鉴定程序合法,鉴定步骤、方法、标准合法,鉴定意见合法五个方面。

---

① 邹明理.侦查与鉴定热点问题研究[M].北京:中国检察出版社,2004:211-215.
② 樊崇义.司法鉴定制度改革应遵守的原则[J].中国司法鉴定,2003(4):6-7.

### 1.鉴定主体合法

司法鉴定机构必须是按法律、法规、部门规章规定,经过省级以上司法机关审批,取得司法鉴定实施权的法定鉴定机构,或按规定程序委托的特定鉴定机构。司法鉴定人必须是具备法定的条件,获得司法鉴定人职业资格和执业许可证的自然人。

### 2.鉴定材料合法

司法鉴定材料主要是指鉴定对象及其作为被比较的样本(样品)。鉴定对象必须是法律规定的案件中的专门性问题,法律未做规定的专门性问题不能作为司法鉴定对象。如我国现阶段尚未将司法心理测定(俗称测谎)、气味鉴别(警犬鉴定)等作为法定鉴定对象,其鉴定意见不能作为证据。而且鉴定材料的来源(含提取、保存、运送、监督等)必须符合相关法律规定的要求。

### 3.鉴定程序合法

鉴定程序合法主要指司法鉴定的提请、决定与委托、受理、实施、补充鉴定、重新鉴定、专家共同鉴定等各个环节必须符合诉讼法和其他相关法律法规和部门规章的规定。

### 4.鉴定步骤、方法、标准合法

鉴定的步骤、方法应当经过法律确认,是有效的,鉴定标准要符合国家法定标准或部门(行业)标准。

### 5.鉴定结果合法

鉴定结果的合法性,主要表现为司法鉴定文书的合法性。鉴定文书必须具备法律规定的文书格式和必备的各项内容,鉴定意见必须符合证据要求和法律规范。

### (二)独立性原则

独立性原则是指司法鉴定活动不受任何机关、团体、社会组织和个人的干扰,鉴定人应当根据鉴定规范的要求,对鉴定材料独立地做出科学判断,并出具鉴定意见。鉴定活动的独立性原则是鉴定意见客观、公正的保证。司法鉴定活动坚持独立性原则,是由科学技术自身的特殊性和鉴定意见的证据要求所决定的。从本质上讲,司法鉴定活动是鉴定人提供证据材料的活动,这种活动必须独立进行,才能有利于鉴定意见的客观性、科学性、真实性、公正性。鉴定活动的独立性是鉴定意见客观性和公正性的保证。司法鉴定活动的独立性原则主要体现在以下五个方面。

### 1.司法鉴定机构要相对独立

社会鉴定机构必须是独立的法人组织,侦查机关内设的鉴定机构应当与侦查业务部门分离。鉴定人的活动,包括鉴定方案的制订、鉴定活动的实施、鉴定意见的出具、鉴定人的出庭作证等必须独立进行,司法机关和鉴定机构负责人不得暗示或干预。

**2.鉴定人必须在鉴定机构执业**

鉴定机构负责鉴定的日常管理,对鉴定人的活动应提供必要的条件和保障,但不能干预鉴定意见,不能要求或暗示鉴定人出具某种意见。鉴定活动不受机关、团体、社会组织和个人的非法干扰,诉讼当事人干扰鉴定活动也要承担相应的法律责任。

**3.司法鉴定机构之间是平等、独立的,相互间无隶属关系**

司法鉴定机构之间的鉴定意见不相互制约和影响,无服从与被服从关系,当前有些地区对鉴定意见实行"复核鉴定"与"二鉴终局制"等做法均与独立性原则相抵触。

**4.实行鉴定人负责制**

鉴定人的活动应对鉴定意见承担法律责任,必须在鉴定书上签名或盖章。多人参加鉴定,对鉴定意见不一致的,应当在鉴定书上分别注明不同意见的人数及其理由。在鉴定过程中,任何机关、团体、社会组织和个人,不得非法干预鉴定人的活动。鉴定意见实行鉴定人负责制,不能以少数服从多数的办法强行统一。

**5.司法鉴定活动坚持独立性原则与依法接受法律监督两者并不矛盾**

两者是相互制约、相互促进的关系,其共同目的在于确保鉴定活动及其结果的客观性、公正性。我国许多司法鉴定法规、规章中,都有司法鉴定机构和司法鉴定人从事司法鉴定活动应当接受国家、社会、诉讼当事人、鉴定委托机关监督的规定。司法鉴定监督贯穿于鉴定活动的全过程,体现在各个方面,如对鉴定程序合法性的监督,对鉴定标准、鉴定文书规范性的监督,对鉴定人进行职业道德、执业纪律的监督等。

### (三)客观性原则

司法鉴定的任务是对涉及诉讼活动中有关专门性问题进行鉴别和判定,是对客观事实的再现或对客观事实的证实,必须坚持实事求是的态度,必须坚持唯物辩证法的世界观和方法论。只有坚持客观性原则,才能保证司法鉴定意见的真实性、全面性、科学性。司法鉴定的客观性是鉴定活动的生命。其根本要求,就是鉴定意见的真实性和全面性。如果鉴定意见是虚假的,鉴定活动就无客观性可言;如果鉴定意见具有片面性,说明鉴定活动客观性差。鉴定活动的客观性,主要体现在以下四个方面。

### 1.司法鉴定机构和鉴定人必须秉公办案,不徇私情

鉴定人不受案情、人情、私利、内外干扰等因素的影响偏离科学鉴定的轨道,这是做到客观鉴定的前提,也是坚持鉴定活动客观性的思想保证。

### 2.司法鉴定必须遵守法定程序

鉴定人自觉接受法律监督,这是坚持鉴定活动客观性的法律保证。违法鉴定,很难达到客观要求。

### 3.司法鉴定必须坚持科学方法和科学标准

鉴定材料的提取、收集、保存、复制等要符合科学要求;鉴定材料的数量、质量要符合规定的鉴定条件;鉴定的步骤要符合科学原则;鉴定的手段、方法要具备科学性、有效性、先进性;鉴定意见要符合科学标准;鉴定原理必须获得科学与法律的确认。鉴定意见不符合科学标准,就是没有科学性,就是最大的不客观、不真实。鉴定意见没有科学性,就是没有客观性可言。

### 4.鉴定意见要有充分的科学依据

鉴定意见科学依据不充分,表明其客观性不强。对于不符合科学标准的鉴定意见,即使对案件事实本身没有致命的影响,鉴定行为也是不客观的。

有的学者认为应该用"科学性原则"来代替"客观性原则"。人类对事物的认识是存在局限性的,现在被认为是科学的理论和技术可能随着人的认知发展而出现新的问题。因此,恩格斯在《反杜林论》中指出:"人的思维是至上的,同样又是不至上的,它的认识能力是无限的,同样又是有限的。"科学性只是鉴定过程中的一种目标追求,但司法鉴定本身并不具有天然的科学性,其理论和技术都可能存在认知上的局限,需要不断地发展完善。如毛发的显微结构检验曾经被认为是一种个体识别的科学方式,但在美国的"拯救无辜者"计划中,由毛发比对证据导致错误的定罪占 29%。[①] 因此,客观性和科学性是有区别的,客观性是司法鉴定的基本要求,只有做到客观性,才有可能保证科学性。

### (四)公正性原则

司法鉴定是诉讼活动中的一个环节,诉讼活动的公正性目标也应该体现在司法鉴定活动中。司法鉴定的公正性原则,体现在鉴定主体公正、程序公正和实体公正三个方面。

### 1.司法鉴定主体公正

主体公正是确保鉴定活动和鉴定意见公正性的关键,具体指保证司法鉴定机构和鉴定人的独立性和受理鉴定的中立性。对诉讼案件中司法鉴定的委托,

---

① Scheck B,Neufeld P,Dwyer J. Actual innocence[M]. New York:Doubleday Press,2000:166.

与有利害关系的双方当事人中的一方或者可能有利害关系的鉴定机构和鉴定人,承办单位应该将其排除在外。鉴定程序和实体的公正性必须通过鉴定主体去实施,若鉴定主体立场不中立,鉴定过程与结果都可能不公正。鉴定机构和鉴定人必须站在科学技术的立场上,不偏向诉讼主体的任何一方。这是受司法鉴定为诉讼活动提供鉴定意见——证据材料这一根本性质决定的。保证鉴定主体的公正性,才能提高鉴定结果的公信力。

### 2. 司法鉴定程序公正

程序公正,就是鉴定提请、鉴定决定与委托、鉴定受理、鉴定实施、补充鉴定、重新鉴定、专家共同鉴定、鉴定意见的质证等环节,在立法和司法两个层面都应当体现平等原则、合理原则,更多地保护诉讼当事人的合法权益。法学家贝勒斯曾经指出:"法律程序的内在目的是查明真相与解决争执。"[1]为了确保鉴定程序的公正,在立法环节上要设计一套公正、科学、有效的司法鉴定程序,在司法环节上要求司法鉴定过程中要严格执行、严格监督,不按法定程序实施而得出的鉴定意见在诉讼活动中应该予以排除。如在制定证据规则和鉴定法规中主张鉴定提请和鉴定决定与委托,实行同举证责任相一致原则,重新鉴定实行协商与限制性原则,鉴定活动实行监督原则,鉴定意见的法庭质证推行专家证人制度等都是程序公正的体现。

实行鉴定公开制度是保证鉴定程序公正的一个非常有效的手段。除涉及国家安全、案件侦查需要、商业秘密和法律规定的情况外,司法鉴定过程中依法应当公开的内容必须公开,主要表现在:①鉴定活动对当事人公开,鉴定活动包括公开鉴定机构和鉴定人名册、公开鉴定项目名称、公开鉴定收费标准、公开鉴定方法和程序、公开鉴定意见等;②鉴定意见公开,各种鉴定意见,必须在法庭上公开出示,接受控辩双方或原被告的质证;同时,鉴定人还要在法庭上公开说明鉴定的过程、根据、理由,并解答双方和法官提出的问题;③法律应当赋予诉讼各方提出补充鉴定和申请重新鉴定的权利,一要公开告知,二要在原鉴定意见公开之后进行,三要对补充鉴定、重新鉴定所做的结论再行公开;④各种鉴定意见要公开接受国家、社会、当事人、委托人及舆论界的监督。[2]

### 3. 司法鉴定实体公正

实体公正就是要确保鉴定意见的客观性、准确性、真实性,这是司法鉴定最大的公正,也是鉴定的目的所在。要做到实体公正,最主要的是要立法规范各类鉴定的步骤、方法,制定各类专门性问题的鉴定标准,严格按科学要求办事,克服

---

① 迈克尔·D.贝勒斯.法律的原则[M].张文显,等译,北京:中国大百科全书出版社,1996:37.

② 樊崇义.司法鉴定制度改革应遵守的原则[J].中国司法鉴定,2003(4):6-7.

不重视科学方法、不严格遵守鉴定标准的作风。在鉴定标准和规范的理解和把握上不搞双重标准,确保司法鉴定的严肃性,杜绝随意性、迎合性、反复性的鉴定意见。鉴定意见如果没有标准,科学上难以评断其是非,法律上就不能确定其真伪。没有科学标准的鉴定意见就没有公正性。

### (五)效率性原则

公正是司法鉴定制度应当关注的首要目标,但是这并不意味着司法鉴定就忽略了对效率的追求。根据法律的要求,司法鉴定需要在一定的时间内展开并对有关问题形成结论提交给法庭,这使得司法鉴定运作的结果可以在预期的期间内产生并阻止了诉讼周期的拖延和重复,从而提高司法的运作效率。之所以把效率性作为司法鉴定的基本原则,是考虑到效率性本身就是对司法鉴定的一个基本要求,而目前的制度和程序设计无法体现效率性原则,亟须改进。司法鉴定效率性主要通过以下三个方面实现。

#### 1.明确机构层级

鉴定机构之间尽管没有隶属关系,但有鉴定能力的优劣高下之分,这就是鉴定机构的层级。司法机关须根据案件所需的鉴定能力选择不同层级的鉴定机构进行委托,以提高司法效率。医疗机构互相之间也没什么隶属关系,但医疗机构有一整套评估体系,经过评估确定等级,开展大型、专门的手术和其他医疗行为必须与其资质相称。司法鉴定机构也必须建立一套评估体系,根据规模、人员、专业、设备、能力、信誉等因素进行综合评估,确定机构专业门类和等级,建立区域性的权威鉴定机构。《决定》规定鉴定机构之间没有资质区别,规模、人员、专业、设备、能力、信誉等差别根本不足以对鉴定机构的资质造成影响,这样的规定直接导致司法机关、诉讼当事人对鉴定主体资质认知的混乱,并造成鉴定委托的混乱,影响对司法鉴定意见的采信,最终影响了诉讼效率和司法效率。

#### 2.限定发起程序

在司法实践中,为便于诉讼活动的顺利进行,法律对诉讼程序进行了明确的规定,作为诉讼活动中一个重要环节的司法鉴定,其程序也应该有明确规定。而司法鉴定发起程序是司法鉴定实施的首要环节,也是影响鉴定效率的根本环节。对鉴定发起的案别、理由进行审核,对决定委托的机构资质、所属地域、鉴定次数做出限制,既保护诉讼当事人的合法权益,又防止诉讼权和鉴定发起权的滥用,做到公平和效率的有机结合。根据《决定》,目前司法鉴定委托不受地域限制、不受鉴定次数限制的规定,表面上是充分尊重了鉴定发起一方当事人的权益,实际上则严重扰乱了司法鉴定发起程序,导致多头鉴定频繁发生,不但严重浪费鉴定资源、影响诉讼效率,而且造成一个事实却有几份、十几份、几十份鉴定意见打架而无法采信的严重后果。

### 3.明确鉴定时限

鉴定时限不但影响鉴定效率,而且有可能直接影响鉴定结果;所以,明确鉴定时限对于保证司法鉴定的效率和公平都有着重要的意义。鉴定时限一是指事实发生到鉴定实施的时限。由于时间因素会导致一些鉴定对象、物证材料发生改变而影响鉴定结果,如提取的检材因未及时送检而造成其中的有效成分改变、挥发、变质,或者导致证据灭失,从而影响鉴定结果的准确性。二是指重新鉴定距离初次鉴定的时限。如伤情鉴定,经常由于鉴定时间的不同而导致伤情发生变化,造成不同鉴定机构由于鉴定时间的不同而出现不同鉴定意见的情况。三是指鉴定受理到出具鉴定文书的时限。要求鉴定人在受理鉴定事项后,在法定、约定的时限内做出鉴定意见并出具鉴定文书。根据鉴定项目、内容、难易的不同,完成鉴定的时限肯定会有所不同,应该事先予以约定。

# 第四章　专家证人制度的引入价值

当前社会中的各方利益所产生的矛盾越来越多,冲突也越来越复杂,现代诉讼中也不断出现形形色色的专门性问题,而这些问题的解决和调解,将会越来越多地依赖于诉讼活动。然而,对于诉讼活动中涉及的专门性知识,法官也难以下结论。司法鉴定的专业性太强,鉴定人出具一份鉴定意见需要综合运用专业理论和相关技术手段,只有科学的司法鉴定意见才能满足诉讼当事人对公正司法的需求。因此,构建新的有助于诉讼活动顺利进行的专家证人制度十分必要,这不仅是我国完善现有诉讼制度的客观要求,也是专家证人制度本身价值的内在属性使然。

专家证人在诉讼中的重要性日益凸显。在英美法系国家,专家证据制度在专家证人资格选任上的自由性和规定上的广泛性,使其在适用上具有实用、灵活的特点,其详细而完备的专家证据可采性规则,更是法官智慧的结晶与司法经验的积累。英美法系国家的专家证据制度和大陆法系的鉴定制度,在近些年的改革中已经呈现出共同的趋向,如启动程序的多样化、过错责任的严格化和庭审对抗的强化,这为完善我国的证据制度、准确适用新刑事诉讼法中有关专家证人的规定,以及充分发挥专家证据的作用开启了新的思路。

## 第一节　专家证人制度的司法价值

专家证人制度是在吸收英美法系的专家证人制度与大陆法系的技术顾问制度的基础上发展起来的,其本身的优越性使得它得以进入法律体系,实现司法价值。[①] 在司法适用中,公正、秩序、效率、利益是我国司法制度追求的基本价值。

司法是法治社会中核心的纠纷解决机制。从维护社会秩序的意义上说,司法的最基本功能是对社会纠纷进行裁决。同时,司法推动了社会公平正义理念

---

① 郝雅月.刑事专家辅助人制度研究[D].昆明:昆明理工大学,2017.

的确立,实现了法律价值的功能。司法的价值引领功能是以法院的判决为前提的,民众通过法院的判决,可以知晓什么行为是法律所鼓励与支持的,什么行为是法律所禁止的,通过法院对行为的支持或禁止,可以间接地反映出当今社会的公平正义观和社会道德观。因此,专家证人制度能够在我国司法实践中出现,自有其必要性和可行性。根据我国现有的司法鉴定制度,建立有中国特色的专家证人制度,有利于充分发挥专家证人的作用,保障当事人有效质证的权利,强化当事人主义,提高司法裁判的客观性和公正性。

## 一、专家证人制度是完善证据规则的"推进器"

### (一)完善证据规则

一个国家司法证据规则是否完善,日益成为其法治体系成熟与否的重要标准,不断发展完善证据规则的过程,就是社会从人治到法治的发展过程。在证据规则不断演进的历史过程中,有两次历史性的突破,在一定意义上标志着法制体系发生的重大变革。一次是由"神证"回归到"人证",让正义从"神灵"的手中回归到人类自己的手上;一次是从"人证"迈向"物证",这次变革使得法治精神和人权理念得以兴起和贯彻。比较这两次产生深远影响的证据规则的变革,可以发现它们都表现在证据获得认可的方法和种类上,而且都是社会生产力的发展推动科技整体上的突破。[①]

随着科学技术的进一步发展,人们运用科技手段研究证据,还原其本相的能力也随之增强,口供"证据之王"的地位就无可避免地让渡给更加客观的物证。重要的是物证技术之后的发展势不可当。因为我们身处的时代可以说是一个令人骄傲的智慧时代,人类以前所未有的能力来努力掌握自身的命运,地球上几乎再无不可踏足之禁区,这几乎注定了在不久的将来科学证据一定会成为新的"证据之王",而且即使在现阶段,科学证据在探究案件真相、指导定罪量刑的过程中也发挥着越来越重要的作用。[②]

科学证据在现阶段更多地表现为鉴定意见,因为它是由专业人员运用科学理论或者通过科技设备获取的结论。具体到诉讼程序中,法官或其他当事人,面对自己不了解的、从未涉足的领域时,会自然地认为专业人员通过专业手段获取的结论是正确的、无须质疑的。如果鉴定意见是正确的,那么这自然有助于快速地查明案件真相,从而对嫌疑人定罪量刑。但我们也不应该完全忽视这一证据规则背后隐藏的问题,最直接的就是相对于其他证据,科学证据或者说鉴定意

---

①② 郝雅月.刑事专家辅助人制度研究[D].昆明:昆明理工大学,2017.

见,如果在诉讼活动中忽略必要的质证过程,其产生的后果因刑事惩罚本身具有报复性则很可能是灾难性的。[①]

美国联邦调查局的相关报告显示,在西弗吉尼亚州,十多年以来,数百位专家证人一直采用一种错误的基因测试方法,直接导致其审判结果的错误,几百名被告被误判。

在国内,这样的情况也时有发生。随着刑侦手段和法律法规的不断进步与完善,越来越多的冤假错案得以昭雪。

## 案例 4-1

### 内蒙古呼格吉勒图奸杀案

1996 年 4 月 9 日,内蒙古呼和浩特市卷烟厂发生了一起强奸杀人案,警方认定 18 岁的呼格吉勒图是凶手,61 天后,法院判决呼格吉勒图死刑,并于 5 天后执行。2005 年,轰动一时的内蒙古系列强奸杀人案嫌疑人赵志红落网,其交代的第一起案件便是当年这起"4·9"杀人案。2014 年 11 月 20 日,呼格吉勒图案进入再审程序,再审不进行公开审理。2014 年 12 月 15 日,内蒙古自治区高院经再审判决宣告原审被告人呼格吉勒图无罪。2014 年 12 月 30 日,内蒙古高院依法做出国家赔偿决定:支付李三仁、尚爱云国家赔偿金共计 2059621.40 元。

呼格吉勒图案经内蒙古自治区高级人民法院改判后,有关机关和部门迅速启动追责程序,依法依规对呼格吉勒图错案负有责任的 27 人进行了追责。

2015 年 1 月,中共新华社党组决定,对在推动呼格吉勒图案重审中做出突出贡献的新华社内蒙古分社记者汤计予以表彰,记个人一等功。

## 案例 4-2

### 徐计彬强奸案

1991 年,邯郸市曲周县乡村教师徐计彬,因强奸罪名被判处有期徒刑 8 年,15 年后被宣判无罪。1990 年 12 月 3 日,徐计彬的邻居尚某某报案称自己在家中被人强奸,公安部门迅速介入展开调查。案发现场的被褥上留有精斑,法医鉴定结果显示,现场精斑化验血型为 B 型。2006 年年初,自感冤枉的徐计彬趁着

---

① 郝雅月.刑事专家辅助人制度研究[D].昆明:昆明理工大学,2017.

全省大接访的有利时机,向有关部门提出申诉。在律师的建议和帮助下,徐计彬到多家正规医院重新鉴定了血型,均爆出惊人结果:徐计彬的血型为 O 型。2006 年 7 月 28 日,曲周县人民法院判决徐计彬无罪。

## 聂树斌强奸杀人案

1994 年 8 月 5 日,河北省石家庄市西郊孔寨村附近发生一起强奸杀人案,聂树斌成为犯罪嫌疑人被抓,后经石家庄和河北省两级法院审判,被判死刑。2016 年 12 月 2 日,最高人民法院第二巡回法庭对原审被告人聂树斌故意杀人、强奸妇女再审案公开宣判,宣告撤销原审判决,改判聂树斌无罪。

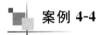

## 佘祥林杀妻案

1994 年年初,佘祥林的妻子张在玉突然失踪,久寻不到,张家开始怀疑是被佘祥林所杀。数月后,一村民在村头发现一具腐尸,张家人一口咬定死者就是张在玉。这样,佘祥林就成了第一杀人疑犯,不久就被公安机关抓捕。2005 年 3 月 28 日,被佘祥林"杀害"达 11 年之久的妻子突然现身,案件真相由此浮出水面。4 月 13 日,京山县人民法院经重新开庭审理,宣判佘祥林无罪。

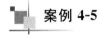

## 孙万刚强奸杀人案

1996 年 1 月 2 日晚,22 岁的陈兴会(当时是云南财贸学院会计专业二年级学生,巧家籍)在巧家县城郊红卫山一块草地上遭人奸淫后被勒昏,被刀割开颈部死亡。1996 年 9 月 20 日,孙万刚因涉嫌强奸、杀害女友陈兴会,被昭通市中级人民法院判处死刑。孙及其家人此后不断申诉。2004 年 1 月 15 日,云南省高级人民法院认为原判"证据不足",最终认定孙万刚无罪。

### 案例 4-6

## 赵作海杀人案

2003 年 5 月 9 日,商丘市 58 岁的赵作海因涉嫌杀害同村村民赵振晌被当地公安刑拘。在被超期羁押三年半后,商丘市中级人民法院一审认定赵作海犯故意杀人罪,判处死刑,缓期两年执行。2010 年 4 月 30 日,"被杀害"多年的赵振晌突然出现在村里,和湖北佘祥林案情节几乎完全一致,"死人"复活令赵作海得以昭雪。

### 案例 4-7

## 于英生杀妻案

2013 年 8 月 13 日,因"故意杀人罪"失去人身自由近 17 年的于英生,被安徽省高级人民法院再审宣告无罪释放。冤狱始发于 1996 年 12 月 2 日上午,于英生的妻子韩露在家中遇害身亡。

### 案例 4-8

## 念斌投毒案

2006 年 7 月 27 日夜,福建省平潭县澳前村 17 号两户居民家中多人出现中毒症状,其中两人经抢救无效死亡。警方经过侦查,很快确定是人为投入氟乙酸盐鼠药所致,认为其邻居念斌有重大作案嫌疑。随后,念斌被逮捕,提起公诉。后该案历时 8 年 10 次开庭审判,4 次被判处死刑立即执行。2010 年 10 月最高人民法院以"事实不清、证据不足"发出不核准死刑的裁定书,并撤销原判发回福建省高院重审。2011 年 5 月 5 日,福建省高院也撤销了福州市中级人民法院对念斌的死刑判决,该案件发回福州市中院重新审判。2011 年 9 月 7 日,该案在福州市中院再次开庭审理,再次对念斌判处死刑,剥夺政治权利终身。2014 年 8 月 22 日,福建省高院做出终审判决:一、撤销福州市中级人民法院(2011)榕刑初字第 104 号刑事附带民事判决;二、上诉人念斌无罪;三、上诉人念斌不承担民事赔偿责任。

从上面的案例我们可以看出,错误审判的根源,在很大程度上是因为缺乏科学证据。而法官或者当事人面对高度专业的意见,往往会下意识地认为通过科学方法得出的结论都是值得信任的,可以直接采信。作为一种人为的意见,不论取得的过程如何客观、严谨,都会面对技术变化而发生改变,而鉴定人作为专业人士,其业务素质能否紧跟科技的发展变化,专业设备能否及时更新,是有待商榷的。因此,鉴定意见的客观性和准确性也难以完全保证。①

上述案件提示办案人员:对于鉴定意见要持正确态度,既要相信科学,尊重鉴定人的专业知识,又不能盲目轻信,过分依赖鉴定意见。鉴定人不是"科学法官",鉴定意见不是"科学判决",鉴定意见只是证据的一种。对案件中的专门性问题需要鉴定时,在没有法定司法鉴定机构情况下,可以指派或聘请专家证人进行检验,形成检验报告,但对检验报告更须严格审查。

按照目前法律的定义,专家证人是具有专门知识的人,往往也是其自身领域的权威,能够在庭审中以专业知识对案件所涉及的专门性问题进行解释说明,或者把涉案的一些专门性问题用简单易懂的方式做出解释,使法官及相关当事人能够更好地理解。专家证人由于能够针对鉴定意见提出专业意见,甚至能够直接就专业问题向鉴定人提出询问,从而能够解决法官和当事人在面对一些专门性问题时的困惑,避免了对鉴定意见的盲目采用。②

虽然我国《刑事诉讼法》第一百八十九条规定了可以由审判人员和当事人对鉴定人进行询问,但由于审判人员和当事人缺乏对鉴定内容的专业知识,从而不能对鉴定意见进行有效的质证,往往使得对鉴定意见的质证流于形式,影响案件最终的公正裁判。而专家证人凭借其在各自领域的权威地位,以及对专业知识的掌握,可以有效打破某些复杂专业问题在法官及当事人之间产生的壁垒。同时就程序正义而言,通过专家证人的帮助,当事人也能够更加有效地对鉴定意见进行质证,使得当事人可以充分行使自己的诉权,也有助于当事人更好地接受判决,达到判决定纷止争的效果。③

(二)实现司法公正

古往今来,正义一直是人类孜孜以求的终极目标。在各种法律程序中,查明事实真相是司法活动的重要部分。中国法律界已经注意到,裁判结果离不开事实真相的探求,但这并不是唯一的目标。事实真相不仅需要探求,而且需要以正当化的程序和方式展现。司法公正的实现并非一帆风顺,会遭遇各种艰难险阻。实践证明,缺乏正当的司法程序,司法活动极容易偏离正确的轨道,落入非正义

---

①②③　郝雅月.刑事专家辅助人制度研究[D].昆明:昆明理工大学,2017.

的旋涡。为了加强司法程序的可控性和正当性,必须设置一些安全控制机制。其中,专家证人制度就是实现司法公正的重要"安全阀"。①

**1.确保审判人员的中立性,帮助审判人员兼听则明**

在现代司法中,法官相对消极、被动,处于中立裁判者的角色。在此背景下,实质性的法庭调查意义重大,直接决定着法官能否做到"兼听则明"。②

司法鉴定的工具性价值在于查明案件事实,实现司法正义。比如,诉讼活动中如果当事人双方不能进行有效的质证,就难以使法庭调查实质化,法官也就很难从流于形式的庭审中发现有价值的信息。更为重要的是,鉴定意见被视为科学的证据,已经成为解决诉讼活动中专业性问题的重要工具。

法官对案件的审理需要就案件所涉及的问题进行裁断,但是这种裁断必须建立在一定事实的基础上,法官不可能完全脱离事实而就案件做出判断。因此,当司法鉴定在诉讼过程中得以运作,并对案件的专门性问题做出认定后,实际上就是为法官的裁断提供了一个相对确定的技术支撑。司法鉴定一旦启动,其倾向性选择即不可避免。在很多情况下,法官视鉴定意见为各种诉讼活动中必须适用的证据。如果法庭上仅重视鉴定意见,就很有可能使得法官偏向某一方的主张而难以兼顾另一方的意见。从此意义上讲,引入专家证人制度可以有效帮助审判人员"兼听则明"。③

2002 年起施行的最高人民法院《关于民事诉讼证据的若干规定》第六十一条就已经对当事人申请具有专门知识的人出庭,就案件的专门性问题进行说明的制度进行了规定。根据该规定,"具有专门知识的人"出庭涵盖了四方面的作用:就案件的专门性问题进行说明、接受询问、对质、询问鉴定人。2009 年 12 月 23 日《最高法公布对网民 31 个意见建议答复情况》中第十七点"关于知识产权审判中技术事实认定的问题",概括了四类可以帮助解决专业技术事实认定问题的人员,并指出"最高人民法院十分强调要注重发挥专家证人的作用,积极鼓励和支持当事人聘请专家证人出庭说明专门性问题,并促使当事人及其聘请专家进行充分有效的对质,更好地帮助认定专业技术事实"④。

通过建立专家证人制度,让专家证人参与到诉讼活动中来,以当事人的立场辅助其审查鉴定意见,完成对鉴定意见的质证,是因为该制度在质证过程中的对抗性及灵活性恰恰能够在一定程度上弥补现行有关制度的不足,包括鉴定人制度存在的不足。

---

①② 郝雅月.刑事专家辅助人制度研究[D].昆明:昆明理工大学,2017.

③④ 尚华.论质证[M].北京:中国政法大学出版社,2013:11.

**2.专家证人的参与是程序公正的重要内容,也是司法公正的重要组成部分**

程序公正最主要的原则就是民主与公开,只有做到这两点,程序公正才有保障。

专家证人在诉讼中的作用主要有两点。第一,就案件的专门性问题进行说明并接受问询或对质。一方面,当事人可以聘请专家证人对案件的专门性问题进行说明,帮助法官、其他诉讼参与人理解问题,澄清不当的认识;另一方面,审判人员和当事人可以对出庭的专家证人进行询问。经人民法院准许,当事人各自聘请的专家证人可以就案件中的某些问题进行对质。第二,诉讼各方可以对案件的专门性问题进行询问。一方面,审判人员和当事人可以对出庭的专家证人进行询问。另一方面,专家证人也可以帮助当事人对鉴定人进行询问。①

在现行立法规定的鉴定制度没有改变的情况下,专家证人制度的创建提高了当事人对专门性问题判断的参与性,可以避免法官介入当事人的纷争而保持必要的独立性,对于查明事实真相和保证诉讼过程的客观公正具有重要的作用。在专家证人制度中,双方当事人的平等地位决定了当事人的自主性是非常高的,专家证人的选任、召唤等都是由当事人自主决定的,不受他人影响。在专家证人的工作过程中,当事人也可以随时参与,如果专家证人达不到当事人的要求可随时解除任用。这种当事人的自主性主要体现了司法过程中的民主性,双方当事人都有平等的权利,可以平等地决定事由是程序公正的一个重要体现。专家证人制度的公开性也是非常透明的,从庭前质证,公开事实信息、研究过程及意见,到交叉询问、开示,接受各方的询问,一个专家证人意见的形成从头到尾都是透明的,可以相应减少虚假作证的空间。②

建立专家证人制度,最主要的方面就体现在其程序上的完善,追求专家证人证词的可靠性,本质的问题不在于专家证人专业素质的高低,也不在于事实信息的全面与否和研究方法的妥当与否,而在于这个专家证人意见是否被法官所认可,如何消除法官对专家证人所提意见真实性的疑虑,是建立专家证人制度的目的。仅仅依靠专家证人的道德素养当然是不可行的,建立一个完善的程序,让法官对经过此程序的所有专家证人的意见都有较高的信任度,才是实现程序公正的正确途径。

## 二、专家证人制度是实现有效质证的"平衡器"

公平和正义是我国诉讼法追求的目标,然而,在职权主义诉讼模式下,在很长一段时间内,我国司法鉴定都由司法机关依职权进行或聘请专业的鉴定机构

---

①② 崔伟.专家证人制度研究[D].济南:山东大学,2014.

进行,并且享有完整意义上的启动司法鉴定的主动权。新《刑事诉讼法》修订前,被告和辩护人不仅没有申请和参与司法鉴定的权利,也没有能力对鉴定机构做出的鉴定意见进行有效质证。基于此,在诉讼专业知识方面,司法机关处于绝对优势地位,辩护人明显处于劣势地位。由于辩护人无法参与司法鉴定并对其实行监督,鉴定活动的公开透明度大打折扣,而且法官和辩护人均因缺乏相关专业知识,所以对这种看似科学但实际可能有瑕疵的鉴定意见只能被动接受而无力反驳,这就造成了控辩双方的力量不平衡。实现专家证人制度后,辩护人知识和经验上的缺陷会得到填补,使其对专业问题的理解能力大大提高,并且能够在专家证人的帮助下对鉴定意见提出有效的质证,从而改善辩护人在庭审中的弱势地位。辩护人的质疑权、质证权和询问权通过专家证人的帮助得到实现,庭审对抗性得到强化,控辩双方的对抗力量和法律地位也得到平衡。①

在相当长的时间里,我国刑事司法制度的价值定位偏重于打击犯罪,鉴定作为侦查机关的重要侦查手段,处于被垄断的状态,而犯罪嫌疑人、被告人在从鉴定启动到得出鉴定意见这一过程中一直处于极其被动的地位。这样的制度设计使当事人履行举证责任受到了阻碍,在鉴定意见面前被迫承担不利的后果。随着国家法律的健全和人权保障观念的增强,原有制度的价值定位也发生了转变,开始从一元的价值定位转向多元平衡的价值定位。

2013年实施的《刑事诉讼法》弥补了原有制度的缺陷,标志着刑事诉讼目的发生了重大转变,在现行的鉴定制度无法解决一些专门性问题的情况下,诉讼当事人可以聘请专家证人出庭质证,并就专门性问题给出专家的意见,从而协助自己履行举证责任,为行使合法权利提供保障。专家证人的意见可以说是对鉴定意见的挑战,鉴定意见和专家证人意见的针锋相对,这种科学性、专业性的对抗,也是帮助法官认识专门性问题的过程。在这一过程中,既解决了以往鉴定人不出庭、庭审流于形式的问题,又能够对法官认定证据、实现庭审实质化起到积极的推动作用。②

证据质证是法庭审理阶段中的重要环节,关系到案件证据的认定。在诉讼过程中,由法律允许的质证主体借助各种证据方法,通过询问、辨认、质疑、说明、解释、说明、辩驳当事人提供的各种证据而对法官的内心确信形成特定证明力,这一诉讼活动形成的意见即为质证意见。③

如何避免证据被任意采纳为定案根据,如何为证据转化为定案根据设定必要的条件,属于证据法所要解决的头号问题。从动态的角度考虑,质证就是解决这一问题的最佳答案。因为,根据我国诉讼法和相关司法解释的规定,质证是庭

---

①②③　李学军,朱梦妮.专家辅助人制度研析[J].中国检察官,2015,1(11):147-163.

审的基本环节,是各种证据转化为定案根据的必经程序。而具体到诉讼中的专门性问题,无论是鉴定人根据科学原理、采用科学方法、借助科学仪器设备进行检验后得出的鉴定意见,还是其他专业人士通过经验判断、推理论证以分析报告和业务说明等形式给出的书证或其他证据,都不过是具有专门知识的专家对涉案的专门性问题的一种主观看法、评判或推断,绝非必然正确、毋庸置疑的唯一定论。所以,本质为专家意见而具体表现为鉴定意见、分析报告、检测报告及其他专家意见的这些证据,不过是普通证据,对其证明价值的肯定和利用,同样要以审查判断为基础,要经过质证程序的过滤或评判。

但是,这些鉴定意见和其他专家意见涉及的专业知识,使围绕鉴定意见展开的质证活动存在重重屏障。当事人及其诉讼代理人、辩护人在质证时,常因专业知识所限只能就这些鉴定意见或其他专家意见问几个不痛不痒的问题。这种"隔靴搔痒"般的提问,"聊胜于无"的回答,难以触及鉴定意见或其他专家意见的形成依据、科学原理、技术方法,以及具体的可能左右专家意见的环节或处理过程等实质性问题,所谓的质证也就在所难免被架空。由专家证人对相关鉴定意见进行质疑与询问,可以解决质证虚化的现象,对强化和实现质证权有着重要意义。[1]

质证不仅原本就是庭审的必要环节,而且也是当事人诉权的基本内容之一。从司法制度设计的初衷考虑,质证不仅是当事人有效维护自身权益的保证,也是实现程序正义的重要标志。在诉讼的过程中,专家证人的意见,一是可以减少"重新鉴定、补充鉴定"的现象,二是可以使法官更好地查明案件,当事人彻底地消除疑虑。同时,专家证人是当事人自行委托产生的,即使专家证人的意见偏向于鉴定意见时,当事人会出于对专家证人的信任而接受鉴定意见。可见,专家证人参与诉讼活动,使当事人可以借助专家参与质证,接受法官基于鉴定意见做出的事实认定和最终判决,打消当事人因对鉴定意见不信任而导致的对司法公正的质疑,使鉴定意见可以真正帮助法官查明案件事实,使判决结果更科学准确。[2]

### 三、专家证人制度是审核证据真实性的"检验器"

对案件事实及其认定,一直都是国内外学者关注的重点问题。罗尔斯曾经指出:"正义是社会制度的首要价值,就像真理是思想体系的首要价值一样。"思想体系的真理性不仅体现在其逻辑的一致性方面,而且还取决于实践的检验,实践是检验思想体系的真理性的标准;同样,社会的公平正义不仅有赖于社会制度结构的合理性,而且取决于制度结构的各个组成部分现实运作的公正性。其中,

---

① 周洁.刑事诉讼专家证人出庭作证制度研究[D].长沙:湖南师范大学,2015.
② 郭小军.从专家证人到专家辅助人[N].中国知识产权报,2015-12-9(6).

司法裁判的公正性是反映社会正义的最重要指标之一,而司法裁判的公正性首先是建立在客观公正地认定裁判事实的基础之上的。

德沃金认为:"至少从原则上讲,诉讼总会引起三种争论:关于事实的争论,关于法律的争论,以及关于政治道德和忠实的双重争论。首要的问题是,发生的是什么事?"张保生教授指出:"事实是证据法的逻辑起点,不弄清楚什么是事实,我们就可能搞不懂什么是证据;同样,如果我们不弄清楚什么是事实认定,我们就可能搞不懂什么是证明。"因此,研究诉讼证据和证明问题,首先应当从案件事实及其认定入手。司法判决应当基于案件的事实真相,这已经成为证据法的基本要求。人们为了发现事实真相,采用了多种方法,从神明裁判到法定证明再到自由证明,每一步都是对真相的追求。其中,质疑在事实认定中扮演着不可或缺的角色,没有经过质疑的证据材料难以确保其客观真实性。

实践证明,专家证人出庭作证除了能够增强当事人双方在庭审中对抗与辩论的激烈程度,由此为法官提供更加丰富和多样化的信息来帮助其做出正确合理的裁决,而且也能够弥补法官知识结构的缺陷。比如伪造签名的鉴定、工程质量的鉴定等,仅仅依靠法官个人知识和经验是不够的,必须引入拥有丰富知识和经验的专家、学者和业界人士,才能对关键的争议点做出科学、合理的,当事人双方共同认可、共同接受的结论,并使法官正确认定案件事实,由此做出正确合理的审判。这是专家证人出庭作证制度的核心价值所在,同时也是其在诉讼过程中必不可少的重要原因之一。①

当然,专家证人提供的意见不具有必然的真实性,法官仍需要对其意见做出判断,如何让法官信任专家证人并采纳其意见,又成了一个极大的问题。面对这样的情况,专家证人制度在历史发展中形成了一些评判方式。比如弗莱伊规则,最早引发这个问题的,是1923年的"弗莱伊诉合众国"案。该案的被告人弗莱伊,被诉二级谋杀罪,一审被判有罪,遂上诉至巡回上诉法院。而辩护律师提供了一项无罪证据:一份测谎试验结论。1921年,念了生理学博士又当了警察的约翰·奥古斯都·拉森(John Augustus Larson),发明了"多参数记录仪",即常说的测谎器。其基本原理是,认为当人说谎时血压、脉搏、皮肤导电率(与出汗有关)等参数会有明显变化,测到这种异常就可以判定某人在撒谎了。又如多伯特规则,源于"多伯特诉梅丽尔-陶氏药业公司"案。这个案件的起因,是因为一名叫多伯特的幼儿,出生时就有严重的身体缺陷,其父母怀疑,这和其母孕期中服用过一种叫本涤汀的抗过敏药物有关。于是,多伯特的父母与另一位症状类似的患儿父母,一起将该药物的生产商告上了法院,要求生产商赔偿损失。显然,该案最核心

① 赵小刚.建立专家证人制度势在必行[N].检察日报,2007-02-27(3).

的争议,就在于本涤汀到底是不是导致原告先天缺陷的主要原因。被告方请来了一位专家证人——时任国家健康统计中心研究员的拉姆(Lamm)博士。拉姆博士证明,在对全美范围内累计 13 万例服用者的追踪研究中,并未发现本涤汀会导致新生儿出现先天缺陷的必然性。因此,原告的损失与被告无关。而原告方也请来了阵容强大的专家证人团,如美国食药监局(FDA)的顾问萨那·斯万(Shanna Swan)博士等 8 位医药专家。他们则证明,在多项体外细胞和动物体内实验中,本涤汀都显示出了较强的致畸作用。双方专家证人出现了两种截然相反的意见,法庭该听谁的? 对此,加州高等法院裁定:原告一方的专家证言,只能证明本涤汀在体外实验、动物实验中具有致畸的风险;但当时毒理学界认可的主流观点却是:动物和人之间存在种属差异,动物实验的结果不能直接外推至人类;体外实验的结果也不能等同于体内实验。而原告一方并未拿出足以推翻主流观点的证据,所以法庭对其证言不予认可。而被告一方的专家证言,则是基于流行病学的研究和统计结果,其研究结果经过了同行评审和公开发表,所以达到了"同行普遍接受"的弗莱伊标准,法庭予以采信。因此,对原告的各项诉求,不予支持。随后,多伯特的父母上诉至第九巡回法庭,也因弗莱伊标准被判败诉。1992 年,官司打到了美国最高法院。根据《美国联邦证据规则》第七百零二条的规定,专家证言必须有三个基础:该证言基于充分的事实和资料;该证言由可靠的原理和方法推论而来;该证人已经将上述方法可靠地用于本案事实。

虽然以上几种方式并非完美,但是相对于其他标准来说还是比较先进的。这些方式都为法庭判断证据的真实可靠提供了标准,协助法官对专家证人意见的真实可靠性做出判断。完善的可采性判断标准给法官带来了极大的便利,能够使法官更方便地审查专家证据的可靠性,帮助法官提高对证据判断的准确率,从而提高法官正确判决的数量。[①]

当前,我国刑事诉讼中的专家证人在出庭作证时具有明显的自由性,当事人、辩护人、公诉人、诉讼代理人均可向法庭申请合格的专家证人出庭作证,对案件中的部分内容或者是前期的鉴定结果发表意见,充分尊重了各方的发言权。这在诉讼程序上保障了当事人充分行使自身的诉讼抗辩权,无论是原告,还是被告,都可以有效行使询问权、质疑权、辩护权、质证权等。从整体上来说,这极大地平衡了控辩双方在诉讼活动中的地位,促进了实体正义,是对我国"司法民主、司法公平、司法正义"的一种践行,更是我国司法进步的一种体现。[②]

---

①② 龚喜. 论我国专家证人制度的确立[D]. 长沙:中南大学,2009.

## 第二节 建立专家证人制度的必要性

### 一、专家证人制度的现状

#### (一)专家证人制度的立法基础

在我国,专家证人最早出现在民事诉讼和行政诉讼中。2001 年 12 月通过的《最高人民法院关于民事诉讼证据的若干规定》(以下简称《民事诉讼证据规定》),是我国第一部较为系统地对民事诉讼证据问题做出规定的司法解释,其中第六十一条规定:"当事人可以向人民法院申请由一至二名具有专门知识的人员出庭就案件的专门性问题进行说明。人民法院准许其申请的,有关费用由提出申请的当事人负担。审判人员和当事人可以对出庭的具有专门知识的人员进行询问。经人民法院准许,可以由当事人各自申请的具有专门知识的人员就有关案件中的问题进行对质。具有专门知识的人员可以对鉴定人进行询问。"

最高人民法院 2002 年颁布的《关于行政诉讼证据若干问题的规定》(以下简称《行政诉讼证据规定》)第四十八条规定:"对被诉具体行政行为涉及的专门性问题,当事人可以向法庭申请由专业人员出庭进行说明,法庭也可以通知专业人员出庭说明。必要时,法庭可以组织专业人员进行对质。当事人对出庭的专业人员是否具备相应专业知识、学历、资历等专业资格有异议的,可以进行询问。由法庭决定其是否可以作为专业人员出庭。专业人员可以对鉴定人进行询问。"这里所指的"专业人员",也就是学界所称的"专家证人"。

这两个司法解释明确了在诉讼中可以引入专家证人,并且专家证人可以对鉴定人就案件的专业问题进行质询,为鉴定意见在庭审中接受质证提供了可能。虽然只是以司法解释的形式出现,但这是我国诉讼法中有关证据制度的重大突破,为诉讼活动中引入专家证人提供了法律依据。

2012 年修订的《民事诉讼法》和《刑事诉讼法》将"有专门知识的人"正式写入了法条,使三大诉讼法引入"有专门知识的人"得到了统一。从最早的《民事诉讼证据规定》提出了"有专门知识的人",到《行政诉讼证据规定》提出了"专业人员",再到《刑事诉讼法》修正案增加的"有专门知识的人",以及随后的《民事诉讼法》修正案中做出的相关规定,从这种法律规定的趋势可以看出,"有专门知识的人"出现在立法中不是一蹴而就的,而是循序渐进的,专家证人由此作为一种新的诉讼参与人进入人们的视野。尽管该规定相对比较简单,但根据现有法律法规的规定,专家可以利用其掌握的专业知识及实践经验,在法庭上参与质证,这是对我国现行法律制度的有效补充和完善:一方面,可以有效弥补现行鉴定制度中存在的问题和不足,强化当事人的对质权,实现有效质证,为法官认定证据、科学裁判提供坚强保障;另一方面,这项制度既能在程序上吸收当事人的不满情绪,又能充分保障公民的合法权利,对于庭审程序和证据法均具有重要影响,对践行依法治国理念、实现多元诉讼也具有极为重要的意义。

(二)专家证人制度研究现状

尽管《刑事诉讼法》和《民事诉讼法》中加入了"有专门知识的人"的概念,即专家证人的概念,但专家证人制度还是存在立法上的模糊和配套制度不足等问题,学界对专家证人制度的研究也存在着诸多争议和困惑。

第一,从专家意见的法律属性来看,我国新《刑事诉讼法》对专家证人发表的见解和提出的意见是否可以作为证据这一问题未做出规定,在司法实践中导致审判人员和当事人对这一问题存在不同的认识,造成了在具体适用中的分歧和困难。对此,一部分学者认为专家意见是具有法律效力的,如龙宗智、苏云在《刑事诉讼法修改如何调整证据制度》一文中提出,被法庭通知出庭的"有专门知识的人"是作为证人出庭,而不是协助质证的"专家辅助人",因此应当允许其发表独立的专业意见,并且将该种意见作为定案的依据之一。但也有一部分学者持不同观点,认为专家意见不属于证据,既不是一种法定证据,也不是重新做出的鉴定意见,因而不会成为定案的依据,只有对与案件有关的专业知识事实的陈述、分析和推理内容才具有证据属性。[①]

第二,从专家证人制度的功能来看,专家证人的重要性在学界已有共识。设立专家证人制度反映了我国诉讼实践的客观需要,这一制度的确立有利于解决诉讼实践中存在的一个案件多头鉴定、反复鉴定、重复鉴定,以及对鉴定意见过分依赖的问题,对实现控辩双方平等对抗、更好地对鉴定意见进行审查、发现案件的事实真相均有十分重要的意义。在刑事诉讼中专家证人可以提高公诉人、当事人和辩护人、诉讼代理人参与诉讼的能力,弥补他们专业知识的不足,增强对鉴定意见质证的能力,有利于诉讼效率的提高。[②]

第三,从专家证人制度的完善来看,学者也有各自的观点。有学者认为应该从建构专家证人制度的客观必要性、法律属性、资格限定、可以接受专家证人帮助的主体范围、专家证人参与诉讼的时间,以及参与诉讼活动的法律后果和法律责任等六个方面着手进行。也有学者提出应从如何完善专家证人制度入手,即

---

①②　郝雅月.刑事专家辅助人制度研究[D].昆明:昆明理工大学,2017.

对其资格进行必要的限制和建立庭前证据开示制度。[①]

第四,从专家证人的诉讼地位来看,一部分学者认为,专家证人应当作为独立的诉讼参与人,虽然与证人、鉴定人、诉讼代理人等传统的诉讼参与人有着类似的功用,但也和这些诉讼参与人有着本质上的区别,应该具有独立的诉讼地位。也有部分学者认为,专家证人是具备证人身份的,从司法公正的角度上来看,应当赋予诉讼双方当事人聘请专家证人的权利,从而抑制审判方在司法鉴定上的专断,并且,上述专家证人在法律上的地位不是鉴定人,而是证人身份。[②]

综上所述,我国专家证人制度在理论和适用中还存在着诸多问题,急需梳理总结当前专家证人制度存在的问题及原因,结合相关司法实践,提出完善专家证人制度的建构模式,为相关部门进一步完善立法、健全各种配套制度提供一定的借鉴,从而保障专家证人制度在司法实践中发挥积极的作用。

## 二、司法鉴定制度现状

2005 年 2 月,全国人大常委会通过的《关于司法鉴定管理问题的决定》(以下简称《决定》),是我国最主要的司法鉴定法律文件。《决定》第三条规定,司法行政部门对司法鉴定的管理是代表国家履行法定职责:第一,制定统一的准入管理规范,即司法鉴定机构、司法鉴定人实行统一的准入条件、准入程序;第二,设置统一的名册管理规范,主要包括审核登记名册编制等;第三,建立统一的执业活动监督管理规范,如司法鉴定人责任制、出庭制、回避制等;第四,制定和实行统一的权利义务规范、技术规范和违规处罚规则。随着时代和法治的发展,司法鉴定人的执业活动将逐步得到规范、完善,我国的司法鉴定制度将纳入规范化、科学化的发展轨道上去。[③]

2013 年 1 月 1 日起实施的新《刑事诉讼法》和《民事诉讼法》对司法鉴定问题做了几处修改:将“鉴定结论”改为“鉴定意见”;确立了生物样本采集制度和鉴定人的出庭标准;对强制鉴定人出庭作证制度做出具体规定,并增设“有专门知识的人”参与诉讼活动制度。《刑事诉讼法》还增加了对鉴定人人身安全保护的有关规定。通过建立统一的司法鉴定管理规范,强调司法鉴定机构在诉讼活动中的中立地位,加强司法鉴定人在诉讼中的公正性和独立性,以利于保证司法鉴定程序的公平正义,以及司法鉴定执业活动的科学、公正、客观。[④]

---

①②　郝雅月.刑事专家辅助人制度研究[D].昆明:昆明理工大学,2017.

③　潘琳.论专家证人制度及其借鉴意义[D].北京:中国政法大学,2013.

④　杨清萍.刑事诉讼专家辅助人制度研究[D].成都:四川省社会科学院,2013.

（一）将"鉴定人"替代"鉴定部门"

新《刑事诉讼法》和《民事诉讼法》的一大变化是只留下"鉴定人"，删掉"鉴定部门"，确立我国的鉴定主体只能是自然人。修订前的三大诉讼法，只有《刑事诉讼法》在规定鉴定机构具有鉴定人资格的同时，也承认自然人具有鉴定人的地位，《民事诉讼法》和《行政诉讼法》都只规定了鉴定机构有鉴定人的资格。因此，审查鉴定资格时也只涉及鉴定机构，一般不审查机构内部的鉴定人员是否具有相应的鉴定能力。修订后的新《民事诉讼法》首次将"鉴定部门"修订为"鉴定人"，确立了民事诉讼中鉴定人的主体资格，明确规定鉴定人对鉴定意见承担责任。这一修订不仅对强化鉴定主体的法律责任有着至关重要的意义，可以防止各种非鉴定人做出的鉴定意见流入法庭，同时严格规范了鉴定意见证据的庭前审查标准：只有具备鉴定资格的人做出的鉴定意见才是合法的证据，这样做也使得强制鉴定人出庭作证成了可能。①

（二）将"鉴定意见"替代"鉴定结论"

《关于司法鉴定管理问题的决定》中提出，司法鉴定是指在诉讼活动中鉴定人运用科学技术或者专门知识对诉讼涉及的专门性问题进行鉴别和判断并提供鉴定意见的活动。因为鉴定结果只是鉴定人个人的认识和判断，表达的也只是鉴定人的个人意见，对整个案件来说，这些意见只是诸多证据中的一种（如果被审判人员采信的话），所以，用"鉴定意见"来表示更为恰当，有利于摆正这类证据在诉讼中的位置。②

2012 年 3 月 14 日，第十一届全国人民代表大会第五次会议通过了《关于修改〈中华人民共和国刑事诉讼法〉的决定》，修改后的《刑事诉讼法》第一百四十五条规定：鉴定人进行鉴定后，应当写出鉴定意见，并且签名。鉴定人故意作虚假鉴定的，应当承担法律责任。这是在旧《刑事诉讼法》第一百二十条基础上修改而形成的，将"鉴定结论"修改为"鉴定意见"。在旧《刑事诉讼法》的其他章节中表述为"鉴定结论"的，在新刑诉法中全部修改为"鉴定意见"，这样表述更科学、准确，也更符合鉴定活动的本质特征。

鉴定是在诉讼中运用专门知识或技能，对某些专门性问题进行检验、分析后所做出的科学判断。进行这种鉴定活动的专业人员，称为鉴定人。鉴定人对案件中需要解决的专门性问题进行鉴定后所发表的意见，称为鉴定意见。鉴定意见的特点：鉴定人不是直接或者间接感知案件情况的人，鉴定意见不同于证人证言，也不同于被告人口供和被害人陈述。鉴定人是鉴定机关的专业技术人员，是

---

① ②　王明旺.中国司法鉴定制度改革研究[D].呼和浩特:内蒙古大学,2008.

用自己的专业知识、专业技术对案件中某个问题发表意见。鉴定意见是证据的一种,将鉴定意见称为鉴定结论,容易产生异议,引起人们的误会,以为鉴定结果是不可推翻的结论,是科学技术做出的判决。这与法院独立行使审判权原则是违背的。鉴定人没有做出判决的权利,鉴定人的鉴定意见和其他证据一样,都要经过质证,都要与其他证据相一致,才能作为判决依据,是否采信由法官决定。这在一定意义上体现了我国职权主义色彩逐渐弱化,法官更加注重当事人的诉讼权利。

（三）确定了鉴定人出庭作证的原则

修订后的《刑事诉讼法》和《民事诉讼法》对鉴定人出庭作证提出了明确要求,对不履行出庭义务的鉴定人规定了法律后果。《刑事诉讼法》第一百八十七条第三款规定:"公诉人、当事人或者辩护人、诉讼代理人对鉴定意见有异议,人民法院认为鉴定人有必要出庭的,鉴定人应当出庭作证。经人民法院通知,鉴定人拒不出庭作证的,鉴定意见不得作为定案的根据。"《民事诉讼法》第七十八条规定:"当事人对鉴定意见有异议或者人民法院认为鉴定人有必要出庭的,鉴定人应当出庭作证。经人民法院通知,鉴定人拒不出庭作证的,鉴定意见不得作为认定事实的根据;支付鉴定费用的当事人可以要求返还鉴定费用。"法律对拒不出庭的鉴定人采取了排除适用鉴定意见的保障措施,使得鉴定人出庭作证确定为鉴定人的一项义务。[1]

2015 年 12 月 24 日,司法部部务会议通过了修订的《司法鉴定程序通则》,2016 年 3 月 2 日中华人民共和国司法部令第 132 号予以发布。《司法鉴定程序通则》分总则、司法鉴定的委托与受理、司法鉴定的实施、司法鉴定意见书的出具、司法鉴定人出庭作证、附则,共六章五十条,自 2016 年 5 月 1 日起施行。《司法鉴定程序通则》第五章内容为司法鉴定人出庭作证。第四十三条规定,经人民法院依法通知,司法鉴定人应当出庭作证,回答与鉴定事项有关的问题。第四十四条规定,司法鉴定机构接到出庭通知后,应当及时与人民法院确认司法鉴定人出庭的时间、地点、人数、费用、要求等。第四十五条规定,司法鉴定机构应当支持司法鉴定人出庭作证,为司法鉴定人依法出庭提供必要条件。第四十六条规定,司法鉴定人出庭作证,应当举止文明,遵守法庭纪律。

最高人民法院、司法部于 2016 年 10 月 17 日发布了《关于建立司法鉴定管理与使用衔接机制的意见》(以下简称《意见》),其中开宗明义指出:鉴定人出庭作证对于法庭通过质证解决鉴定意见争议具有重要作用,在最高人民法

---

[1] 田德成.我国的司法鉴定人出庭制度研究[D].青岛:青岛大学,2016.

院目前推动的以审判为中心的诉讼制度改革中,庭审是核心之核心。《意见》明确规定:"司法行政机关要监督、指导鉴定人依法履行出庭作证义务。对于无正当理由拒不出庭作证的,要依法严格查处,追究鉴定人和鉴定机构及机构代表人的责任。"

众所周知,一个案件的输赢,取决于双方提交的证据,鉴定机构出具的鉴定意见,又是我国法律规定的法定证据之一,尤其是在专业的事实争议上,鉴定机构出具的鉴定意见,不仅关系到诉讼双方的输赢,而且在刑事案件中,直接关系到嫌疑人或被告人的罪与非罪的认定,对任何一方而言,影响甚巨。如果不规定由出具鉴定意见的鉴定人出庭作证,接受庭审双方的质证,那么不仅使争议事实难以真正查清,而且对其中一方显然是不公平的。这是为贯彻落实党的十八届四中全会和五中全会精神,促进司法公正,提高审判质量与效率,配合最高人民法院以审判为中心的诉讼制度改革的重要举措。

### 三、证据制度亟待完善

从 2010 年开始,我国的刑事证据立法和刑事证据制度改革进入了一个前所未有的快车道时期。一方面,刑事证据规范的数量得到大幅度的增加,2012年修订后的刑事诉讼法"证据"一章由 1996 年的 8 个条文增加至 14 个,最高人民法院刑事诉讼法司法解释中证据章的条文由 14 条增加至 52 条;另一方面,刑事证据立法开始呈现一种体系化的规范样态,证据裁判原则得以确立,以证据种类为基本框架的证据审查规则体系得以确立。当然,目前的刑事证据制度体系还远未达到完善的程度,还需要进行许多改进和优化工作。新的《刑事诉讼法》和《民事诉讼法》借鉴了国外的有益经验,确立了专家证人出庭制度。《刑事诉讼法》第一百九十二条第二款规定:"公诉人、当事人和辩护人、诉讼代理人可以申请法庭通知有专门知识的人出庭,就鉴定人作出的鉴定意见提出意见。"《民事诉讼法》第七十九条规定:"当事人可以申请人民法院通知专家证人出庭,就鉴定人作出的鉴定意见或者专业问题提出意见。"[①]专家证人参与诉讼的程序加以明确,即专家证人可以在法庭上对鉴定意见或者专业问题发表专业意见。

(一)现行诉讼制度不利于保护犯罪嫌疑人、受害人的法律地位

根据《刑事诉讼法》第一百四十六条规定,侦查机关应当将用作证据的鉴定

---

① 朱晋峰,朱淳良. 司法鉴定立法比较之法理研判:以新《刑事诉讼法》与新《民事诉讼法》为视角[J]. 中国司法鉴定,2013,66(1):1-7.

意见告知犯罪嫌疑人、被害人。如果犯罪嫌疑人、被害人提出申请,可以补充鉴定或者重新鉴定。该条款主要是为了保障当事人具有重新申请鉴定的权利,以避免当事人对原鉴定结果不服而无法解决的现象。

但是,从这一条规定来看,鉴定启动权并没有被赋予犯罪嫌疑人和被害人,只允许两者在对鉴定意见存疑的情况下,向法庭申请补充鉴定或是重新鉴定,但是否同意即决定权仍然紧紧地掌握在法官手里,犯罪嫌疑人与被害人的权利在一定程度上被限制了,当事人很难对不利于自己的鉴定意见提出有效的质疑。对于其他的诉讼参与者来讲,他们就更不可能自由选择对自身有利的鉴定人员。新《刑事诉讼法》第一百八十七条第三款的规定,虽然突破了以前的限制,明确鉴定人出庭作证的义务,对鉴定意见的监督起到了推动作用,使诉讼参与人对鉴定意见的质疑权得到一定程度的实现。但根据该条的规定,想要实现鉴定人出庭与公诉人、当事人或者辩护人、诉讼代理人进行质证,需要一个很重要的条件,即"人民法院认为鉴定人有必要出庭"。相关法律并没有详细规定什么才算是"人民法院认为鉴定人有必要出庭"的情形。该条的实现条件最后还是掌握在审判机关的手中,这不利于平衡司法机关和犯罪嫌疑人、受害人之间不对等的地位。[①]

(二)现行诉讼制度缺乏有效的质证程序

新《刑事诉讼法》和《民事诉讼法》对鉴定人出庭问题做了规定,对哪些情况下鉴定人需要出庭作证、接受质询,有了明确的规定。鉴定的启动方式根据审判实践和各方面意见决定,《民事诉讼法》第七十六条规定:"当事人可以就查明事实的专门性问题向人民法院申请鉴定。当事人申请鉴定的,由双方当事人协商确定具备资格的鉴定人;协商不成的,由人民法院指定。当事人未申请鉴定,人民法院对专门性问题认为需要鉴定的,应当委托具备资格的鉴定人进行鉴定。"该规定确定了鉴定的启动方式,即鉴定以当事人申请为主,以法院调查为辅。当事人可以就查明事实的专门性问题向人民法院申请鉴定,意味着当事人提出的事实主张和诉讼请求涉及专门性问题,而这一专门性问题又与其举证责任有关。因此,由当事人提出鉴定申请与该方当事人的举证责任负担相契合。[②]

但是,因为鉴定信息没有完善的庭前证据开示制度,所以缺乏有效质证的前

---

① 王益奇.我国司法鉴定制度的比较法研究:以新《刑事诉讼法》与新《民事诉讼法》为视角[J].知识经济,2014(5):37-38.

② 孙振.论新刑诉法有关鉴定证据的立法修改与审查判断[J].铁道警察学院学报,2013,23(2):28-30.

提,控辩双方对于鉴定意见及鉴定的相关材料无法充分了解和熟悉。同时,司法活动中缺乏对鉴定人的保障机制,《刑事诉讼法》中除对特殊的刑事案件的鉴定人提出保护外,对其他案件则没有明确的规定,因此,鉴定人、专家证人对出庭作证顾虑重重。

随着诉讼法的修订,原来的"鉴定结论"被"鉴定意见"所取代,这意味着鉴定意见只是一种参考,并不具有绝对的可采性。既然剥夺了鉴定意见的权威性,那么在具体诉讼中,对其质证就更显重要。我国庭审模式向着当事人主义的方向改进,双方在法庭质证环节发生激烈的对抗也在所难免。不仅如此,法官也要通过双方当事人对事实或者法律适用进行的说明、解释才能最终形成心证,鉴定人在鉴定过程中难免受到各种主观因素的干扰而降低其客观判断的准确性,更是需要让双方当事人有权利聘请专家证人,对鉴定意见进行专业、充分及有效的质证。

根据法律的规定,质证应包括以下几个方面:首先,鉴定材料或报告是否明确,如果意见本身不明确或含糊,是难以作为证据被采信的;其次,鉴定机构是否具有该专业领域内的鉴定资质,该机构所聘用的鉴定人员是否具有该专业领域内的专业背景、专业知识、专业等级;再次,鉴定的程序是否合法,对鉴定过程和检验材料流转要全程记录和有效控制;最后,鉴定的检材本身能否达到鉴定的前提要求。当然由于专业领域的不同,质证还会涉及鉴定的规则和规则本身的运用与判断方面的问题。

(三)现行诉讼制度缺乏对鉴定意见的采信规则

鉴定意见是司法机关在诉讼中遇到的专门性问题,委托鉴定机构以其专业知识所出具的专门性意见。鉴定意见属于诉讼证据之一,是用以证明案件事实的材料,鉴定意见是否采信,属于审理法院认证范畴。

我国目前还没有一个对鉴定意见进行鉴别的科学、统一和公开的标准,鉴定意见是否采信,完全由法官自由裁量。[①] 对于鉴定意见的可采性标准,我国《刑事诉讼法》对此只是做了原则性的规定。近年来,随着诉讼中因鉴定产生的问题越来越多,最高人民法院于2012年颁布了适用《刑事诉讼法》的司法解释,对鉴定意见的可采性问题做出了补充规定。根据最高人民法院的司法解释,法院对鉴定意见的审查点主要集中于鉴定机构或者鉴定人的资质,鉴定材料的来源和保管程序、程序合法与否,以及相关鉴定文书是否有瑕疵等问题。此外,最高人民法院的司法解释还规定了在哪些情形下,鉴定意见不得作为定案的根据,包括

---

① 揭萍,李红.我国刑事司法鉴定若干问题探讨:基于新刑事诉讼法实施后的思考[J].江西警察学院学报,2013(6):111-114.

鉴定机构或者鉴定人缺乏相关资质、鉴定程序不合法、鉴定的材料不具备鉴定条件,等等。这些规定的内容多是形式性的审查要求,法官依然难以对包含专业知识的鉴定意见做出准确的判定。对于科学证据的可采性问题,由于缺少对鉴定意见可采性的适用规则,导致司法实践中法官可能会疏忽对证据可采性问题的审查,而只偏重对证据证明力的审查。

　　法官并非鉴定领域的专业人才,因此,司法机关隶属的鉴定部门做出的鉴定意见更容易得到法官采信,而由社会司法鉴定机构做出的鉴定意见就不易得到采信。由于司法鉴定运作混乱,同一案件中相同的专门性问题,在不同的诉讼阶段可能形成完全不同的鉴定意见,参与诉讼的各方各持对自己有利的鉴定意见向法庭举证,致使案件事实无法查清,法官无从裁判,或者对鉴定意见不加审查盲目采信,或者仅仅根据鉴定机构的级别加以取舍。这严重影响了司法活动的严肃性,并导致司法界和广大人民群众对司法鉴定的科学性产生怀疑,造成司法鉴定的信任危机。[①]

　　我国当前亟须完善证据规则。在未来的证据立法中,可考虑在证据法通则部分,对证据采信的一般性规则做出规定,具体可考虑制定直接采证规则、客观性规则、关联性规则等。对鉴定意见的“可采性”问题,设置系统、严密的排除规则,以限制法官的恣意裁量;审查鉴定意见是否具有“可采性”时,也需要审查其关联性和合法性。对鉴定意见合法性的审查包括对鉴定人的资格审查和鉴定程序的审查,其中对鉴定程序的审查尤为重要。[②]

## 第三节　建立专家证人制度的可行性

　　在我国司法实践中,专家证人制度的设立不是在替换鉴定人制度基础上的建设,而是与鉴定人制度相辅相成的制度建设,对证据制度起到补充作用。在现阶段,建立专家证人制度有很大的现实意义,不仅可以弥补我国鉴定制度的不足,还能有效保障当事人的诉讼权利,最大限度地满足诉讼案件的多样化需求,是现代诉讼发展的客观要求。

### 一、必要性分析

　　(一)专家证人制度的确立是我国诉讼程序完善的重要标志

　　专家证人制度在 16 世纪即成为英国普通法上的规则,在漫长的实践中经过

①②　奉晓政.司法鉴定结论采信问题研究[J].广西社会科学,2006(2):90-93.

不断磨合,才具有如今的完整形态。我国 1982 年的《民事诉讼法》(试行)和1991 年《民事诉讼法》中都没有对专家证人制度的相应规定。2001 年 12 月,最高人民法院出台《关于民事诉讼证据的若干规定》,该规定第六十一条首次提出"具有专门知识的人员"这一概念,是专家证人制度的雏形。2007 年修订的《民事诉讼法》中仍然没有对专家证人制度进行规定,直到 2013 年 1 月 1 日正式施行的新《刑事诉讼法》和《民事诉讼法》才将"有专门知识的人"以法律的形式正式确立。[①]

新的《刑事诉讼法》和《民事诉讼法》对我国司法鉴定制度的进步起到了积极的推动作用,其中很多规定借鉴了英美法系专家证人制度的做法,但这些规定无法完全复制英美法系国家发展了几百年的专家证人制度。目前我国的证据制度仍存在不少问题,一方面表现在我国长期司法实践中形成的痼疾,无法轻易改变,另一方面也表现在借鉴英美法系的有关专家证人制度的规定尚未与我国传统的鉴定人制度衔接起来,并未发挥其应有的作用。因此,可以说作为诉讼法律体系的一个重要组成部分,证据制度的变革与发展从来不曾在一个真空的立法环境中进行,其法律体系的形成也完全不是一个立法主体进行顶层宏观设计的结果,而是一个在极度复杂的转型社会背景下,多个层次、多个部门的国家主体与民间力量之间反复博弈而来的混合产物。

我国的证据制度改革固然受到法治发达国家证据法的深刻影响,但其成长的主要脉络还是深深地嵌在我国独特的国家—社会关系和司法体制当中,受到国家政法体制安排与转型期社会需求的宏观制约,我国的证据制度是有中国特色的证据制度。在复杂的社会环境和政治格局之下,证据制度的改革是缓慢、渐进、曲折的,但是随着以审判为中心的诉讼体制的逐步确立,随着公检法之间关系的不断调整,随着媒体对刑事错案介入程度的加深,我国的证据基本制度体系已经确立,尽管其制度体系和具体条文还有待改进和调试,尽管它的许多规范在具体的司法实践中会被削弱、规避甚至架空,但整体的证据法律体系已经成为中国法律制度中一个重要的组成部分,发挥着规制证据、保障公平的重大作用。

(二)现代诉讼活动对专家证人的需求

专家参与诉讼可以追溯至罗马时代,法官常传唤博学者到法庭上,对某些案件涉及的疑难问题做出解释。中世纪之后,普通法系中有掌握"专门知识的人"作为"法庭顾问"出现在庭审中的例子。在大陆法系国家,专家参与诉讼的

---

① 赵烨.民事诉讼中专家证人制度研究[D].哈尔滨:黑龙江大学,2016.

主要方式是鉴定。1532 年,德国颁布了《加洛林纳法典》,开始使用"鉴定"一词,并对鉴定这种由专家提供专业知识的活动进行了详细的规定。虽然,两大法系国家专家参与诉讼的方式不尽相同,但那时的法官已经意识到裁判者不可能也不应当是一个掌握所有领域知识,并依此判案的人。正如 16 世纪中期,英国的桑德斯大法官在判决中所说:"如果在处理法律问题的过程中出现了其他学科或职业中特殊的问题,我们通常都会从这些学科或职业中寻找帮助。这种方法对我们这一行业来说是一个可敬的也是值得提倡的做法,因为这样做显示我们重视除我们自己的行业以外的所有专业知识,并且鼓励它们的运用。"①

随着社会的发展,现代诉讼越来越多地涉及各个专业领域,法官和当事人在庭审中也会遇到各种超出自身知识范围的专业问题,因此,专家对法官和当事人的帮助显得越来越重要。在现代诉讼中,专家证人参与诉讼活动,有两个比较重要的功能:一是对案件中涉及专业问题的证据资料进行分析研究,形成一定的判断意见,这些意见是专家对案件证据资料加工的结果,其作用是将法官和当事人难以理解的专业证据转化为容易理解的结论,从而帮助当事人证明其主张,帮助法官发现真实,认定事实;二是对一些普遍性的规则、管理进行说明和解释,从而帮助法官理解、判断当事人的主张和证据。②

### (三)专家证人制度的建立符合我国司法实际

在我国的专家证人制度出现以前,主要是鉴定人参与庭审的质证,接受法庭的询问。我国的鉴定人制度源于大陆法系的相关规定,由当事人申请或者法院依职权启动,要求有鉴定资格的鉴定人参与到诉讼中来;鉴定人的鉴定意见必须客观中立,必要时还需要接受当事人质证。即便是这样,鉴定意见的公正性还是经常受到质疑。

罗马法中有句法谚:"鉴定人是关于事实的法官。"但是,无论是从法理上说还是从法律规定中说,鉴定意见都只是证据之一,鉴定人解决了法官遭遇的"专业技术问题"以后,其鉴定意见理应接受法官的审查与检验,和其他证据一样要走举证、质证、认证的程序,即"专家举证,专家质证",确认其可靠性以后才能成为法官裁判的依据。

大陆法系国家的鉴定人也被看成"法官的助手",甚至被视为法院的组成人员,其任务是帮助法官发现事实的真相,在我国的诉讼活动中法官对于鉴定意见也有天然的信任甚至依赖。在这种情况下,专家证人制度的建立极其必

---

①②　王丽芬.论我国刑事专家证人制度的确立[D].长沙:湖南大学,2012.

要。同时,随着时间的推移、社会的发展,大陆法系国家的鉴定人制度一直存在的难以解决的问题开始在我国显现:案件中的某些问题确实是非专业人士所能解决的,但实践中法律对这些问题的鉴定又完全没有规定,甚至连学术界也尚未对这些问题形成定见。换言之,这样的案件无法或者极难启用鉴定人制度。

比如近几年产生的反垄断民事诉讼就是不适用鉴定人制度的典型:其一,案件中的争议点均为经济学专业争议,并没有需要鉴定的事项;其二,反垄断民事诉讼在我国属于无须行政程序前置(指自然人、法人或其他组织提起诉讼前必须有行政机构的调查和处理决定,否则就不能发起民事诉讼)的案件,如果启用鉴定人制度,最权威的自然是反垄断机构,但是一旦交给反垄断机构判决,等于是变相的强制行政程序前置,我国反垄断法律中规定的"原告直接向人民法院提起民事诉讼"的权利变相地被剥夺,与我国现行的反垄断法的理念相冲突;其三,反垄断法不仅是一个法律问题,也是一个经济学问题,反垄断法的司法实践的特殊性,很大程度上源于法律适用对经济分析的依赖,因此反垄断法的适用不是一个简单的、单一维度的、是非分明的法律价值判断,专家对相关问题可能产生不同的意见,这就需要通过不同专家之间的对抗,以及法庭询问来判断何种意见更加具有普遍性,因此不适合指定鉴定人,而由当事人各自聘用的专家证人通过法庭对抗来澄清事实更为妥当。

以 2013 年 3 月 28 日北京奇虎科技有限公司诉共同被告腾讯科技(深圳)有限公司、深圳市腾讯计算机系统有限公司滥用市场支配地位一案为例,案件中有两个至关重要的专业问题:相关市场的界定、市场支配地位的认定与推定。这在法律上都没有清晰准确的规定,在学术界也是众说纷纭。这就需要启用专家证人制度,听取专业领域内专业人士的不同观点,法官可以依据合理的专家意见做出判决。如果双方专家证人给出的意见都被排除,无法作为判决的依据,法官可以通过听取双方专家证人意见后形成心证,做出双方当事人都无法辩驳的判决。虽然从科学角度来看,法官的心证并不一定正确,但它确实在不违反程序公正的前提下,解决了疑难问题。也正是由于在该案中,启用了专家证人制度,才使得其成为自 2008 年《中华人民共和国反垄断法》实施以来,反垄断民事诉讼案件中唯一有详细论证的案例。

我国司法活动中对专家的选择,通常是法官以咨询的方式,挑选特定专家来完成的。如此一来,专家天然地成了法官审判的助手,当事人无法提出反对或者异议,亦没有权利去质疑和挑战"权威"。这种辅助法院认定事实和适用法律的方式,往往在程序之外,没有固定模式,极有可能限制甚至剥夺当事人的程序权利。因此,法院自设的专家咨询模式,应当由有正当性和合理性的专家证人制度来代替,只有完善专家证人制度才能解决上述问题。①

(四)法官对鉴定意见可采性问题的重视

科学技术是为了人类而存在,而不是成为人类的主宰。对科学问题敬畏但不盲从,也成为一代代法律人的宝贵共识。英美法系的法律有一系列规则来判断科学证据的可采性,我国法律则缺乏系统的相关规定。

目前,我国的证据规则大多只是有关证明力的规则,没有对证据能力即证据可采性审查的专门规定。立法上的缺失造成了我国司法实践中,法官偏重对证据证明力的审查,而忽视对证据可采性的审查。有专家已经意识到这种倾向存在很大的缺陷,证据应当首先具有证据能力,即为合格证据,而后才发生证明力问题。也就是说,没有可采性的证据,也就没有证明力,应避免让事实裁判者接触此类没有证据能力的证据,以免产生偏见。科学证据的可采性问题就是有关证据能力的分析,对查明事实真相、防止重大错案有着非常重要的作用。②

法官的职责即是对证据证明力的大小进行判断,是所有证词是否可采用的最终裁决者。换言之,哪怕双方对某个鉴定意见并无争议,但法官仍然不能将其奉为圭臬,还是必须按照证据规则,谨慎地审查其是否真实可信。比如,在 DNA 鉴定技术出现的早期,比对的基因位点数很少(最少时仅做 4 个,而今天至少是比对 20 个以上),从概率角度来说是非常容易出错的,法官倘若不假思索,直接把这样的鉴定意见作为证据判案,就很容易造成错案。这一点,在中外司法实践中都留下了不少教训。

二、可行性分析

(一)立法理念上的转变

英美法系、大陆法系两大法系的证据规则的目的都是揭示案件真相,所以不仅证据规则的内容上存在共性,认定案件事实的原则和规则也无实质不同。引入专家证人制度有利于发展以当事人举证为主、法庭调查为辅的取证模式。自 20 世纪 90 年代起,我国开始从原有的超职权主义的审判模式向英美法系的对抗制模式转变,这种转变是为了强化当事人在诉讼中的主动性,要求其负担更多的举证责任,减少法官依职权搜集证据的情形,由当事人双方来推进诉讼。

---

①② 罗早西.论专家辅助人制度在民事诉讼中的应用及完善[D].上海:华东政法大学,2014.

英美法系、大陆法系两大法系在发现案件事实的根本目的上没有分歧,两者互相交流和借鉴的方面也越来越深入,大陆法系国家在现行鉴定制度的基础上也开始借鉴专家证人的采信制度或技术咨询制度,如法国的技术顾问制度、德国的鉴定证人制度。英美法系国家虽奉行专家证人制度,却也吸收了大陆法系鉴定制度的优点,增强了法官对鉴定项目的决定权,如英国的技术陪审员制度。我国的立法理念汲取了当事人主义制度的精髓内容,更注重当事人的权利,比如《刑事诉讼法》加强了对被告人的法律保护,《民事诉讼法》也出台了相关规定逐渐弱化法官在审判案件时的绝对主导权,这些立法理念的转变都为我国建立专家证人制度奠定了基础。①

(二)诉讼活动实践是立法的基础

虽然在我国的法律中并没有直接表述"专家证人"这一称谓,而表述为"有专门知识的人"。但实践中已经出现了专家证人出庭的概念和做法。《民事诉讼证据规定》第六十一条规定:"当事人可以向人民法院申请由一至二名具有专门知识的人员出庭就案件的专门性问题进行说明。"首次确立了专家证人在民事诉讼中的法律地位。实践中许多法院也在民事诉讼中尝试着引入专家证人。2013年新《刑事诉讼法》和《民事诉讼法》施行后,《刑事诉讼法》在第一百九十二条第二款规定了"公诉人、当事人和辩护人、诉讼代理人可以申请法庭通知有专门知识的人出庭,就鉴定人做出的鉴定意见提出意见"。《民事诉讼法》在第七十九条规定了"当事人可以申请人民法院通知有专门知识的人出庭,就鉴定人做出的鉴定意见或者专业问题提出意见"。虽然法条规定有些粗疏,对"有专门知识的人"如何参与诉讼活动也没有相关细则,但已体现了我国引入专家证人制度的意图。②

自法律规定专家证人可以参与诉讼活动,专家以非鉴定人身份参与诉讼的案件就开始增多。各地法院积极尝试让专家证人以非鉴定人的身份参与到民事诉讼中。如2006年,北京海淀区引入3名专家以非鉴定人身份参与到一起行政诉讼案件中,向法官及当事人解释案件中出现的专业性问题。2009年,重庆市渝中区法院聘请了16名知识产权领域的专家对知识产权纠纷进行指导,并根据相关法律制定了专家证人参与知识产权案件的试行规则,该规则对专家可介入的知识产权案件范围、专家的选任条件和程序做了详细规定。

为保障重大疑难案件的公正审理,充分保障当事人的诉讼权利,对案件涉及的专业技术性问题,青岛海事法院注重专家证人在庭审中的作用,允许并支持当

---

①② 罗早西.论专家辅助人制度在民事诉讼中的应用及完善[D].上海:华东政法大学,2014.

事人委请专家证人出庭参与诉讼。专家证人的当庭质证,不仅有利于法庭对关键事实的认定和案件的公正裁判,而且使案件的裁判获得了良好的法律效果和社会效果。

## 案例 4-9

2006 年 9 月 12 日至 13 日,青岛海事法院海商审判庭在公开审理一起重大疑难案件时,接受并支持双方所聘请的专家出庭质证,为案件的公正审理奠定了基础。

本案原告深圳某粮食集团有限公司就其自巴西进口的 6 万多吨大豆向被告中国某财产保险公司济南分公司投保了海上货物运输险,货到青岛港后发生严重货损。该案涉案标的近亿元人民币,且涉及船东、二船东、贸易合同的卖方等利害关系方,因而备受关注。开庭时旁听人数达 30 多人,同时有不少保险业界的专业人士及资深律师参与其中。合议庭对该案极为重视,庭前就本案的审理做了充分准备,并依当事人的申请,根据最高院《关于民事诉讼证据的若干规定》第六十一条的规定,准许其各自委托的专家作为专家证人出庭支持诉讼。

本案争议的焦点之一是货物损害的原因及损害的程度,为此原告曾委托中国检验认证集团山东有限公司进行了检验鉴定并获取了鉴定报告。被告对该鉴定报告的结论及其论证持有异议,并聘请 3 名专家出具了分析报告。同时,原告为支持该鉴定报告亦聘请 3 名专家提出了相应的专家意见,但双方专家的分析报告结论大相径庭。对此,合议庭准许双方委托的专家参加庭审,这些专家分别代表其委托方对鉴定人进行询问,并就该案中涉及的大豆品质特性、大豆储藏、加工及运输过程中的通风措施等专业技术性问题发表意见,并接受对方当事人及其专家的质证。同时,合议庭组织双方专家当庭进行了对质。庭审持续了两天时间,专家参与法庭调查成为本案审理程序的重要组成部分。

本案由于有双方专家参加庭审,庭审中专家询问了鉴定人,也接受了对方诉讼代理人和专家的质证。该案中专家参与法庭调查成为庭审的重要部分,它对合议庭认定事实、公正裁判案件起了很重要的作用。[①]

---

① 赵烨.民事诉讼中专家证人制度研究[D].哈尔滨:黑龙江大学,2016.

（三）专家证人制度的优势

**1.专家证人的选任具有灵活合理的特点**

英美法系中专家证人资格审查合理有效,诉讼中只以专家查清案件事实真相为目的,突破了对专家在学历、地位、声望、年龄等方面的诸多限制,只要其在特定领域拥有超越一般人的知识和经验,即可被认为是该领域的"专家",进而在诉讼中作为专家证人出庭。同时,由于专家证人的报酬往往与当事人在诉讼中的胜负挂钩,专家证人会倾尽全力,为自己的当事人寻找有利的证据,帮助法官最大限度地查清案件事实。

**2.专家证人参与诉讼的程序严谨科学**

英美法系国家虽然对专家证人的资格要求较为宽泛,但对使用专家证人的具体程序却毫不含糊。经过数百年的司法实践,专家证人参与诉讼的规则已较为完善。一是通过适用这种互相竞争和对抗的鉴定制度,促使专家证人保持职业操守,进而提高鉴定的质量。专家证人和普通证人不同,他们长期从事某一职业,出于对自身利益的考虑,他们非常注重自己的声誉。专家证人违反职业道德,提供虚假证言,极可能受到惩罚,进而影响其职业发展。二是促使诉讼程序充满对抗性,对于专家证人所做出的证言,法庭不能直接接受,只有通过严格的审查,以及各方当事人的交叉询问之后,法官才能决定是否采用。在此过程中,双方当事人也可以互相质证,从而找出专家证言中存在的错误或不妥之处,有利于法官从中评断,查明案件真相。三是法院及各方当事人可以在诉讼程序中,针对专家证人是否具备必要的学科素养这一问题进行询问,从而确保专家证人的合适性。

**3.专家证人制度保障了当事人充分行使诉讼处分权**

建立专家证人制度,可以使当事人充分行使自己的处分权。在司法活动中,如果适用专家证人制度,当事人可以自行决定是否需要聘请专家证人,也可以由专家证人在法庭上针对另一方当事人提出的证据,进行质证,当事人能够充分行使自己的诉讼处分权。这样的制度安排,即使当事人在诉讼中败诉,相对而言,也更会心平气和地接受诉讼结果。

### 案例 4-10

浙江汉博司法鉴定中心的鉴定人,曾经受 M 单位的委托,以专家证人的身份接受出庭质证任务。要求针对"L 司法鉴定所第 325 号《检验报告书》及 L 司法鉴定所第 155 号《补充鉴定书》"的异议进行质询。

8:30,庭审在某市中级人民法院第三法庭正式开庭。

10:00,进行到针对鉴定报告的法庭质证环节。法官首先对专家证人连续提了 5 个问题,其中最棘手的一个问题是:根据当事人的申请,聘请专家来法庭对"L 司法鉴定所第 325 号《检验报告书》及 L 司法鉴定所第 155 号《补充鉴定书》"的情况进行说明。

**法官:**请问今天来法庭想说明什么?

**专家证人:**我今天来法庭想提问鉴定人,对气相色谱法的技术是否清楚、是否具备气相色谱法的鉴定条件和鉴定能力、对《司法鉴定程序通则》的相关技术规范和程序是否了解。

**法官:**下面由专家进行提问。

**专家证人:**请问鉴定人,气相色谱法检验文件形成时间所适用的字迹对象是什么?

鉴定人没有回答。

**专家证人:**既然鉴定人回答不了,那我告诉你,目前经过研究的适用对象只有签字笔字迹、圆珠笔字迹和喷墨打印字迹。请问鉴定人,《房产情况说明》和《说明》上的字迹是用什么打印机打印的? 这是在鉴定书中必须说明的,也是要采取何种方法鉴定的前提。为什么在鉴定书中只字未提?

**鉴定人:**是色带打印,是喷墨打印。

**专家证人:**鉴定人回答一会儿是色带打印,一会儿是喷墨打印,根本没有搞清楚检材究竟是什么打印机打印的。本案两份检材都是针式打印机打印。针式打印机怎么可以用气相色谱法检测? 有何依据? 这是随意扩大气相色谱法的适用对象范围,怎么能得出可令人信服的结果? 目前国内还没有一家鉴定机构能做出用气相色谱法检测针式打印文字的形成时间,国内相关专业学术刊物上也未见报道,请问你们是否有过相关的科学研究,发表过相关的科研论文? 别人都不能做,你们是怎么做出来的? 从针式打印文字上看,对《房产情况说明》和《说明》分别在不同日期做了两次检测,表面上看第二次检测检出的溶剂小于第一次检出的溶剂,但这应有一个前提,就是两次取样量必须相同,你是如何保证两次取样量相同的?

鉴定人没有回答。

**专家证人:**经过大量实验发现,气相色谱法所适用的几种字迹,其色料中均含有一定量的树脂成分,而树脂对色料中的溶剂成分起到了封闭作用,使其不能挥发殆尽,即使经过了很多年,字迹笔画中也会残存一定量的溶剂,即均存在最小残留量。退一万步讲,就算气相色谱法能检测针式打印字迹,那么你在《检验报告书》中所列出的溶剂含量,又如何能证明不是最小残留量?

**鉴定人**:这是技术问题,保密。

**专家证人**:从气相色谱图可见,两次检测的气相色谱图中均未做纸张空白对照,而实际上有的纸张中也含有一定量的乙二醇、丙三醇等成分。做纸张空白对照是该方法必须做的、不可或缺的步骤,一定要排除纸张中含有的乙二醇、丙三醇对检材的干扰,如果没有排除纸张的干扰,怎么能测出精确可靠的数据?怎么能保证检验意见的科学性?检出的结果能可靠吗?

**鉴定人**:我们是一个鉴定团队。鉴定意见是我们集体出具的。

**专家证人**:错误。根据《司法鉴定程序通则》规定,司法鉴定实行鉴定人负责制。根据《司法鉴定程序通则》第二条:司法鉴定程序是指司法鉴定机构和司法鉴定人进行司法鉴定活动应当遵循的方式、方法、步骤,以及相关的规则和标准。第三条:司法鉴定机构和司法鉴定人进行司法鉴定活动,应当遵守法律、法规、规章,遵守职业道德和职业纪律,尊重科学,遵守技术操作规范。第二十二条:司法鉴定人进行鉴定,应当依下列顺序遵守和采用该专业领域的技术标准和技术规范。(一)国家标准和技术规范;(二)司法鉴定主管部门、司法鉴定行业组织或者相关行业主管部门制定的行业标准和技术规范。从上述专业问题可知,不能不使我们对鉴定人是否具有相关知识,是否掌握该项技术产生怀疑。

鉴定人没有回答。

**专家证人**:根据《司法鉴定程序通则》第十六条:具有下列情形之一的鉴定委托,司法鉴定机构不得受理:(五)鉴定要求超出本机构技术条件和鉴定能力的。第二十七条:司法鉴定机构在进行鉴定过程中,遇有下列情形之一的,可以终止鉴定:(四)委托人的鉴定要求或者完成鉴定所需的技术要求超出本机构技术条件和鉴定能力的。司法鉴定活动中所应用到的仪器设备名称和规格型号必须在鉴定书中说明。据我们调查所知,贵鉴定所并无相关设备和能从事相关业务的鉴定人员,请问该鉴定是你们做的吗?如果是,那你们用的是国产的还是进口的色谱仪?规格型号是什么?在哪儿检测的?既然贵鉴定机构不具有此类案件的鉴定条件,为何还要接受受理?

鉴定人没有回答。

**专家证人**:委托检验事项第三项要求:"对《说明》与《房产情况说明》上的文字是否是同一台打印机在相同或者相近的时间段内打印。"鉴定人在检验意见中并没有回答这个问题,等于没有解决法院委托的鉴定事项,而是答非所问。请问鉴定人怎么解释这个问题?

鉴定人没有回答。

**专家证人**:鉴定人没有完成委托人的委托要求,答非所问,这个报告应该视为无效。理由是:司法鉴定书是司法鉴定人对所委托的专门性问题得出鉴定意见后出具的鉴定文书。出具司法鉴定书的基本条件是提供的资料系统完整，送检材料齐全，实验条件（技术方法和设备）完备。根据司法部关于印发《司法鉴定文书示范文本》的通知（司发通〔2002〕56号）要求：司法鉴定书、司法鉴定检验报告书、司法鉴定审查意见书、司法鉴定咨询意见书。本案鉴定人出具的是一份《司法鉴定检验报告书》，请问鉴定人，《司法鉴定意见书》和《司法鉴定检验报告书》有何区别？事实上，鉴定人在检验报告中加入了自己的主观意见，即最后的检验意见。并且本检验报告书中的检验过程没有引用任何技术标准，与司法部关于出具《司法鉴定检验报告书》的规定不符，与司法鉴定必须尊重科学、遵守技术操作规范的要求不符，这样的检验报告还可靠吗？

　　鉴定人没有回答。

　　**专家证人：**请问鉴定人笔迹检验应该采用什么技术规范？本人认为，本案的《补充意见书》中既没有对检材是否具备检验条件进行检验，也没有对样本是否具备比对条件进行检验，更没有引用任何技术规范就直接对检材、样本进行比较检验，严重违反司法部关于笔迹鉴定技术规范的操作步骤。可见鉴定人连基本的技术操作规范程序都不遵守，这样的鉴定意见是不可靠的。（笔迹检验应该引用司法部司法鉴定管理局2010-04-07发布的《笔迹鉴定规范》SF/Z JD0201002—2010）。

　　鉴定人没有回答。

　　**专家证人：**在《补充说明书》中提到：对"×××"签名真实性的鉴定，邀请了三位知名专家进行了会检，为什么没有提供有三位专家签名的会检意见？如何证明进行了会检？又如何证明会检意见一致？这是个严肃的程序问题。

　　鉴定人没有回答。

　　**专家证人：**根据《司法鉴定程序通则》第二十九条：有下列情形之一的，司法鉴定机构可以接受委托进行重新鉴定：（四）委托人或者其他诉讼当事人对原鉴定意见有异议，并能提出合法依据和合理理由的；所以，请求人民法院对此案进行重新鉴定。

# 第五章　中国的专家证人制度现状

任何一套法律制度都需要在具体的社会语境当中产生和运行,而证据制度的发展更深地嵌在我国的司法体制当中。因为,证据制度在其完善的过程中,相关的利益群体必然会通过各种渠道影响证据立法的走向。这是在我国政法体制制约之下证据制度发展的一种必然。所以,我国的司法鉴定制度也面临着一系列亟待解决的难题。

2013 年实施的《刑事诉讼法》在证据章节中将鉴定结论改为鉴定意见,并且规定鉴定意见须经过法庭质证后才能确定是否作为证据使用。我国诉讼法中皆强调"鉴定意见须经过法庭质证方可作为证据使用",但在我国的司法实践中,一方面,因鉴定人出庭率低,法官在考量鉴定意见时只能从逻辑上推敲,很少对其合理性和科学性进行质证,从而影响诉讼质量;另一方面,司法鉴定可能存在缺陷或错误,导致出现错误的重复鉴定,使得双方当事人失去对科学的信任。法官一味追求诉讼效率,就可能会产生差错。

我国的专家证人制度是 2012 年《民事诉讼法》修改后增设的制度,旨在保证鉴定意见在诉讼中的规范运用。在中国证据法语境中,专家证人主要是"就鉴定意见或者专门性问题提出意见"。这种角色使其具有类似于律师又类似于鉴定人或证人的多重性,对专家证人意见的性质也形成了"质证方式""鉴定意见"和"证人证言"等多种观点。这种角色上的混乱,使专家证人意见的采信在审判中常常陷入困境。2015 年最高人民法院《环境民事公益诉讼案件解释》第十五条第二款关于专家证人意见"经质证,可以作为认定事实的根据"的规定,使具有专门知识的人呈现出一种向专家证人转变的趋势。

## 第一节　中国的专家证人诉讼实践

我国的专家证人制度现状不容乐观,这不仅是因为立法上的缺失,还因为司法实践上的混乱,如何明确专家证人的诉讼地位,如何完善专家证人询问规则的适用和科学证据可采性规则,这些都迫切需要对专家证人制度进行改革。党的十八届四中全会提出以审判为中心的诉讼制度改革,专家证人制度需要在现有法律规定的基础上,得到进一步完善和规范。建立有中国特色的专家证人制度,由双方当事人聘请专家证人参与庭审,针对鉴定意见提出意见,进行专家之间的"较量",是有效解决这一难题的途径。

客观分析我国的专家证人制度现状,才能提出解决问题的方向。总体来说,我国的专家证人制度存在以下问题。

## 一、诉讼活动中专家证人适用率低

2017 年,全国全年共完成各类鉴定业务 2273453 件,比上年增长 6.66%;业务收费约 40 亿元,比上年增长 11.02%。但是,中国裁判文书网检索结果表明,在刑事诉讼活动中专家证人聘请率极低。这一现象还可以从另一份实证调研资料得以佐证。2015 年,西南政法大学诉讼法研究团队对新《刑事诉讼法》实施状况进行调研,统计了专家证人出庭的案例,如 J 省 W 市法院辖区有 3 件,2014 年 1 件,2015 年 2 件;Z 省 H 市 2 件;A 省 H 市也有 1 件。不难发现,对于全部刑事案件而言,目前专家证人在刑事诉讼活动中参与率远低于民事诉讼活动。将专家证人适用率极低解释为控辩双方对鉴定意见没有争议,无须专家证人出庭提出意见,显然违背常识,也与专家证人制度设立的背景不符,毕竟鉴定意见具有极强的专业性,且鉴定意见对被告的定罪量刑也有着日益凸显的作用。

## 二、专家证人适用情况缺少规范

### (一)有的辩护人不能正确行使聘请专家证人对鉴定意见提出意见的权利

2016 年 6 月,在一起民间借贷纠纷案件审理过程中,原告方的诉讼代理人向法庭申请专家证人出庭,法庭同意其聘请具有专门知识的人出庭,笔者也以重新鉴定的鉴定人的身份参加了庭审。在开庭当天,原告方首先向笔者询问了一些程序上的问题,随后示意法庭通知其聘请的专家证人到庭。令人啼笑皆非的是,这位"专家证人"居然是本案首次鉴定的鉴定人,这位鉴定人也表示自己不知道怎么就莫名其妙成了原告的"专家证人",原告庭前也没有跟他沟通,法庭自然也没有允许这位"专家证人"提问。

2018 年 10 月,笔者参加一起合同纠纷案的庭审。在庭审过程中,原告方聘请了专家证人出庭向鉴定人提问,被告代理人对法官说被告也聘请了专家证人,法庭认为,被告方庭前并未向法庭申请聘请专家证人出庭,不符合法定程序,所以没有同意被告申请的专家证人出庭。

上述两个案例都是笔者实际参与的真实案件，从中可以看出，案件的辩护人完全没有弄清楚专家证人的概念和程序，还不能正确行使聘请专家证人的权利，专家证人的重要作用没有得到充分发挥。

（二）有的公诉人申请专家证人出庭不是对鉴定意见提出意见，而是作为证人出庭

"朱某非法进行节育手术罪"二审刑事裁定书写道："原判认定被告人朱某未取得医生执业资格，于 2008 年 2 月和 2010 年 4 月，分别为孕妇蒋某、管某进行终止妊娠手术的事实，有台州市某某区卫生局证明、某某区人口和计划生育局案件移送单、情况说明、证人证言、专家证人证明柴某的证言，辨认笔录等证据证实，足以认定。""管某、沈某的证言及辨认笔录均能相互印证，证实系朱某在朱家为管某进行终止妊娠手术，述称的引产过程可行性为专家证人柴某的证言所印证"。从中可以看出，这里的"专家证人"是作为证人出现的，并不是为了对某鉴定意见提出意见。

（三）法院自行聘任专家证人出庭

新《刑事诉讼法》第一百九十二条第二款仅规定公诉人、当事人和辩护人可以申请法庭通知专家证人出庭，法院能否聘请专家证人出庭未予明确。2017 年 7 月 1 日，修改后的《民事诉讼法》《行政诉讼法》正式施行，确立了民事和行政公益诉讼制度。按规定，检察机关可分别就破坏生态环境和资源保护、食品药品安全领域侵害众多消费者合法权益等损害社会公共利益的行为，以及生态环境和资源保护、食品药品安全、国有财产保护、国有土地使用权出让等领域负有监督管理职责的行政机关违法行使职权或者不作为分别提起民事公益诉讼、行政公益诉讼。而在"戴某、姚某污染环境案"等案件中，法院存在自行聘任专家证人吕某教授提供专家意见的行为。

（四）裁判文书对专家证人意见的表述方式不一

裁判文书记录了人民法院审理过程和结果，是诉讼活动结果的载体，也是人民法院确定和分配当事人实体权利义务的唯一凭证。一份结构完整、要素齐全、逻辑严谨的裁判文书，既是当事人享有权利和负担义务的凭证，又是上级人民法院监督下级人民法院民事审判活动的重要依据。在"刘某故意伤害案"刑事判决书和"孙某故意伤害案"二审刑事裁定书中，法院仅表述专家证人到庭参加诉讼。至于专家证人出庭提出意见的内容，专家证人由哪一方申请，法庭如何处理专家证人意见，均未表述。

### 三、专家证人意见证明力不足

当事人陈述分为证据性陈述和非证据性陈述,当事人可委托专家证人以其专业知识就相关专业性问题做出有利于己方的认定,以动摇法官对案件事实的心证结果,符合证据性陈述属性,其意见兼具中立性和专业性,理应具有较高的证明价值。

但是根据上述证据规定中关于当事人陈述的证明力规定,其证明力有先天薄弱性,即作为待补强证据,仅具有有限证明力。

如上海科华染料工业有限公司与亨斯迈先进材料(瑞士)有限公司侵害发明专利权纠纷一案[〔2013〕沪高民三(知)终字第71号]中,原审法院认为专家认定意见系原告自行委托他人出具的认定意见,不属于民事诉讼证据种类中具有鉴定资质的鉴定机构出具的鉴定意见,故不予采信,可能因此而无法实现此项制度设计的预期目的,产生制度"虚化"危险。同时,根据上述立法设立"双层"专家制度的初衷和确定专家证人的职能范围,专家证人理应行使对鉴定意见进行质证等权利,有效制约鉴定人于专业问题上的权威性、技术资源的独占性,为法官正确认定案件事实提供更为全面、完整的信息。但事实并非如此,即使两者在诉讼外专业领域中的学术地位相近或相同,但其在司法中的诉讼地位和法律对其证明力的规定(当事人陈述证明力低于鉴定意见),导致了"人微言轻"的格局,当两者意见冲突时,鉴定意见具有法律上的优势,而专家证人价值的实现程度并无理论上设想的那么乐观。

### 四、专家证人意见中立性不容忽视

科学证据的本质在于科学性。然而,科学知识的运用依赖于专家,专家是人,因而具有多重属性。专家一方面可以正确运用科学知识和经验,对专门性问题和数据做出科学的解释,帮助法庭查明案件事实;另一方面,也可能误用科学原理和技术方法进行推论,提供错误的专家意见,从而误导法庭做出错误裁决。如同科学一样,科学证据也具有"双刃剑"作用。

在诉讼过程中设立专家证人,根本目的是借助专家具备的专业知识、技术和经验对诉讼中出现的疑难问题起到释明作用,以辅助法官和当事人认识和判断相关问题。但在诉讼中处理问题,不仅要求结果真实可靠,同时需保证过程的公正合理,生成令诉讼法律主体较为信赖的效果。所以,专家证人在具备专业性的同时,保证中立性是至关重要的。

（一）身份冲突的难题

专家证人概念本身暗含"专家"和"证人"双重身份,诉讼外身份与诉讼内身份交织,需扮演双重角色。既需要尊重专业知识,也需要忠实于当事人,两者之间不应存在"利益交换"的灰色空间,不能为袒护当事人而任意扭曲事实真相;也不能为维护诉讼外个人私利而做出消极辅助行为。两重身份间发生冲突时如何取舍衡量?采取什么标准较为合适?违反此标准又该如何处理?这些问题都需要通过完善相关制度来解决。

（二）专家证人之间存在的利害关系

既然专家证人与诉讼代理人在法庭上位置一致,其提供的专业意见应是有利于申请方当事人的。当双方当事人申请的专家证人之间具有利害关系,如上下级、同事、师生等可能影响质证效果和法庭立场的其他关系,在这种情形下,必然削弱专家证人出具的专家意见的可信度和当事人对其的满意度。浙江省高级人民法院、浙江省人民检察院、浙江省公安厅、浙江省司法厅、浙江省财政厅于 2017 年 11 月 7 日出台《关于刑事案件证人、鉴定人及有专门知识的人出庭规定（试行）》,规范证人、鉴定人及有专门知识的人出庭活动的行为,强调具有专门知识的人出庭时,应如实回答法庭及其他诉讼参与人的询问,独立、客观地陈述对案件专门性问题的意见,并保守诉讼中知悉的国家秘密、商业秘密和个人隐私。

## 五、申请期限缺少变通性

《民诉解释》第一百二十二条第一款规定:"当事人可以依照民事诉讼法第七十九条的规定,在举证期限届满前申请一至二名具有专门知识的人出庭,代表当事人对鉴定意见进行质证,或者对案件事实所涉及的专业问题提出意见。"

当事人申请专家证人出庭,其目的是利用其专业知识协助当事人就有关专门性问题提出意见或者对鉴定意见进行质证,其产生存在一定前提,即遇到专门性问题或者需要对鉴定意见质证。换句话说,专家证人的出现时机应是在诉讼过程的展开和事实问题的逐步揭示时。立法上要求其须在举证期限届满前给出明确答复,缺乏现实合理性。因为在举证期限届满前,当事人对于整体案情尚处于认识模糊阶段,在以后的审理中究竟需不需要专家证人的帮助难以立刻做出判断,毕竟申请需要付出相应的经济成本。换句话说,严守举证期限,为预备将来诉讼活动时做准备,当事人会产生"面面俱到""有备无患"的紧张感和压迫感,于审判结束后发现多此一举,则纯属浪费诉讼资源,间接增加司法的难度。并且如果欲对鉴定意见进行质证,需要在鉴定意见公示以后,如果鉴定意见因特殊情形需延期,或者于审判过程中发现某些争议点,则专家证人出场顺序和时间也应相对调整。

2012年《民事诉讼法》第一百四十六条规定了可以延期开庭审理的情形,包括:①必须到庭的当事人和其他诉讼参与人有正当理由没有到庭的;②当事人临时提出回避申请的;③需要通知新的证人到庭,调取新的证据,重新鉴定、勘验,或者需要补充调查的;④其他应当延期的情形。如果在审理过程中,专家证人因为特殊情形不能出庭时该如何处理,是否满足延期审理条件?若不能满足该条件被拒绝延期,则申请专家证人的法律意义(专家证人在质证环节往往能准确攻击破绽,削弱或直接否定鉴定意见或其他专家意见之证明价值)丧失,当事人权益该如何救济?若长期不能出庭或因死亡丧失出庭可能性时,是否允许其重新申请?同时,在审理过程中,申请方对专家证人的工作态度和业务能力表达不满时,可否临时申请更换?如果不允许,当事人该如何维护自我权益?为此造成诉讼拖延和对方当事人程序利益损失,如何救济?对此,法律并无明确规定,具体结果依赖于法官的自由裁量,如何决定或裁定关乎正义实现的程度,须有一个相对公正的标准,既能维持程序的稳定性,保证诉讼效益,又能保证事实上并无过错的一方当事人的利益。

## 六、专家证人调查权利有限

《刑事诉讼法》虽然规定了专家证人就鉴定意见发表意见的权利,但并没有赋予专家证人发表意见所必需的调查、检测等权利,在实践中,专家证人只能动用个人资源和社会关系去接触相关的材料,或者出庭前查阅相关鉴定意见、检验报告或其他涉及案件专门性问题的案卷材料。专家证人面对的检材大多由侦控方提供,因此专家证人出庭质证无异于"以短剑对抗长矛",难以发挥质证作用。例如,在某某县公安局警员涉嫌故意伤害案中,专家证人刘教授并未能亲自接触该案的鉴定材料,也无法参与见证尸体解剖的过程,甚至连获得相关检材样本的机会都没有,仅仅根据之前鉴定人的书面报告及相关的鉴定专业知识进行书面复核,鉴定人和专家证人对鉴定意见具体情况的把握力量悬殊。接受当事人委托之后,虽然刘教授曾带着自己的三名助理去了案发现场,还特地去察看被害人死亡的地点,但采取的手段除了查阅原来的两份尸检报告以外,也就只能让助理在民警讯问被害人的审讯椅上模拟试验。专家证人在调查相关材料方面的权利不充分,提出质疑的手段有限,这也正是专家证人难以充分、有力地对鉴定意见展开质证的局限所在。

## 第二节　专家证人的诉讼地位

诉讼地位,是指公安机关、人民检察院、人民法院、当事人及其他诉讼参与人在诉讼中的法律地位。在诉讼中,各主体由于在诉讼中的职能、作用及与案件的关系不同,诉讼地位有着明显差别。当事人基于与案件的直接利害关系参加诉讼,对诉讼的发生、变更和消灭起重要作用,或是原告(民事诉讼和行政诉讼中的原告、共同原告,刑事自诉案件的自诉人,刑事附带民事诉讼的原告),或是被告(民事诉讼和行政诉讼中的被告、共同被告、刑事诉讼及刑事附带民事诉讼的被告),或是民事诉讼或行政诉讼中的第三人,或是刑事诉讼中具有独立地位的被害人。对于专家证人是否应当赋予其诉讼地位,以及赋予何种诉讼地位,立法者至少应考虑以下几个因素。

第一,从有用性上看,该主体是否能够满足诉讼中的特定需要,能否解决诉讼中的特定问题。专家证人对弥补控辩双方专门知识的不足有重大作用,有必要进一步考虑其诉讼地位问题。

第二,从可替代性上看,该主体为满足特定需要,是否发挥了独特的、不可替代的作用。专家证人在解决专门性问题的功能上,与鉴定人的作用有交叉、重叠之处,但是从具体的目标指向和作用对象上看,两者有很大不同。从这个意义上讲,赋予专家证人一定的诉讼地位是必要的。

第三,从立法角度看,赋予特定主体的诉讼地位,是否会与既有立法形成较大冲突,甚至造成难以调和的矛盾。在考察专家证人的诉讼地位时,必须考虑其与既有证人、鉴定人、诉讼代理人及辩护人制度的兼容性。

第四,从实践角度看,立法者还应当考虑,要赋予特定主体的诉讼地位,是否有助于最大限度地发挥该主体的作用。专家证人的诉讼角色定位同样如此,我们必须关注何种诉讼角色能够在实践层面上最大限度地帮助其发挥应有的作用。[①]

### 一、对"有专门知识的人"的定位

《民事诉讼证据规定》第六十一条规定:"当事人可以向法院申请由一至二名具有专门知识的人员出庭就案件的专门性问题进行说明。人民法院准许其申请的,有关费用由提出申请的当事人负担。审判人员和当事人可以对出庭的具有专门知识的人员进行询问。经人民法院准许,可以由当事人各自申请的具有专

---

① 冀敏,吕升运.专家辅助人制度的构建与完善[J].甘肃政法学院学报,2016(2):104-117.

门知识的人员就有关案件中的问题进行对质。具有专门知识的人员可以对鉴定人进行询问。"

对此,学术界众说纷纭,运用各种解释方法,通过将"有专门知识的人"归入诉讼代理人、辩护人、证人、独立的诉讼参与人、专家辅助人等方式,来达到赋予其诉讼参与人地位的目的。实务部门也是莫衷一是,难有定论。

(一)"诉讼代理人"说

"诉讼代理人"说是指,"专家证人在行使辅助询问职责的场合下,其身份应当为当事人的诉讼代理人,因为他是在当事人的委托下展开诉讼活动的"。"确立专家证人制度的目的就是协助控辩双方针对鉴定这一专业事项更有效地参与诉讼,因此专家证人根本没有独立的诉讼地位,只是控辩双方委托的代理人。"[①]从总体上看,"诉讼代理人"说的主要依据是专家证人与控辩双方之间存在委托关系,要实现其有效协助控辩双方参与诉讼的目的,专家证人只能唯委托人马首是瞻,不能保持其独立性。

专家证人和委托代理人确有共同之处,即他们都与当事人之间存在委托关系,这一点毋庸置疑。但是,以下问题同样值得注意。

第一,委托代理人的一个显著特征就是在委托人授权范围内以委托人的名义进行诉讼,不能有自己独立的意志或主张,而专家证人参与诉讼活动的前提虽同样是当事人委托,但是在其参与诉讼后无须当事人授权即可独立发表意见。[②]专家证人应当以自己的名义提出意见,不能过于迁就委托人而违背原则。就此而言,专家证人与委托代理人差异甚大。如果强行将专家证人定位为委托代理人,就会与委托代理人制度的内在特征形成冲突。

第二,存在委托关系与具有独立性之间并不矛盾,委托辩护就是一个例证。尽管辩护律师与委托人之间存在委托关系,但是辩护律师仍然具有独立意志,有权依据事实和法律,发表不同于被委托人的辩护意见。因此,以存在委托关系为由得出专家证人不能保证其独立性因而应为委托代理人的结论,这其中的逻辑有待商榷。

第三,从相反的角度考虑,如果专家证人以委托代理人身份展开活动,那么,其对鉴定意见的质证活动就很难坚守科学的底线,立法者设置专家证人制度的初衷也就难以实现。因此,将专家证人定位为委托代理人,不但在理论上存在有待商榷的地方,而且在实践中也很可能会因其独立性的丧失而背离立法初衷。

---

① 樊崇义,郭华.鉴定结论质证问题研究(下)[J].中国司法鉴定,2005(3):14-16.
② 陈瑞华.论司法鉴定人的出庭作证[J].中国司法鉴定,2005(4):10-11.

（二）"独立诉讼参与人"说

"独立诉讼参与人"说认为，专家证人与鉴定人、证人、诉讼代理人在刑事诉讼程序中进行的活动和承担的职责虽有交叉，但更有不同。因此，专家证人不应定位于上述四种诉讼参与人中的任何一种，而理应属于其他诉讼参与人的范畴，只能作为独立诉讼参与人存在。① 鉴于此，有学者主张，在《刑事诉讼法》第一百零六条关于诉讼参与人范围的规定中，应增列专家证人。

第一，从趋势上看，随着社会分工的不断细化与科学技术的日新月异，为了帮助法庭查明案件事实，除了专家证人之外，未来很可能还会有其他专业人员参与到刑事诉讼中来。因此，对于《刑事诉讼法》第一百零六条规定的"诉讼参与人"，我们不能做机械的理解和解释，不能将其认定为一个封闭的概念。从这个角度看，赋予专家证人以独立的诉讼地位是可行的。

第二，从立法上看，确立专家证人独立的诉讼地位能够凸显其与证人、鉴定人、诉讼代理人等诉讼参与人的差异，为立法进一步确立其特有的规则做了必要的理论铺垫。如果立法强行将其定位为证人等诉讼参与人，很可能会产生概念上的混乱、理解上的偏差，最终导致法律适用上的困难。相反，法律将专家证人定位成为独立的诉讼参与人，在现行立法的基础上增加相关内容，可以有规划地避免与既有立法发生大规模的冲突或者矛盾。总之，将专家证人定位为独立诉讼参与人，从立法变动的成本和难度上看，是一个较为优化的选择。独立诉讼参与人地位能够有效回应立法关于专家证人与鉴定人的区分。

第三，从实践上看，独立诉讼参与人定位能帮助法官查明真相。尽管专家证人是由控辩双方聘请的，但其身份的独立性要求其在诉讼活动中客观中立地对鉴定意见展开质证，不受任何机关、团体、企事业单位和个人的干扰。由于独立诉讼参与人定位有助于专家证人独立性的发挥，因此，该定位必然会在实践中对法官查明案件事实大有助益。

第四，根据法律规定，专家证人意见对鉴定意见具有依附性，需要以鉴定意见的存在为前提。如果定位于独立的诉讼参与人，就可以避免"鉴定人"说可能引发的混淆专家证人与鉴定人的问题，从而很好地体现专家证人意见与鉴定意见之间的不同。强调专家证人的独立性并不意味着其可以提出对委托人不利的意见。独立但不中立，应当成为专家证人诉讼地位的一个显著特点。由于专家证人受控辩一方的委托，而控辩双方都不可能将不利于自己的专家证人意见展现在法庭之上，因此，专家证人意见不可避免地会产生立场倾向问题。为了保护

---

① 黄敏.建立我国刑事司法鉴定专家辅助人制度[J].政治与法律,2004(1):137-141.

专家证人与委托人之间的职业信任关系,专家证人应当像意大利的技术顾问那样,在保持独立性的前提下只能从有利于当事人的角度就鉴定意见提出意见。强求专家证人保持中立不仅不现实,而且也很容易导致委托人丧失对专家证人的职业信任,从长远来看,会使得专家证人制度被虚置。从这个意义上说,一些学者所主张的要"通过法律规范的形式固化专家证人的中立性"的观点是有待商榷的,它从根本上抽空了控辩双方聘请专家证人的内在动力,严重不利于专家证人职业的发展,并间接地助长了鉴定人(而非法官)在实质上裁判案件这样一种不正常现象的发生。

基于上述理由,"独立的诉讼参与人"说更有说服力,在未来的立法或者司法解释中,应当对此予以明确。唯有如此,专家证人相关制度的构建和完善才能有一个坚实的基础和明确的方向。

### (三)"辩护人"说

"辩护人"说认为,专家证人在诉讼中发挥的作用与辩护人相似,因此可以将其定位为辩护人,理由有以下几个。

第一,如果将辩方的专家证人定位为辩护人,就可以根据《刑事诉讼法》第一百零六条关于辩护人为诉讼参与人的规定,赋予辩方的专家证人以诉讼参与人的诉讼地位。

第二,从其所发挥的作用看,尽管辩方的专家证人与辩护人有所不同,但是,两者的目标是一致的,都是为被追诉人的合法利益进行辩护。由此赋予专家证人辩护人的诉讼地位并非没有合理之处。

第三,如果将辩方的专家证人定位为辩护人,那么,辩方的专家证人就有了独立于委托人的自由意志。如此一来,可以避免"诉讼代理人"说所带来的过分当事人化的问题。

但是,这一定位会引发一些问题:如果辩方的专家证人是辩护人,那么控方的专家证人应当如何定位?很显然,将控方聘请的专家证人定位为辩护人,将导致理论上的困境,在实践中也无法运行。

根据《刑事诉讼法》第三十二条关于非律师辩护制度的规定,除律师外,人民团体或者被追诉人所在单位推荐的人,以及被追诉人的监护人、亲友有权成为辩护人。如果要将辩方的专家证人定位为辩护人,那么,就必须修改第三十二条"非律师"的范围。

一个更重要的问题是,两者在分工上的明显不同要求法律必须赋予辩护人和专家证人不同的权利义务。专家证人只能针对鉴定意见提出意见,但是辩护人可以对所有证据提出意见。这意味着如果将专家证人定位为辩护人,就势必要对现有辩护人的权利义务进行大规模的调整和归类。

上述几点,都给既有立法带来了巨大的挑战。因此,不宜将专家证人定位为辩护人。①

（四）"证人"说

"证人"说认为,专家证人具有证人的身份。② 不可否认,专家证人出庭可以弥补辩方在专门问题认识上的不足,从制度性功能和价值上看,该制度可与证人出庭作证制度相提并论。③ 但是,我们应当注意到,将专家证人定位为证人就会给我国的鉴定制度乃至证据制度带来一些问题。

第一,与我国现行的证人制度相冲突。如果将专家证人定位为证人,《刑事诉讼法》第六十条关于证人的概念就应当修改,其外延应当有所扩大。我国《刑事诉讼法》中的证人仅指事实证人,即就自己所感知的有关案件事实进行陈述的人,并不包括专家证人。可以预见,将专家证人定位为证人,很容易导致英美法系专家证人概念的泛化和模糊化,从而使证人、鉴定人及专家证人三者被混为一谈。

第二,与我国现行的鉴定人制度相冲突。对专家证人的身份进行定位需要从司法鉴定制度整体着手,注意制度的兼容性和协调运作。首先,如果将专家证人看作证人,就会出现鉴定人制度与专家证人制度交叉共存的局面。意大利等国之所以没有简单地移植英美法系的专家证人制度,主要原因就在于鉴定人制度与专家证人制度之间存在内在的紧张关系,加之专家证人在聘请程序上简便易行,如此一来,必然会导致鉴定人制度的边缘化,甚至被完全架空。鉴于此,在我国的专家证人诉讼地位问题上,立法者应当更加谨慎,不宜赋予专家证人以证人身份,以避免重蹈覆辙。其次,如果将专家证人定位为证人,《刑事诉讼法》第四十八条规定的鉴定意见就应当被归为证人证言,而不能成为与证人证言相提并论的一种独立的证据种类。在《刑事诉讼法》第四十八条关于证据法定种类的规定中,鉴定人就案件专门问题做出的鉴定意见,是与证人证言并列的法定证据之一,立法并没有将鉴定意见归入证人证言的范畴。由此可以进一步看出,我国立法者对于证人概念的界定,与英美法系将证人区分为事实证人和专家证人的做法截然不同。如上所述,我国《刑事诉讼法》中的证人概念强调对案件事实的感知,强调证人的亲历性。如果连就案件专门问题进行鉴定的鉴定人都未被立

---

① 冀敏,吕升运.专家辅助人制度的构建与完善[J].甘肃政法学院学报,2016(2):104-117.
② 汪建成.刑事审判程序的重大变革及其展开[J].法学家,2012(3):89-98.
③ 赵珊珊.制度构建的进步与立法技术的缺憾:刑事诉讼法修正案证人制度评述[J].证据科学,2011(6):667-685.

法者列入证人之列,那么,仅就鉴定意见提出意见的专家证人就更不应当被归入证人之列了。

第三,专家证人与证人还存在很多重大的差异,比如证人具有人身不可替代性、优先性,而专家证人则是可以替代的;又比如证人参与诉讼是其对国家应尽的法定义务,而专家证人参与诉讼则是基于其与委托人之间的委托关系;再比如证人适用"意见排除规则",而专家证人参与诉讼恰恰是为了提出意见。这些不同也在一定程度上给"证人"说设置了解释上的障碍,同时也给立法变动提出了挑战。

第四,从立法的目的来看,2012年《刑事诉讼法》在该条上的几次变动正是为了避免将专家证人定位为证人。《刑事诉讼法修正案》(草案)一审稿明确将专家证人定位为证人。但是在二审稿中,一方面删除了"作为证人出庭"的规定,又在增加的"有专门知识的人出庭作证,适用鉴定人的有关规定"这一条款中出现了"出庭作证"这一字眼,这并没有完全去掉专家证人的证人身份。正式通过的《刑事诉讼法》第一百九十二条删除了所有与"证人"或者"出庭作证"相关的字眼,从字面上彻底将专家证人制度与证人制度区分开来。

(五)"鉴定人"说

尽管根据《刑事诉讼法》第一百九十二条第四款的规定,专家证人参与庭审适用鉴定人的相关规定,但是,从应然的角度讲,专家证人不宜被定位为鉴定人。[①] 主要原因在于以下几个方面。

第一,两者在需要具备的资质、所做意见的证据属性、费用负担的主体、参与诉讼的方式、在刑事诉讼中发挥的作用和中立性等方面确有不同。这些不同在客观上要求立法者应为两者设置不同的规则,赋予其不同的诉讼地位。

第二,由于专家证人是针对鉴定意见提出意见的,在鉴定意见缺位的情况下,专家证人就无法发挥作用,两者之间存在逻辑上的先后顺序。因此,不作区分地将专家证人归入鉴定人之列显然也是不适宜的,不能够准确地反映出专家证人的独特法律地位。

第三,现行《刑事诉讼法》针对专门性问题已经规定了鉴定人制度,如若将专家证人再定位为鉴定人,就会出现立法上的重合与矛盾。在这种情况下,与其设置专家证人制度,不如改革原有的鉴定人制度,将辩方的鉴定启动申请权及鉴定人出庭等问题落到实处。

---

① 冀敏,吕升运.专家辅助人制度的构建与完善[J].甘肃政法学院学报,2016(2):104-117.

（六）"专家辅助人"说

有的学者认为，"专家证人"是英美法系证据法上的概念，具有特定的内涵，可以称其为"专家辅助人"。学界对专家辅助人概念存在较大的争议。有些学者把专家辅助人理解为少数具有高学历的人群，也有些学者认为只有科学家、经济学家、会计师、工程师才能被称为专家。

专家辅助人可以界定为：在诉讼过程中，由当事人、法定代理人或者授权的诉讼代理人聘请的帮助解决案件中的专门性、疑难性问题，并指导或参与专门性、疑难性证据的质证的特定人员。

使用"辅助人"这个概念，说明了专家辅助人在诉讼中所具有的辅助作用和地位及其在辅助过程中出现的环节。从《民事诉讼证据规定》第六十一条可以看出专家辅助人与诉讼中的鉴定人有诸多类似的地方，即两者都是具有专门知识的人，但是两者也存在本质的区别。

第一，产生的方式不同。根据法律规定，当事人对案件中出现的疑难问题需要鉴定的，可以向法院提出，人民法院根据当事人的申请指派或聘请鉴定人；而专家辅助人则是由当事人聘请参加诉讼活动的。

第二，在诉讼中的具体作用不同。鉴定人参加诉讼主要是为了解决案件中出现专门性、疑难性问题，并做出结论性陈述，而这种专门性、疑难性问题往往是当事人双方存在争议的事实；专家辅助人的作用是就案件的专门性、疑难性问题进行说明，以及对鉴定人进行询问。

第三，鉴定意见与专家辅助人陈述的法律效力不同。鉴定人做出的鉴定意见属于八种法定证据之一，具有较高的法律效力，其证明力高于一般证人证言、当事人陈述等；而专家辅助人对专门性、疑难性问题的陈述和说明在法律上并未明确其法律效力，以及能否被认定为定案的根据。

"林森浩投毒案"二审法院未采信专家辅助人意见，引发了人们对专家辅助人意见性质的争论。归纳起来，对专家辅助人意见大致形成了三种观点：仅作为一种质证方式，可作为鉴定意见，可作为证人证言。

### 案例 5-1

上海市人民检察院二分院指控：被告人林森浩与被害人黄洋同为复旦大学上海医学院医学硕士专业研究生，他们自 2011 年 8 月起住在该校同一寝室，但关系不和。2013 年 3 月中旬，黄洋在该校博士研究生入学考试中成绩名列前茅，林森浩却因故未报考。3 月 31 日，林森浩从实验室取出剧毒化学品二甲基亚硝胺的试剂,趁寝室内无人,将其注入室内饮水机中。4月1日上午,林森浩与黄洋同在寝室内时,黄洋从饮水机中接取并喝下被林森浩注入了剧毒化学品二甲基亚硝胺的饮用水后中毒,经医院抢救无效于4月16日死亡。经鉴定,黄洋符合因二甲基亚硝胺中毒致肝脏、肾脏等多器官损伤、功能衰竭而死亡。被告人林森浩辩称,其只是出于"愚人节"捉弄黄洋的动机而实施投毒,没有杀害黄洋的故意动机。辩护人对起诉书指控被告人犯故意杀人罪不持异议,但提出林森浩系间接故意杀人,且能如实供述罪行,建议依法从轻处罚。

一审法院做出的事实认定是,被告人林森浩为泄愤投毒故意杀人,致被害人黄洋死亡,其行为已构成故意杀人罪。被告人没有故意杀人的辩解及辩护人关于林森浩属间接故意杀人的辩护意见,与查明的事实不符,均不予采纳,依法判处被告人林森浩犯故意杀人罪,判处死刑。被告人不服判决,提起上诉。

2014年12月,上海市高级法院对该案二审,鉴定人对黄洋死亡原因的鉴定意见为:符合二甲亚硝胺中毒致急性肝坏死引起急性肝衰竭继发多器官功能衰竭。辩方专家辅助人法医胡志强则在庭上提出,黄洋死亡原因是爆发性乙型病毒性肝炎致急性肝坏死,多器官衰竭死亡。根据目前病理检测报告,认定黄洋中毒致死缺乏依据,确定其是特定二甲基亚硝胺中毒,是"不客观不科学的"。

检方对该专家辅助人意见提出质疑,认为胡志强的结论主要依据的是文书、报告等,没有参与尸体解剖。

法官当庭裁定,专家辅助人胡志强所说的内容,不属于《刑事诉讼法》规定的鉴定意见,应该作为对鉴定意见的质证意见,不能单独作为定案依据。

"林森浩投毒案"二审法院未采信专家辅助人意见,引发了人们对专家辅助人意见性质的争论。

## 二、专家证人的诉讼角色

《民事诉讼证据规定》第六十一条规定:"当事人可以向人民法院申请一至二名具有专门知识的人员出庭就案件的专门性问题进行说明。人民法院准许其申请的,有关费用由申请的当事人负担。审判人员和当事人可以对具有专门知识的人员进行询问。经人民法院准许可以由当事人各自申请的具有专门知识的人员就案件中的问题进行对质。"该条文正式确立了我国的专家证人制度。该制度的明确得益于民事诉讼审判的改革成果,即在原有的大陆法系鉴定制度的基础上,我国借鉴了英美法系的专家证人制度。但是,《民事诉讼法》并未对专家证人地位予以明确。

虽然在《刑事诉讼法》修改草案中曾经规定专家证人可以以证人身份出庭,然而,在现行《刑事诉讼法》及最高人民法院《关于适用〈中华人民共和国刑事诉讼法〉的解释》(以下简称《解释》)中,专家证人并不具有独立诉讼参与人的地位。即使在《解释》中曾有鉴定人、证人与专家证人并列的表述,专家证人也适用鉴定人的一些程序规则,然而这只是一种立法者的倾向而已,并未明确规定专家证人属于独立的诉讼参与人,从而导致其诉讼角色不明或者处于待定状态。

2012年《民事诉讼法》第七十九条规定:"当事人可以申请人民法院通知有专门知识的人出庭,就鉴定人做出的鉴定意见或者专业问题提出意见。"如果说法律规定鉴定人出庭是对当事人的形式保障,那么专家证人则是给予当事人质证权的实质保障,专家证人的出庭是保证质证效果的必要条件。

2015年《解释》第一百二十一条第二款明确规定了当事人所聘请的专家证人所发表的意见,等同于"当事人陈述"。第一百二十二条、第一百二十三条对《民事诉讼法》确立的专家证人制度从关于专家证人的申请、活动方式及有关费用承担,专家证人询问及活动范围进行了细化。

2015年最高人民法院《最高人民法院关于审理环境民事公益诉讼案件适用法律若干问题的解释》第十五条规定:"当事人申请通知有专门知识的人出庭,就鉴定人做出的鉴定意见或者就因果关系、生态环境修复方式、生态环境修复费用以及生态环境受到损害至恢复原状期间服务功能的损失等专门性问题提出意见,人民法院可以准许。前款规定的专家意见经质证,可以作为认定事实的根据。"由此,我国专家证人的地位得到较为规范的确立,可以帮助当事人在对鉴定意见进行质证时有效行使权利。①

中国政法大学证据科学教育部重点实验室教授张保生和博士研究生董帅认为,由于环境公益诉讼在民事案件中具有刑事指控性质,上述规定实际上突破了《刑事诉讼法》第一百九十二条第二款关于专家证人仅能"就鉴定人做出的鉴定意见提出意见"的限制。2018年最高人民法院《刑事一审法庭调查规程》第二十六条也规定:"有专门知识的人可以与鉴定人同时出庭,在鉴定人作证后向鉴定人发问,并对案件中的专门性问题提出意见。"至此,无论在民事诉讼还是在刑事诉讼中,专家证人意见的范围都不再限于对方的鉴定意见,还扩大到案件的其他专门性问题。上述规定的意义在于,专家证人与鉴定人具有了同等的诉讼地位,专家证人意见与鉴定人意见具有了同等的证据效力,这就

---

① 洪冬英. 以审判为中心制度下的专家辅助人制度研究:以民事诉讼为视角[J]. 中国司法鉴定,2015(6):1-6.

与美国《联邦证据规则》第七百零二条的专家证言十分相似了。正是在这个意义上,我们说中国"专家辅助人"的角色呈现出一种向英美法系"专家证人"转变的趋势,它适应了"事实认定科学化"的需要。当然,这种角色转变也提出了一些新的理论和实践问题。

(一)专家证人意见的证据属性

现行《刑事诉讼法》第一百九十二条规定:"公诉人、当事人和辩护人、诉讼代理人可以申请法庭通知有专门知识的人出庭,就鉴定人做出的鉴定意见提出意见。"我国的专家证人在法律上的规定是具有专门知识的人,专家证人只在庭审阶段出现。

事实上,根据我国《人民检察院刑事诉讼规则》第二百零九条的规定:检察人员对于与犯罪有关的场所、物品、人身、尸体,应当进行勘验或者检查。在必要的时候,可以指派检察技术人员或者聘请其他具有专门知识的人,在检察人员的主持下进行勘验、检查。2018年2月11日,最高人民检察院第十二届检察委员会第七十三次会议通过《最高人民检察院关于指派、聘请有专门知识的人参与办案若干问题的规定(试行)》。2018年5月,最高人民检察院《关于印发人民检察院公诉人出庭举证质证工作指引》的通知,强调充分认识加强举证质证工作的重要意义。出席法庭支持公诉是刑事公诉工作的龙头,举证质证是出庭支持公诉的核心环节。举证质证的质量,直接影响指控犯罪的质量和出庭支持公诉的效果。

有专门知识的人,应该包括鉴定人在内。不论在立法上还是在实践中,鉴定人所做出的鉴定意见被视为证据,经查证客观无误后才可以作为定案的依据,而专家证人做出的意见,一般而言,相较于鉴定意见的做出流程及最后成文,专家证人意见带有更大的随意性,不属于证据的一种,往往作为法庭查清案件事实的一个参考。因此,要进一步完善科学证据可采性规则。林森浩案二审法官之所以排除专家证人对被害人死因提出的意见,除了其不符合《刑事诉讼法》规定的鉴定意见形式要求外,显然还受到二审检察官关于"胡志强的结论主要依据的是文书、报告等,没有参与尸体解剖"之异议的影响。有学者将案件鉴定人外的"有专门知识的人"称为"非鉴定专家",并认为,"我国的非鉴定专家兼具专家辅助人和专家证人的双重特征"。

(二)专家证人与辩护律师的界限

我国的专家证人借鉴了国外的专家证人制度,英美法系中将其称为"专家证人",他们采用的是对抗式的诉讼模式,辩护律师可以直接委托专家证人进行鉴定,对本方指控提供支持,从而削弱控方的指控,使裁判者对指控罪名产生"合理怀疑",专家证人本身是服务于辩护方的,并且有权利进行鉴定,其所做的意见是证据的一种。但我国不是对抗式的诉讼模式,辩护方申请出庭的专家证人是否能服务辩护方,如果专家证人提出新的意见,这样的意见将怎样去对待,这些都需要进一步探讨。

林森浩案二审中,胡志强法医以专家证人的身份出庭,是由被告方聘请其对黄洋的死亡提出医学方面的意见,在这个过程中,有一个疑惑点:既然新《刑事诉讼法》中规定,具有专门知识的人出庭是对鉴定意见进行质证,那么胡志强作为本案的专家证人是否具有辩护的意味。[①]

最高人民法院《刑事一审法庭调查规程》第二十六条关于专家证人的要求是"协助本方就鉴定意见进行质证"。专家证人与鉴定人的"专门知识"不是法律知识,让他们之间互相发问不仅在法庭上难以进行法律规范,而且也僭越了律师的诉讼角色和职责。现在一些针对鉴定人和专家辅助人的交叉询问培训,就是这种角色混乱的一个反映。实际上,只要让有专门知识的人回归其"专家证人"本色,就能解决一切问题。只有承认专家证人法律角色,并且,严格按照控方专家证人、辩方专家证人的举证、质证顺序,适用直接询问和交叉询问的规则,才能发挥专家证人质证的作用。当然,这给律师交叉询问能力的培训提出了新的要求,但这对推进庭审实质化具有重要意义。

(三)专家证人与鉴定人的地位

在《刑事诉讼法》第一百九十二条中,仅将专家证人概括为非法律规范意义上的"有专门知识的人",却并未指明"有专门知识的人"到底属于何种诉讼主体。在《刑事诉讼法》第一百零六条中"诉讼参与人"项下也并未包括专家证人。现行《刑事诉讼法》第一百九十二条第二款却规定,"有专门知识的人出庭,适用鉴定人的有关规定",这在形式上又将专家证人与鉴定人类同,应当同样适用回避制度或者相关的质证、询问规则。这显然存在一定的相悖之处。

如果对比相关诉讼参与人在诉讼中的作用,就可以看出专家证人比起其他诉讼参与人,如翻译等,更应当赋予其诉讼参与人的资格。特别是在涉及专业性程度高的案件中,专家证人的专业意见对案件的结果可能会产生关键性的影响,这也是专家证人应当获得独立诉讼参与人资格的重要依据。因此,专家证人诉讼地位的模糊无疑是法律规定的疏漏之处。这种疏漏会给专家证人制度带来一系列不良后果。因为专家证人的法律地位是专家证人制度的核心,专家证人功能、专家证人意见的性质等都是以此为基础展开的。可以认为,专家证人是与鉴

---

定人并列的一个新的诉讼参与人,但是,因为法律上缺少相关规定,使专家证人与鉴定人的法律地位相去甚远。[①]

## 第三节　专家证人的选任

新《刑事诉讼法》只规定了具有专门知识的人出庭,但对于怎样的人算是具有专门知识的人却没有任何规定。

专家证人最先来源于英美法系,《美国法律词典》的解释为:"在一项法律程序中作证,并对作证的客观事项具有专门知识的人,专家证人是具有普通人一般不具有的一定知识或专长的人,受教育程度可以为一个人提供专家证人的基础,但是基于经验的特殊技能或知识可能使一个人成为专家证人。"由此可见,英美法系的专家证人范围很广泛,专家证人可以是高学历的专家,也可以是在某方面有多年实践经验的人,强调的是具有专门知识,而不是专门知识的取得方式。

在我国的司法实践中,出庭的专家证人往往都是取得某方面学历的人。对于没有接受正规教育的、没有取得学历但有多年实践经验的人,谁来证明其知识的可靠性与专业性? 谁来证明其作为专家证人的能力? 如果专家证人是具有某方面实践经验的人,选任是否必须与专业职称挂钩? 这些问题均未得到很好的回答。

在大陆法系国家,专家证人一般应当具备两方面的条件:一是必须是在某个科学技术领域内具有专门知识、能够解答案件中专门问题的人;二是必须是具有相关领域的鉴定资格的人,或者是被认可的专业人员。从法国和德国的刑事诉讼法典的相关规定可以看出,大陆法系国家在专家证人的选任范围上有着较为严格的限定,这对保障鉴定质量、提高诉讼效率无疑是有重大意义的。

在英美法系国家,专家证人的范围要宽泛得多。英美法系法庭更关注专家证人对专门知识的掌握程度,对其是否通过特定渠道取得资质并不十分关注。在英国,法庭可通过考察专家的专业技能来判断其是否具备专家证人的资格。在美国,根据《联邦证据规则》第七百零二条的规定,只要专家证人在知识、技能、经验、训练或教育等方面具有资格即可成为专家证人。[②] 在加拿大,证据法将专家证人的范围明确规定为"专业人员或其他专家"。英美法系国家之所以未对专家证人的资质做明确的限制,与其当事人主义的诉讼模式是紧密相关的。任何

---

① 宋远升.专家辅助人制度适用迷思与建构:以法学与社会学为视角[J].中国司法鉴定,2017(2):1-9.

② 陈界融.美国联邦证据规则[M].北京:中国人民大学出版社,2005.

人都是自己利益的最佳维护者,对专家证人的资格不做严格限制在很大程度上尊重了控辩双方的意思自治,有助于充分调动控辩双方选任专家证人的主观能动性,为法官查明案件情况奠定基础。因此,虽然英美法系中的专家证人并不像大陆法系这样需要有专门的资质性要求。但是,这并不是说英美法系的专家证人的资质不需要任何审查,只是将官方的资质审查让位于当事人自己审查。在法庭审理中,特别在涉及需要专家证人作证的案件中,对于专家证人资质审查可能会成为辩论或者质证的关键点之一。

上述不同法系国家的做法对于解决我国专家证人资质问题有重要借鉴意义。对此,应当重点考虑以下问题。

出于对确保鉴定意见质量、提高诉讼效率及便于司法管理等方面的考虑,专家证人的资质应当与鉴定人相当,专家证人主要从登记在册的鉴定人中选任。根据《全国人大会常委会关于司法鉴定管理问题的决定》的规定,我国对鉴定人实行登记管理制度,这样做的好处至少有三点:一是能够确保专家证人意见的质量,有效地辅助控辩双方实现诉讼目的,辅助法官确认鉴定意见的可采性;二是能够提高诉讼效率,减少控辩双方对专家证人资质的争议,缩短法官对专家证人资质进行审查的时间;三是便于从行业管理上对其进行规范,以便更好地维护委托方的权益。而且,从登记在册的鉴定人中选任专家证人,在实践上也具有一定的可行性。在司法实践中,为确保质证效果,当事人往往申请在专业领域具有较高影响力的人或者具有鉴定资质和高级专业技术职称的人担任专家证人,法庭也会对其身份和资质进行审查。

在我国诉讼制度中,尚未未对专家证人的资质做出规定,一般采取类似英美法系不对专家证人资质做专门规定的做法。由于我国对专家证人资质的质证程序或证据规则相对缺乏,这会导致当事人对专家证人资质的质证过程并不充分,因此,在制度配套方面,我国对专家证人资质的规定显然是存在缺陷的。

随着《司法鉴定机构登记管理办法》及《司法鉴定人登记管理办法》的出台,我国各地已经基本上实行了较为系统的鉴定人和鉴定机构登记注册制度。

考虑到科学技术日新月异、新的专门问题层出不穷,以及一些冷僻行业、新兴行业不一定存在职称、学历、执业资格等资质标准的现实,立法者有必要考虑在登记在册的鉴定人范围之外,赋予控辩双方当事人自由选任专家证人的权利。专家证人也无须限于鉴定人的资质,可以不受登记管理的限制。当可选人员严重不足时,经过法院审核,则可以由在某一领域具有杰出成就或较高威望的人来担任专家证人。[1]

---

① 杜国明.专家在诉讼中的地位选择[J].逻辑学研究,2006,26(3):64-71.

值得注意的是,在放宽选择范围的同时,鉴于自由选任可能带来的专家证人水准不足、诉讼程序过分迟延、司法成本高度浪费等问题,也有必要赋予法官对登记名册以外的专家证人予以严格审查的权利,防止由于控辩双方权利行使不当所造成的负面影响。鉴定人以外的专家证人应当在专门知识上具备鉴定人的基本水准。与此同时,也应防止法官怠用或者滥用自由裁量权情形的发生,确保法官审查的有效性。应当以反面排除的方法设定专家证人的选任禁止条件,将一部分明显不符合要求的人员排除在专家证人范围之外。意大利《刑事诉讼法典》在第二百二十五条第三款和第二百二十二条通过反面排除的方法规定了存在四类问题的人员(智力状况、职业作风、人身自由、回避要求)不得充任技术顾问,我国立法者可以借鉴这一规定,确立专家证人的选任禁止条件,将不具备完全行为能力、品格状况欠佳等作为担任专家证人工作的禁止条件,确保专家证人能够科学公正地承担职责。[①]

最高人民法院制定的刑诉法解释规定,向证人、鉴定人、专家证人发问应当分别进行。证人、鉴定人、专家证人经控辩双方发问或者审判人员询问后,审判长应当告知其退庭。这说明,专家证人与证人、鉴定人有着相似的地位,但法律对证人、鉴定人都规定了回避制度。《刑事诉讼法》第二十八条规定了侦查人员、检察人员、审判人员、鉴定人和翻译人员的回避情形,但是没有规定具有专门知识的人是否适用回避制度。

第一,就专家证人的选任时间而言,对这一条规定有以下两种理解:一是由控辩双方先选任,选任后可以向法庭提出申请,由法庭决定是否同意;二是控辩双方先提出申请,法庭同意后,再由法官协助控辩双方来选任专家证人。笔者认为,第二种理解是不妥当的,原因在于:如果不先行选任专家证人,实践中控辩双方恐怕很难仅凭自己的知识储备对鉴定意见提出切中要害的异议,而做不到这一点,就意味着无法启动专家证人出庭程序。因此,第一种理解相对而言较为妥当。

第二,就专家证人选任的主体而言,应当由控辩双方来选任各自的专家证人,有关费用由申请人一方负担,排除法官选任专家证人的权利。这主要是因为,由法官选任专家证人,容易固化二者的关系,易于导致法官对专家证人的过度信赖,出现专家证人操纵鉴定意见判断的现象,也可能会产生专家证人有意迎合法官的现象。由法官选任专家证人,等于变相剥夺了控辩双方在质疑鉴定意见上的平等对抗权利,由于得不到己方专家证人的积极协助,控辩双方难以对鉴定人形成有效的质询,只能消极听审。而由控辩双方自行选任专家证人能够很

---

① 冀敏,吕升运.专家辅助人制度的构建与完善[J].甘肃政法学院学报,2016(2):104-117.

好地避免上述问题的发生,因而更为合理。

具体地说,根据《刑事诉讼法》第一百九十二条的规定,法庭审理过程中,当事人和辩护人、诉讼代理人有权申请通知新的证人到庭,调取新的物证,申请重新鉴定或者勘验。不仅公诉人、当事人有选任专家证人的权利,辩护人和诉讼代理人也有权进行选任。但是,这一规定忽略了一些特殊情形。对于特定的弱势群体,出于程序正义、控辩平等的考虑,法律需要提供必要的援助措施。特别是对于被告方而言,其本身就在诉讼中处于弱势地位,一旦遭遇一些特殊情形,更需要国家予以特殊保护。事实上,作为我国专家证人制度之借鉴的意大利技术顾问制度就规定了类似的内容。在技术顾问的选任上,除了公诉人与当事人有权任命自己的技术顾问外,国家也可以为具有法定情形的当事人提供免费的技术顾问。考虑到上述因素,为了充分保障被告人权利,国家有必要建立专家证人救助制度。可以参照法律援助辩护的有关规定,对盲聋哑人,未成年人,尚未完全丧失辨认或者控制自己行为能力的精神病人,可能被判处无期徒刑、死刑的被告人,经济困难或者有其他原因没能委托专家证人的特殊当事人,法官可以依职权通知相关机构为其指派专家证人,或者依申请为符合援助条件的当事人指派专家证人,这有利于对鉴定意见进行充分的质证,促进司法公正。

笔者认为,专家证人回避也应参考鉴定人、证人的相关规定,即专家证人与诉讼当事人、涉及质证的案件存在利害关系的,或者曾经担任过本案的鉴定人、代理人的应当回避。

## 第四节　专家证人的启动程序

《〈中华人民共和国刑事诉讼法〉的解释》第二百十七条规定,公诉人、当事人及其辩护人、诉讼代理人申请法庭通知有专门知识的人出庭,就鉴定意见提出意见的,应当说明理由。法庭认为有必要的,应当通知有关有专门知识的人出庭。申请有专门知识的人出庭,不得超过二人。有多种类鉴定意见的,可以相应增加人数。有专门知识的人出庭,适用鉴定人的有关规定。

由此可见,当事人在专家证人的选任上是有主动权的。在我国,只有侦查机关与法院有鉴定决定权,当事人与辩护人无权启动鉴定,只能申请补充鉴定或重新鉴定。虽然说当事人有权申请专家证人出庭,但决定权仍然在法院手中。[1]"法院认为有必要的,应当通知有专门知识的人出庭。"至于什么是有必要的,什么是没有必要的,这其中存在很大的主观性,法律没有明确规范法官的决定权。

---

① 唐晓旭.专家辅助人的相关问题探讨[J].江西文艺,2017(2):11-15.

当事人请求专家证人出庭被拒绝,没有相应的救济方式——法官不同意专家证人出庭,当事人也无可奈何。

### 一、专家证人出庭的程序启动

专家证人出庭的启动程序是专家证人参与诉讼的第一步,这是程序正义的一部分,没有一个连贯完善的专家证人启动程序,会影响法官的判断,也会使专家证人陷于身份尴尬,其提出的意见性质也不确定。

根据《刑事诉讼法》第一百九十二条第二、三款的规定,启动专家证人出庭程序的条件有两个:一是控辩双方向法庭提出要求专家证人出庭的申请,二是法庭做出同意的决定。从字面来看,对于专家证人的出庭,其决定权掌握在法庭手中,但是,这并不意味着法庭可以随意否决控辩双方的申请,既然该申请是一项权利,那么原则上若无特殊理由法庭都应当准许。[①]

问题的关键在于:例外应当如何确定? 对此,有个问题需要讨论:控辩双方何时可以向法庭提出申请?

根据《刑事诉讼法》第一百九十二条第二款的规定,控辩双方可以在法庭审理过程中提出申请。除此之外,根据《刑事诉讼法》及其司法解释的规定,控辩双方还可以在庭前会议期间提出申请。

庭前会议程序,德国称之为中间程序,法国称之为预审程序,美国称之为庭前会议,日本称之为庭前整理程序。不同国家、不同地区关于此程序的规定略有差异,但总体而言,在庭前会议之中,对回避人员、出庭证人的名单予以确定,对非法证据予以排除,从而确定庭审的重点,是庭前会议程序的主要内容。庭前会议不是法庭审理前的必经程序,是人民法院在法庭审理前根据公诉案件的复杂程度或者其他原因需要召集相关人员了解事实与证据情况,听取控辩双方的意见,整理争点,为庭审安排进行的准备活动

新《刑事诉讼法》第一百八十二条第二款规定:"在开庭以前,审判人员可以召集公诉人、当事人和辩护人、诉讼代理人,对回避、出庭证人名单、非法证据排除等与审判相关的问题,了解情况,听取意见。"第四款规定:"上述活动情形应当写入笔录,由审判人员和书记员签名。"此二款共同构成了中国特色的庭前会议程序,标志着我国刑事诉讼中正式确立了庭前会议。

由于法律并未对庭前会议的内容做出限制性规定,表明审判人员了解情况,听取意见的内容不限于法条明确列举的范围,其内容应当具有广泛性,应当根据案件的具体情况而定,应以保证案件的效率和公正为目的。最高人民法院司法

---

① 尹丽华.刑事诉讼专家辅助人制度的解读与完善[J].中国司法鉴定,2013(3):1-5.

解释法释〔2012〕21号第一百八十四条第一款规定中列举了八项"可以"在庭前会议中,向控辩双方了解情况,听取意见的内容:①是否对案件管辖有异议;②是否申请有关人员回避;③是否申请调取在侦查、审查起诉期间公安机关、人民检察院收集但未随案移送的证明被告人无罪或者罪轻的证据材料;④是否提供新的证据;⑤是否对出庭证人、鉴定人、有专门知识的人的名单有异议;⑥是否申请排除非法证据;⑦是否申请不公开审理;⑧与审判相关的其他问题。

《人民检察院刑事诉讼规则(试行)》第四百三十一条第一款规定,在庭前会议中,公诉人可以对案件管辖、回避、出庭证人、鉴定人、有专门知识的人的名单、辩护人提供的无罪证据、非法证据排除、不公开审理、延期审理、适用简易程序、庭审方案等与审判相关的问题提出和交换意见,了解辩护人收集的证据等情况。

从《刑事诉讼法》的有关规定来看,该条并未直接将专家证人出庭问题列入了解情况、听取意见的范围。在庭前会议期间,控辩双方可以就专家证人出庭问题提出申请,由法官做出同意与否的决定。出于提高诉讼效率的考虑,宜将申请的时间定于庭前会议期间,以免公诉人、当事人和辩护人、诉讼代理人以此为借口来故意拖延诉讼进程。

## 二、设立明确客观的审查标准

审判人员如何判断被申请的专家证人是否应出庭发表意见,以避免司法资源的浪费和诉讼时间的拖延,当前尚未立法做出规定。可以预见,如果立法缺乏明确客观的标准,那么就等于在事实上赋予了法院极大的自由裁量权,如此一来,在我国现行状况下,控辩双方,尤其是被追诉方的专家证人出庭申请权,很可能会因为法官决定的随意性而沦为空谈。因此,设立明确客观的审查标准势在必行。

对于这一问题,审判人员应当重点考虑以下两个方面的条件。

第一,公诉人、当事人和辩护人、诉讼代理人是否能够承担举证责任,向法庭证明鉴定意见存在问题。规定中的"说明理由"在事实上就是要求申请人承担证明专家证人有必要出庭的举证责任。这一制度的设置具有一定合理性,能够有效防止因控辩双方滥用申请权而造成的司法资源的不必要浪费和诉讼时间上的不必要拖延。但是,为了保障控辩双方申请专家证人出庭的权利,在证明标准上不能要求过高,只要其能够证明不排除鉴定意见存在问题的可能时就应当认定异议成立或者鉴定意见存在问题。

第二,专家证人应当具备法律规定的资质条件。如果专家证人是从登记在册的鉴定人之中选任的,无论是在庭前会议中,还是在庭审过程中都比较好认定。如果是在鉴定人名册之外选任的,法庭在决定是否同意申请之前,应当听取对方当事人关于该申请的意见。这具体可分为庭审会议中和庭审过程中两种情况进行设置。在法庭同意专家证人出庭发表意见之后,法庭就应当传唤鉴定人出庭。根据《刑事诉讼法》第一百八十七条第三款的相关规定,鉴定人出庭的条件有两个:一是对鉴定意见存在异议,二是法庭认为有必要让鉴定人出庭。法庭同意专家证人出庭的条件一旦成立,那么,鉴定人出庭的条件也就自然成立了。在司法实践中,如果鉴定人有正当理由不能出庭的,而专家证人符合出庭条件时,也应当允许专家证人出庭,针对书面鉴定意见提出意见。

　　总体而言,基于我国刑事诉讼改革的当事人主义趋势,法律设立专家证人制度应与这种趋势保持一致,这是设立该制度的初衷。我国的专家证人制度设计,与意大利的技术顾问制度不同。后者亦属于借鉴当事人主义诉讼制度及司法鉴定制度的典范,但相对而言在当事人主义道路上走得更为彻底。意大利的技术顾问不仅可以参与到庭审中,也可以参与到庭前程序中,包括介入司法鉴定。因此,专家证人能够更全面地发挥对司法鉴定的监督或者见证作用。我国的专家证人制度,在制度设计方面却相对保守,专家证人对刑事诉讼的参与是有限参与,只能在庭审中通过提出意见或者弹劾司法鉴定意见的方式来进行。虽然这能够在一定程度上保证庭审时控辩双方在技术上的平衡,通过控辩双方的技术性对垒使法官获得更为精确的心证,但这无疑忽视了专家证人在刑事诉讼其他阶段的作用,从而使这项制度不能充分发挥效能。实际上,专家证人参与刑事庭审的机会较少或者程度较低,这也与我国独特的专家证人启动制度有关。专家证人制度本来是基于平衡侦控方或者司法机关独享鉴定启动权而设置的。然而,在专家证人的适用中,立法者仍然基于诉讼延滞等方面的顾虑,将最终决定权置于法官手中,这无形中降低了专家证人在刑事诉讼程序的参与程度。可以说,即使当事人获得了专家证人的选任权,但在是否最终启动时仍然不能自主,仍然可能被排除在程序门槛之外,这客观上阻碍了专家证人制度优越性的充分发挥。

## 第五节　专家证人意见的性质

### 一、专家证人意见的属性

　　不同的国家对专家证人意见的表述不同:在英美法系国家,专家证人所做的陈述被称为专家证据;在德国,鉴定证人被法律规定为"鉴定证人",其意见属于法定证据种类之一;在俄罗斯,"专家的结论和陈述"与"鉴定人的结论和陈述"都是法定证据种类之一。

而我国新《刑事诉讼法》规定的"有专门知识的人",是为了对鉴定意见进行质证,保证鉴定意见的准确,实质上是一种证据弹劾,只作为一种意见,不属于证据。[①]

法庭审判笔录规定,开庭审理的全部活动,应当由书记员制作成笔录。笔录经审判长审阅后,分别由审判长和书记员签名。法庭笔录应当在庭审后交由当事人、法定代理人、辩护人、诉讼代理人阅读或者向其宣读。法庭笔录中的出庭证人、鉴定人、专家证人的证言、意见部分,应当在庭审后分别交由有关人员阅读或者向其宣读。上述人员认为记录有遗漏或者差错的,可以请求补充或者改正;确认无误后,应当签名;拒绝签名的,应当记录在案;要求改变庭审中陈述的,不予准许。法庭审判笔录不仅对分析案情、查核审判活动的进行情况具有重要意义,而且也是以后复查案件,以及法院系统内部检查办案质量的依据,同时还是第二审程序、死刑复核程序和审判监督程序不可缺少的书面材料。

由此可见,专家证人的当庭陈述与鉴定人的意见相似,是一种证言或意见。但是,专家证人并没有参与鉴定,其发表的言论是专家证人的主观意见,没有出具鉴定意见书,不具备鉴定意见的形式要件。专家证人只对案件的专门性问题提出意见,具有主观性,不是对案件事实的客观陈述,因此不是证人证言。专家证人所发表的意见不属于证据材料的范畴,更不能作为定案的证据。专家证人发表的质证意见实际上是代表申请的一方当事人发表的意见,因此应将专家证人发表的意见视为申请方的控诉意见或辩护意见的组成部分。

在我国法律及司法解释中,对专家证人意见的性质并无明确的说法。专家证人意见到是附属性的意见,还是具有独立性的证据,皆存在争议之处。学者对专家证人意见的性质有不同看法,有的认为专家证人意见不属于独立的证据,因而也不具有证据资格。例如,有学者指出,专家证人就鉴定意见所提出的意见具有"弹劾证据"的性质,只能作为辅助庭审质证效果的一种质证方法,其本身不是证据,更不是新的鉴定意见。有的学者则有不同看法,认为专家证人就鉴定意见提出的意见,其形成的材料可以作为证据使用,具有独立的证据资格。

最高人民法院经研究认为,有专门知识的人就鉴定意见提出的意见不是鉴定意见,也不是证人证言一类的证据,不具备证据的法律地位。这种看法主要基于如下考虑:《刑事诉讼法》第四十八条第二款未将有专门知识的人就鉴定意见提出的意见列为法定证据种类;有专门知识的人就鉴定意见提出的意见并非可

① 汪建成.刑事审判程序的重大变革及其展开[J].法学家,2012(3):89-98.

用于证明案件事实的材料,而只是用于增强法官的内心确信、对鉴定意见做出判断的辅助材料;专家证人就鉴定意见提出的意见从属于控辩双方的意见,不具有独立地位,而是如同接受委托的辩护人一样,只代表当事人发表意见。如当事人不同意专家证人的意见,可以撤销委托,或者当庭表示不同意专家证人的意见,此时就以当事人的意见为准。在林森浩案中,法官认为专家证人胡志强提供的法医书证审查意见书及当庭意见属于鉴定意见的质证意见。在念斌案中,法官则未明确专家证人意见的属性。实际上,专家证人意见并不单纯以弹劾司法鉴定意见为目的,而可能在弹劾司法鉴定意见的同时确立了专家证人对鉴定结果的独立看法。

　　司法鉴定意见具有法定的证据资格,与之对比,作为被告人一方委托的专家证人意见却没有证据资格。我国司法改革在强调通过专家证人的引入增强当事人主义对抗因素的同时,却并未赋予对推动当事人主义大有裨益的专家证人意见的证据资格,这种做法无疑是与设计专家证人制度的目标或者宗旨相悖的。

　　专家证人意见是不是证据?从《刑事诉讼法》第四十八条的规定来看,专家证人意见并非法定的证据。对此,有学者认为,由于专家证人意见不具有证据资格,因此专家证人制度难以在司法实践中顺畅运行,因此,应在法条中确立专家证人意见的证据资格,不应将其视为辩护人或代理人意见。[①] 有学者则认为,专家证人当庭发表的意见,是不可以作为实质的证据进行使用的,仅可作为弹劾证据使用。[②] 就其本质而言,专家证人在法庭上发表的意见与鉴定意见相同,是一种意见证据。另有一些学者认为,专家证人意见不是某种法定证据,也不是重新做出的鉴定意见,因而不会成为定案的依据。这主要基于以下几个理由。

　　第一,对专家证人诉讼地位认识上的不同,必然会导致对专家证人意见的属性存在不同看法。如果我们将专家证人定位于诉讼代理人或者辩护人,则其意见就应与代理人意见或辩护人意见一样,不具有证据属性,不能成为定案的根据。如定位于鉴定人或者证人,则其意见应当视为鉴定意见或者证人证言,经查证属实后即可作为定案的根据。

　　第二,从指向的对象上看,专家证人针对的是鉴定意见,而非案件中的专门性问题,换句话说,其证明的对象是鉴定意见这种法定证据而非案件事实。在这一点上,专家证人与我国刑事诉讼法上的鉴定人和证人都有所不同。如果将专家证人意见定性为证据,就会出现以一个证据(专家证人意见)去证明另一个证

---

　　① 刘广三,汪枫.论我国刑事诉讼专家辅助人制度的完善[J].中国司法鉴定,2013(2):1-5.

　　② 孙长永.论刑事证据法规范体系及其合理构建:评刑事诉讼法修正案关于证据制度的修改[J].政法论坛,2012(5):25-34.

据（鉴定意见）的问题。按照这个逻辑，作为证明鉴定意见的专家证人意见，是否还需要其他证据来证明？这种无限延伸的证明方式，不仅在逻辑上不周延，在事实上也是的。从这个角度说，立法没有将专家证人意见作为法定证据是有一定道理的。

第三，专家证人意见是否具有证据资格，与专家证人制度在司法实践中的作用并没有必然的关系。不能武断地认为如果专家证人意见不具有证据属性，则意味着不能在专门性问题上对控辩双方和法官提供实质性帮助。按照这样的逻辑，由于辩护人的辩护意见及诉讼代理人的意见并非法定证据，辩护与代理的制度价值也就应当大打折扣了。同时，也不能因为专家证人意见能对法官自由心证产生较大影响就将其视为证据。事实上，刑事诉讼中诉讼代理人的代理意见与辩护人的辩护意见都可能对法官判断产生重大影响，但立法并未将两者视为证据。

第四，从专家证人制度设置的目的来看，并不是为法庭提供证据，而是为了协助控辩双方从证伪或者证实的角度来质疑或者巩固鉴定意见的证据能力或者证明力，进而帮助法官正确采信鉴定意见，防止法官轻信甚至盲从。专家证人意见对控辩双方和法官是否有帮助不在于它能否作为证据，而在于它能否对法官正确采信鉴定意见有所帮助。并且，将专家证人意见视为证据，也与职权主义的诉讼制度相背离。

基于上述理由，专家证人意见仅仅应当是法官甄别鉴定意见的重要参考，是影响法官自由心证的重要手段，其主要的功用在于为法官心证的形成和排除合理怀疑提供逻辑上和路径上的支持，立法不应赋予其证据属性。对于专家证人意见，法官在判决书中必须予以回应，具体阐述采纳或者不采纳该意见的理由。

## 二、专家证人意见的功能

专家证人意见有何功能？有学者认为，专家证人在法庭上的主要任务就是针对对方的鉴定意见提出合理怀疑和解答，加强庭审质证。[①] 也有学者认为，专家证人提出的意见如果被法庭采纳，则推翻相关鉴定意见。专家证人意见的效果充其量是否定鉴定意见或使法官对鉴定意见客观性、科学性、关联性出现动摇。

上述看法仅仅注意到了专家证人意见对鉴定意见的质疑功能，在认识上其实并不全面。

根据《刑事诉讼法》第一百九十二条的规定，控辩双方都可以聘请自己的专

---

① 黄太.刑事诉讼法修改释义[J].人民检察,2012(8):10-24.

家证人,因此,对于同一份鉴定意见,双方的专家证人通常会各执一词,一方试图否定其证据能力或者削弱其证明力,另一方则意在强化其证据能力或者补强其证明力。即便就一方的专家证人而言,对于鉴定意见中的不同部分,也可能持有不同的态度,对于鉴定意见的有些部分,该专家证人可能会予以认同,对于另一部分,则可能予以反对。因此,专家证人意见具有质疑和巩固鉴定意见的双重功能,不能仅看到其中的一面。

如果只承认专家证人意见的质疑功能,而无视其巩固功能,则意味着一旦专家证人不具有有效质疑鉴定意见的证据能力和证明力,法官就必须采信鉴定意见。鉴定意见作为一种证据,即便其"携带着科学的因子",也并不意味着鉴定意见天然就是真理,在未经查证属实之前,我们不能仅从质疑的失败中就得出鉴定意见正确的结论。鉴定意见能否得到采信,并不完全甚至并不主要建立在专家证人意见的基础上,而是源自于法官独立的判断。事实上,作为我国专家证人制度之借鉴的意大利技术顾问制度也承认了技术顾问的双重功能。技术顾问发表的意见可以补强或削弱鉴定意见的证明力,并且,法官心证的形成也并不是完全建立在技术顾问的评价上,而仍以查证属实的鉴定意见为基础。

## 案例 5-2

2016 年 7 月,某市人民法院审理了陈某诉项某、朱某买卖合同纠纷一案。原告称,两被告是夫妻,被告项某向原告购销布匹,通过结账,双方口头协定货款在两个月内结清。由于被告项某违约,在 2013 年 2 月 8 日,原告出于无奈,根据被告的意见转为借款 350000 元,并约定年息 1 分,由被告项某出具给原告《借条》一份。至起诉时,被告尚欠原告借款 201000 元,利息 85225 元,合计 286225元。被告称,两被告虽认可其和原告之间有购销布匹的法律关系,但原告提供的《借条》中不包含双方存在买卖关系的相关描述,对《借条》的真实性存疑,要求进行笔迹鉴定。

浙江汉博司法鉴定中心鉴定人对此做了鉴定,并于 2016 年 8 月出具了鉴定意见书,鉴定意见为标称时间为"2013 年 2 月 8 号"的《借条》内容及"项某"签名字迹是项某所写。鉴定意见书出具后,被告项某对鉴定意见提出异议,申请重新鉴定,法院因当事人提出重新鉴定的理由不足,没有予以批准。浙江汉博司法鉴定中心根据法院来函,对其重新鉴定申请书提出的异议书面函复后,被告再次申请浙江汉博司法鉴定中心鉴定人出庭。鉴定人于 2016 年 12 月某日出庭,庭审时,被告项某请来专家证人宋某进行质询。

出庭经过：

**法官**：核对身份后，由专家辅助人发问。

**专家证人**：鉴定人出具的鉴定意见是否是明确性的？

**鉴定人**：是，出具的是确定性意见。

**专家证人**：本案是否有模仿迹象。

**鉴定人**：经过慎重比对，全面分析，本案检材笔迹系正常笔迹。

**专家证人**：模仿是大同小异，本案检材是否仅是存在大的方面相同？

**鉴定人**：想反问一下专家辅助人，你认为是否正常？

**专家证人**：我认为不正常。

**鉴定人**：检验首先就要分析检材是否正常，我认为是正常的。

**专家证人**：样本分为案前自然样本、案后实验样本，你们检验用的是案前样本还是案后实验样本？

**鉴定人**：我们收到送检材料后，发现没有样本，就发函给法院，要求补充平时样本，因平时样本无法补充，故采集了实验样本用于比对。

**专家证人**：我认为：一、你们的意见书检案摘要中委托方名字打印错误，特征比对表没有标示，工作粗糙；二、本案是高水平模仿笔迹，你们对检材的描述与事实不符，如"根"字有明显形快实慢迹象；三、仅以实验样本做出确定性意见，严重违反规程，应先自然样本，后实验样本；四、笔迹特征点多少，应根据价值高低评判，将大量稳定性高价值特征否认，牵强附会；五、本案差异点多，意见书中描述为个别不准确，例如"项某"签名，后面一个字收笔运笔生涩、形快实慢，搭配左小右大，与样本不符，"项"字连笔也有差异，内容中"大""伍""元""向""人""借""条""利""息"等字均存在差异，量化统计，我就能找出200个差异点。另外，你们差异点解释为非本质差异的理由不充分，当事人补充的自然样本也可以参考。综上，我建议补充鉴定或重新鉴定。

**鉴定人**：一、打印错误已经补正，不影响鉴定实质。特征比对表也有标示，留存于档案材料中，根据协会文件规定，发出的意见书中特征比对表可不予标示。二、我们检验的第一步就是分析检材是否有伪装，本案检材字迹多，特征稳定，未出现停顿、另起笔、弯曲抖动等迹象，排除这些特点，检材可定为正常笔迹。如检材上两个"项某"签名特征稳定一致，可以确定系同一人书写。三、我们对差异点也有检验，是有差异，但差异是如何形成的，应进行分析。事后样本局限，故意还是本来就这么写都要考虑。我们采样时有听写、有抄写，抄写是打印后再抄，采样听写时书写速度相对缓慢，有缺陷，经全面分析，我们认为采样时有故意慢写的可能。四、当事人现今补充的平时样本，是否是标称时间书写，有无经过质证，存疑。五、说到特征，错别字特征、运笔特征、搭配特征都符合很好，"350000"的组合搭配也相符。笔迹特征应抓关键特征,例如,"致"抄写写错,"大"的笔顺,"为"的搭配,"经""款"字的写法等,都与样本字迹相符合。样本虽然是实验样本,也要分析本质特征。

**专家证人:**检材不正常,你们将差异点都归纳为样本局限,胆子太大,违反规定。阿拉伯数字搭配价值低,"为"字很多人笔顺都这么写,不具有排他性,差异点这么多为何还出肯定性意见? 如果量化,细节特征差异超过10%,就应引起重视。

**鉴定人:**你们是否看到过检材原件?

**专家证人:**没有,我们根据当事人提供的复印件鉴定的。

**鉴定人:**专家辅助人说我们违背常理,我们鉴定使用的是原件,他们看的却是复印件。我们采样是听写和抄写,即使量化,在小范围内出现错别字、写法相符的特征,这就是大概率事件了。

**专家证人:**复印件也可以鉴定的。鉴定人认为样本有缺陷,有差异,就应该补充鉴定、重新鉴定。

**法官:**被告项某,采样时你是怎么写的?

**被告项某:**先听写后抄写,抄写的打印件。

……

**法官:**原告有无问题?

**原告:**我们做鉴定前也不知道汉博,认为汉博的鉴定合理、合法。

**被告:**鉴定人认为实验样本有伪装有何依据?

**鉴定人:**提供的参考样本可以参考。但参考样本未质证,故未采用。

法官翻阅卷宗,发现卷宗中的《送达回证》《当事人送达地址确认书》上有"项某"签名,这两份材料是项某在法院当面书写的,经专家证人、鉴定人现场查看,实验样本中未反映的部分特征在这两份材料有反映出来,差异点可以解释,之后专家证人未再提出异议。

经浙江汉博司法鉴定中心后期的追踪了解,本案法院最终采纳了中心的鉴定意见,并做出了判决。

由此可以看出,专家证人意见应当具有质疑和巩固鉴定意见的双重功能:一方面,专家证人可以从证伪的角度对鉴定意见进行质疑,说服法官拒绝采纳鉴定意见;另一方面,专家证人也可以从证实的角度对鉴定意见做出进一步的解释、说明,增强鉴定意见的证明力,消除公诉人、当事人和辩护人、诉讼代理人对鉴定意见的异议,说服法官采纳鉴定意见。但是,考虑到控辩双方在鉴定程序启动上的严重不平等的现实,相对于质疑功能来讲,专家证人对鉴定意见的巩固功能仅具有补充的性质,并不占据主导地位。[①]

### 三、专家证人意见的质证

《刑事诉讼法》规定,公诉人、辩护人、当事人、诉讼代理人向法庭申请,经法庭审查,有专门知识的人具有相当资格,且对确定案情事实确有必要,法庭可通知有专门知识的人参加庭审,就司法鉴定意见基于自己的学识、能力和水平提出自己独立的对鉴定意见的质证意见,有专门知识的人不得参加法庭旁听,有专门知识的人就鉴定意见向法庭所提意见基本倾向于申请其出席法庭的委托人之质证意见。有专门知识的人在法庭上就鉴定意见所发表的质证意见不属于证据。

《刑事诉讼法》中对有专门知识的人可以出庭对鉴定人所做出的鉴定意见提出质证意见的规定,可以被视为是引入类似英美法系国家的专家证人制度,在中国刑事诉讼制度方面第一次实现了有专门知识的人的质证意见可在法庭上与鉴定人的鉴定意见实现某种形式的对抗。

《刑事诉讼法》对有专门知识的人的出庭对鉴定意见进行质证的程序做了较为详细的规定。《最高人民法院关于适用〈中华人民共和国刑事诉讼法〉的解释》第二百一十五条规定:"审判人员认为必要时,可以询问证人、鉴定人、有专门知识的人。"

证人证言是证人对案件情况通过自己的感知进行的陈述,是典型的言辞证据,有时由于记忆、感受、表达能力存在偏差而使证言失真,或者证人由于受到某种恐吓、利益诱惑而做出虚假陈述。这种情况下,对证人证言进行当庭询问对质,经审查后方可作为定案证据。

鉴定意见书是司法鉴定机构和鉴定人对委托人提供的鉴定材料进行检验、鉴别后出具的记录鉴定人专业判断意见的文书;司法鉴定检验报告书是司法鉴定机构和鉴定人对委托人提供的鉴定材料进行检验后出具的客观反映鉴定人的检验过程和检验结果的文书。

"鉴定意见"一词最早在美国使用,其实质是一种证人证言。美国是英美法系国家,实行陪审团制度,陪审团凭借自己的生活经验、法律常识对当事人双方争议的各类案件的事实问题进行认定,法官只负责法律问题的审理。陪审团制度的基础就是让一般民众根据他们朴素的法律知识、道德观念、价值观念对案件的事实进行认定。但它有天生的不足:当案件中涉及专门性问题时,一般民众无法认定,此时就需要专家根据他们的专门知识来为庭审提供帮助,由此,专家证

---

① 冀敏,吕升运.专家辅助人制度的构建与完善[J].甘肃政法学院学报,2016(2):104-117.

人制度便产生了,专家证言也就是鉴定意见。所以,它的质证同证人证言质证规则相同。由此可见专家证人在法庭上的发言本身是被质证的对象,询问证人、鉴定人、专家证人适用相同的规则。而其中证人证言、鉴定意见属于证据,被质证后才可以作为定案证据。而专家证人的意见虽然不是证据,但是,被质证后可以强化法官的认知,这是法官理清法律事实的要求。

我们可以参考国外的成功经验,例如影响美国证据采信的 Daubert 案,通过对指纹证据的质证,联邦法院认为对专家证言的审查应该包括:①专家证言所依据的理论或技术是否可以或已经被验证;②该理论或技术是否经过业内人士和已出版文献的检验;③专家所用的方法或技术的已知的、潜在的错误率,以及运用这种方法或技术的现存标准;④普遍接受标准,即专业领域内普遍接受。

对专家证人意见的质证也应该有法定的程序,没有正当的程序,也会影响到实体法的公正。对专家证人的询问,适用询问证人的规则:①发问的内容应当与本案事实有关;②不得以诱导方式发问;③不得威胁专家证人;④不得损害专家证人的人格尊严。

我国诉讼中存在着两重结构,即三角结构与线性结构。在三角结构中,法官居于中立地位,控辩双方是平等的,这主要体现在控辩双方的权利是相同的或者是对等的。在这一结构中,法官没有任何的偏向性,居于控辩双方之上。控辩双方则平等地居于法官两边,犹如一个等腰三角形,故而得名"三角结构"。三角结构的实现,要求在整个诉讼中遵循"审判本位主义"。审判本位主义的一个重要特点就是以审判为中心,审判之前的所有程序,包括侦查程序、审查起诉程序都是为最终的庭审做准备的。法官只在最后的审判中,根据控辩双方的辩论、证据来判断案件的事实,并最终做出判决。

而线性结构是一种与三角结构截然不同的诉讼结构。在这一结构中,侦查机关、审查起诉机关、审判机关三机关互相协作,共同对抗犯罪嫌疑人、被告人。由于在这一结构中,只存在对立的两方,故而称其为线性结构。线性结构的主要特点是"侦查本位主义"。侦查活动在整个刑事诉讼中居于主导地位。虽然法官还是中立的,但是侦查机关在侦查活动中所收集的证据、材料在审查起诉和审判中,大部分都被沿用。这就使得庭审基本成为一种形式。犯罪嫌疑人、被告人的辩护权利受到很大的限制,他们的诉讼地位更趋向于诉讼客体。控辩双方的平衡性被严重地打破了,辩方完全处于劣势地位。

在现实的诉讼结构中,三角结构和线性结构分别对应着当事人主义诉讼模式和职权主义诉讼模式。我国的传统刑事诉讼模式属于职权主义诉讼模式,近年来,我国的刑事诉讼在职权主义的基础上,吸收了当事人主义模式的一些有益部分，具体体现在加强了辩方的防御权利，制约控辩这一法律的天平严重倾斜。我国一直存在重实体、轻程序的问题。但是，在法治进程中，我们要逐步转变这一思想。程序正义和实体正义同样重要，没有程序的正义，实体的正义就没有说服力；得不到实体的正义，程序正义也将失去意义。控辩双方平衡是保障程序正义的重要途径，只有坚持控辩双方的平衡，才能使实体的正义得到社会的认可。

# 第六章　建立中国的专家证人制度

传统文化之所以能够不断延续和发展,自有其深刻的道理。不管人们如何认识和把握传统文化,历史的积淀和社会意识的潜流,都会渗入社会心理的深层,同人们的生活方式、思维模式、行为标准、道德情操、审美情趣、处世态度及风俗习惯融为一体,成为"化民成俗"的东西,成为人们生下来就濡染其间的一种精神意识。有中国特色的证据制度,同样是深深植根于传统文化的历史活动。继承发扬中华法律文化传统,吸收世界法律文化成果,努力形成有中国特色的专家证人制度,服务于诉讼活动,这是法治中国的题中之意。

党的十八届四中全会通过的《中共中央关于全面推进依法法国若干重大问题的决定》提出:"推进以审判为中心的诉讼制度改革,确保侦查、审查起诉的案件事实证据经得起法律的检验。"这为完善我国诉讼制度指明了方向。审判体现着诉讼的终局结果,具有决定性意义,推进以审判为中心的诉讼制度改革,确保司法公正,必然要求建立和完善中国的专家证人制度。

## 第一节　中国的专家证人制度背景

专家证人制度的产生是现代科技发展的结果,专家证据突出地表现出了诉讼和科技的密切联系。随着科技的迅猛发展,环境污染、交通或医疗事故等越来越多的纠纷需要运用技术手段加以解决。但是,法官作为争讼问题的审理者和裁决者,作为法律上的专业人员,不可能也没必要拥有所有专业的技术知识,以解决不同领域纷繁复杂的诉讼纠纷。现代科技的不断进步推动了中国的专家证人制度的形成。

目前,在诉讼活动中,专家证据的运用越来越成为当事人在诉讼中向对方当事人发起进攻或进行防御的一种方式,可见专家证据的扩张趋势日益显著。而我国的专家证人制度仍然存在这样或那样的缺陷,为了使法院更好地审判涉及高科技、新手段的案件,使当事人更有效地利用专家证人意见实现自我利益的保护,在我国的诉讼活动中,应当建立起有中国特色的专家证人制度。

## 一、专家证人制度的借鉴

专家证人制度是英美法系当事人主义诉讼模式中所特有的一种设置。不同于普通证人,专家证人是指"具备知识、技能、经验,受过培训或教育,而就证据或事实争议提供科学、技术或其他专业意见的证人"①。与大陆法系鉴定权主义所产生的专家鉴定制度相对应,专家证人制度是英美法系对鉴定人制度采纳鉴定人主义的体现。② 作为大陆法系国家,我国对专家证人制度的概念仍然相对陌生。同时,学界对中国专家证人制度的研究成果不多,甚至纠结于专家证人这个名称因为来自西方而强调不宜使用。正因为如此,"专家辅助人"这个模糊的名称才大行其道。

### (一)英美法系专家证人制度的特征

专家证人制度发源于 14 世纪的英国,专家证人以法官助手的身份出现,由法院指定。18 世纪,在独立自由主义宪法精神的影响下,当事人可以聘请专家证人,并且专家证人一般只对当事人负责,无须具有中立性。③ 庭审中,其证言的真实性一般通过交叉询问来确定。

专家证人制度是英美法系当事人对抗制诉讼模式的缩影,当事人主义的核心理念是"利用相互对立的当事人对胜利结果的追求,使当事人在诉讼中充分展开攻击和防御,而法官或陪审团则被动地从当事人双方的竞技过程中判断哪一方当事人应当胜诉"④。英美法系采取当事人主义的对抗制诉讼模式的原因是这样可以使双方当事人收集证据的活动比法院更为积极、主动和彻底。专家证人的意见或鉴定意见因其具有较高的科学性、客观性与可信度,无疑对当事人的庭上平等对决具有非常有益的作用。因此,由当事人自由选任专家证人与英美法系所推崇的当事人主义是相符的,有利于通过当事人的对抗来理清案件争议点,有利于通过竞争双方的相互举证全面地揭示案件真相。

英美法系将诉讼中的专家参与人称为专家证人。证人分为普通证人和专家证人,普通证人只能就该事实提供证言,不可以提供意见、推论和结论;专家证人则通过自身的专业技能,依据调查研究和经验,对专业问题陈述意见。专家证人必须在特定领域具备足够的专业素养,作证前由法院审查其专家证人的资格。⑤

在英美法系国家,专家证人实际上就是具有专门知识的人员。他与普通证

---

① 胡震远.我国专家证人制度的建构[J].法学,2007(8):92-97.

②③ 郑昱.论英美法系专家证人制度对我国的借鉴[J].海峡法学,2011-6(2):106-112.

④ 张卫平.民事证据制度研究[M].北京:清华大学出版社,2004:673.

⑤ 钱洁.我国专家辅助人质证程序研究[D].安徽:安徽大学,2013.

人的区别主要在于其具备专业的知识技能,二者在诉讼地位和作证程序上基本没有什么差别。《美国法律词典》是这样表述专家证人的:"在一项法律程序中作证,并对作证的客观事项具有专门知识的人。"在英美法系法律中,专家证人是特殊的证人,因其一般由当事人自行委托,而从属于委托当事人,以本方当事人的立场和利益为鉴定活动的目的,其诉讼立场具有倾向性。但是,专家证人依然要对法庭负责。即便如此,还是不可避免地出现了"对抗过度"①的问题,所以英美法系法律对专家证人制度也进行了相应的改革。② 英国以成文法的形式明确规定了专家证人的立场,1999 年英国新《民事诉讼规则》和《专家证人指南》均明确规定了"专家对法院的优先职责",以及专家的中立立场和地位。Wilberforce 大法官在"White House vs. Jordan"一案的判决中说明"案件中对专家或者是法律专家进行咨询在一定程度上是合理的,但是呈上法庭的专家证据应当是并且被视为专家个人的独立'产品'不受任何形式的干扰"。③

(二)大陆法系专家证人制度的特点

大陆法系采取职权主义诉讼模式,而职权主义在司法鉴定程序方面的体现是把专家证人看作鉴定人。随着诉讼技术的进步,专家参与诉讼的制度逐步完善,一些国家在传统的鉴定人制度的基础上设立了新的专家证人制度,如意大利的"技术顾问",俄罗斯的"专家",德国、日本的"鉴定证人"等。④

**1.意大利的技术顾问**

在意大利,诉讼双方可以在诉讼过程中聘请技术顾问,对案件中涉及专门知识的证据进行审查和判断,同时,技术顾问参与诉讼,为委托人提供建议、指导,甚至参与到法庭的交叉询问中。

根据意大利诉讼法的规定,在诉讼中当事人可以聘请技术顾问为自己服务。可见,意大利的技术顾问是由一方当事人聘请并为其服务的技术专家。他的地位既不是鉴定人,也不是特殊的证人。其作用主要有两个方面:一是服务于聘任他的一方当事人,向其解释鉴定人做出的鉴定意见;二是发挥监督作用,对鉴定人的鉴定工作进行监督审查。通过技术顾问对鉴定人的工作进行审慎、专业的考量,并对鉴定工作发表意见,有利于弥补法官、律师等诉讼参与人在案件中所需要的法律领域之外的专业知识的缺失,从而保障办案质量。因此,技术顾问具有独立的诉讼地位。在诉讼中,技术顾问的工作使当事人能够参与鉴定过程,保证了诉讼双方的力量平衡,有助于提高鉴定意见的公信力,在很大程度上防止了

---

① 罗斯·庞德.大众对司法裁判不满的缘由[J].贝勒法律评论,2000,8.
②③④ 温婷婷.专家辅助人的诉讼地位:以新刑事诉讼法为视角[D].上海:华东政法大学,2012.

司法机关聘请的鉴定人在鉴定工作中出现漏洞或错误,影响最终事实认定。更重要的是能够有效防止鉴定人从法官的"助手"转变为法官的"主人"。

### 2.俄罗斯的专家

《俄罗斯联邦刑事诉讼法典》第五十六条对专家及其在诉讼中的功能做出了规定:"侦查行为的参与人是具有专门知识,依照本法典规定的程序,为了在研究刑事案件的材料方面,查明、确认、提取物品和文件,采用技术手段向侦查行为的参与人提出问题,以及向控辩双方和法院解释其专业权限范围内的问题而被聘请参加诉讼行为的人员。"根据《俄罗斯联邦刑事诉讼法典》第五十六条第三款规定,"专家有权:①拒绝参加刑事诉讼,如他没有相关的专业知识;②经侦查人员、调查人员、检察长和法院的许可,向侦查行为的参与人提出问题;③了解他所参加的侦查行为的笔录,并提出声明或意见,声明和意见应记入笔录;④对侦查人员、调查人员、检察长和法院的行为(不作为)和限制其权利的决定提出申诉。"

从上述规定可以看出,在俄罗斯的刑事诉讼中,专家制度的设计与意大利的技术顾问制度相似,俄罗斯的专家有独立的诉讼地位,在诉讼过程中帮助当事人参与鉴定过程,提高鉴定结果的公信力,审查监督司法机关聘请的鉴定人在鉴定工作中出现的漏洞或错误,从而保障司法机关正确认定事实。

### 3.德国、日本的鉴定证人

日本刑事诉讼法中直接提出了"鉴定证人"的概念,德国的刑事诉讼法采用"具有特别专门知识的人员"的模糊称谓。依据相关规定,可以认为,德国"具有特别专门知识的人员"除鉴定人之外实际上就是鉴定证人。如《德国刑事诉讼法》第八十五条规定:"为了证明过去的事实或情况,需要询问具有特别专门知识的人员时,适用关于证人的规定。"可见,在德国刑事诉讼中,具有专门知识的人员在诉讼中的地位与证人类似。与其相似,日本的鉴定证人也适用有关证人的规定,如《日本刑事诉讼法》第一百七十四条规定:"鉴定证人对因特殊知识而得知的过去的事实的询问,不依照本章(鉴定人)的规定而适用前章(证人)的规定。"

综上,德国和日本的鉴定证人不同于鉴定人,而是相当于普通法系国家的专家证人。

## 二、建立中国的专家证人制度的背景

在大陆法系职权主义模式中,法官处于主导地位,在诉讼中完全不受当事人主张的约束,在各种具体程序的启动和终结方面,法院具有主动性和决定性;法院可以在当事人主张的证据范围之外收集任何其他的证据;同时,法院可以自主决定诉讼对象。① 职权主义体现在程序上,有两个特点:第一,在民事诉讼的发动上,为追求实体真实,法院一般要求当事人在起诉时将有关证据材料一并提供;第二,在案件审理上,法官指挥整个庭审,由审判长主动询问当事人,收集调查证据,而不受诉辩双方所提出的证人和证据的限制,总之,法官是"起决定作用的弄清真相者"。②

由于属于大陆法系国家,我国在司法鉴定制度方面带有浓厚的职权主义色彩。在司法实践中,通常做法是预先将鉴定权赋予特定机构,法院在诉讼程序中拥有主导权。从表面上看,在传统大陆法系司法鉴定模式下,至少鉴定的客观性、中立性得到了保障,诉讼及鉴定进度都处于法院的控制之下,保证了诉讼相对公正、高效及诉讼成本的经济。③ 但是,我国现有的司法鉴定制度存在着滞后性与局限性,其缺陷主要包括:专业的深化导致对鉴定意见的监督名存实亡;对鉴定意见的质证程序形同虚设;裁判者过分依赖鉴定意见,造成"鉴定者独裁"。④

2012 年 11 月召开的中国共产党第十八次全国代表大会对全面推进依法治国做出重大部署,强调把法治作为治国理政的基本方式。中国共产党第十八届中央委员会第四次全体会议审议通过了《中共中央关于全面推进依法治国若干重大问题的决定》。全会提出,公正是法治的生命线。司法公正对社会公正具有重要引领作用,司法不公对社会公正具有致命破坏作用。必须完善司法管理体制和司法权力运行机制,规范司法行为,加强对司法活动的监督,努力让人民群众在每个司法案件中感受到公平正义。强调加强对刑事诉讼、民事诉讼、行政诉讼的法律监督,完善人民监督员制度,绝不允许法外开恩,绝不允许办关系案、人情案、金钱案。

为了保障当事人的合法权利,减少冤假错案的发生,我们可以借鉴英美法系专家证人制度和大陆法系专家证人制度的内核,建立有中国特色的专家证人制度,来保障法裁定更具科学性和公平性,从而更加有效地避免冤假错案。《河南法制报》2015 年 10 月 8 日的一篇报道介绍,时任河南省高院院长的张立勇在审理一宗故意杀人案的过程中,曾请华中科技大学同济医学院的刘良教授作为专家证人出庭作证,向法庭阐述关于死因的专业知识。河南省高院的工作人员在该报道中表示,专家证人出庭作证,能够及时发现鉴定意见中的缺陷和问题。专

---

① 项雪平.论民事诉讼模式的选择[J].宁波职业技术学院,2004,8(1):64-66.

② 曹凤.诉讼程序中的职权主义和当事人主义[DB/OL].(2013-10-22)[2018-04-2 0].http://www.66law.cn/lawarticle/11457.aspx.

③④ 郑昱.论英美法系专家证人制度对我国的借鉴[J].海峡法学,2011,6(2):106-112.

家证人和鉴定人同时出庭,则能让法官在两者的"较量"中,正确判断司法鉴定意见的证据能力及证明力大小,从而帮助法庭更准确地查明事实。

### 三、建立中国的专家证人制度的阻力

司法鉴定意见是诉讼中非常重要的证据种类之一。特别是刑事诉讼中的司法鉴定意见,往往决定着被告人的罪与非罪,罪轻与罪重。司法鉴定意见有时还可能关系到被告人的生与死。有些刑事案件的结果,在更大程度上是被司法鉴定意见所决定的。在一宗故意杀人案中,因涉及数名被害人,引发的舆论关注很大。对该名被告人是否具有精神病的精神司法鉴定意见,就可能关乎其是否会被判死刑的问题。因此,讨论刑事诉讼活动中的司法鉴定问题,探讨如何对各种司法鉴定意见进行有效的法庭质证,不仅是个案审判时应当关注的重点,更是推进司法改革、促进司法公正的重要一环。

在司法实践中,法官对司法鉴定意见有着很高的依赖性,然而,辩护律师大多不具备鉴定领域的专业能力,难以对存疑的鉴定意见进行有效的法庭质证。我国 2012 年修订的《刑事诉讼法》首次确立了专家证人制度,成为刑辩律师对抗控方司法鉴定意见的一大辩护利器。专家证人制度对推进以审判为中心的刑事诉讼制度改革、深化庭审实质化具有积极意义。

中国的专家证人制度的建立和发展,是大势所趋。其阻力主要来自法治环境、诉讼机制、运行基础几个方面。

#### (一)我国法律诉讼机制与之不适应

制度的顺利成长还需要配套制度的养料,任何一种制度都不是孤立的,需要其他制度的配合与支撑。在我国司法实践中,没有陪审团制度;英美法系的证明标准推崇排除一切合理怀疑,大陆法系则坚持法官自由心证;英美法系在鉴定人资格认定上秉持宽资格、严质证的原则,而大陆法系则是严资格、略质证。在我国法律制度迥异、配套制度空白的大环境下,全面推行中国的专家证人制度,需要一个很长的过程。

#### (二)中国的专家证人制度运行基础不扎实

制度的生长壮大需要肥沃的土壤,长期以来,我国奉行严格的职权主义,法官主导诉讼过程,当事人在庭审过程中处于相对消极的地位。虽然法律的修改吸收了一些英美法系当事人主义的做法,逐渐强调庭审中双方的平等对抗,但也很难动摇我国诉讼文化中的职权主义基础。

#### (三)难以解决专家证人制度的缺陷

制度的成功运行更需要对制度缺陷进行防范,如上所述,英美法系专家证人

制度的发展存在严重弊病,如难以保证专家证人的中立性和诉讼效率。有的学者甚至认为,在我国尚未具备充足的法治条件的当下,引入真正意义上的专家证人制度,可能会因此产生更多的问题,并加剧我国司法鉴定制度混乱的状态。

总的来说,目前司法实践中专家证人制度的实施存在以下问题:一是专家证人名称不统一,存在有专门知识的人、专家证人、专家辅助人等多个名称;二是诉讼地位不明确,没有明确专家证人的法律地位;三是专家证人出庭的审批程序不规范,有的法院因此不同意专家证人出庭。

### 四、立足于国情与立法传统之上的创新

英美法系虽然在立法上赋予法官指定专家的职权,但实践中,行使这种职权的情况并不常见。英美法系的鉴定人一般由当事人选定,被视作证人,会受到主询问和交叉询问。但其与一般证人不同,可以就专门性问题发表自己的意见,而一般证人则只陈述事实。很多情况下,英美法系的专家证人会加入当事人阵营与对方进行对抗,因此,常常发生"鉴定大战"。

虽然专家证人制度在几百年的发展历程中对司法效率与判决公正发挥越来越积极的作用,但其弊病也不断显现出来。①趋于商业化。对抗制诉讼模式中,专家证人由当事人自行聘请,为了得到更有利于自己的专家证人证言,当事人更愿意花高价聘请能够提供这种服务的专家,相对的,越是中立的专家就越难被聘用。于是,专家的中立性就在这样的环境中被不断削弱。②诉讼成本飙升。随着科技的发展,专家证人在诉讼中越来越不可或缺,其证言的重要性不言而喻,聘请专家的费用必然越来越昂贵。专家证人成为穷人负担不起的奢侈品,继而引发当事人诉讼地位不平等的问题。

大陆法系为纠问式诉讼程序,以法官为中心。鉴定人的意见被作为与书证、物证相对应的人证来看待,鉴定人被视为法官的助手,通过对专门性问题进行调查、了解,来补充或增强法官在专门性问题上的认知,从而帮助法官查明案件事实。

德国的法律规定,一旦决定鉴定,当事人会被要求各自提出鉴定人名单,如果双方一致要求某专家鉴定,则法院必须接受。但在实践中一般由法官指定鉴定人,以保证公正性及证据的可靠性。而在事实认定上,法官依然坚持自由心证,不受鉴定人意见的约束,鉴定人的意见会按照特定的程序规则接受当事人双方的质证。

接合我国实情,借鉴国外比较完善的专家证人制度,建立中国的专家证人制度是历史的选择。我国刑事诉讼法和证据法专家陈瑞华教授认为,律师针对司法鉴定意见的辩护可谓"山穷水尽"。2012年《刑事诉讼法》确立的专家证人制

度取得了重大突破。但这一制度实施以来,在多个问题上仍存在较大的争议。如专家证人的身份是证人还是鉴定人? 其陈述的内容算专家意见还是证人证言?

墨守成规或贸然革新都无法简单地推进法治进程,甚至可能导致法治进程的后退,单纯依靠或完全颠覆某一制度都不可取。虽然,我国的证据制度在发展过程中仍然存在很多弊病,但相较于英美法系证据制度,还是有不少优越之处,如鉴定人及专家证人的中立性方面、司法公平公正方面及审判效率方面。因此,我们应该立足国情,吸收与整合适合于国情、有利于改进现状的经验与做法,建立中国的专家证人制度。如何建立健全中国的专家证人制度,则需要从传统法律文化根基到未来法治中国的发展方向,全面而谨慎地设计制度的框架。

## 第二节　专家证人的概念与内涵

### 一、专家证人的概念梳理

民事诉讼是指人民法院、当事人和其他诉讼参与人,在审理民事案件的过程中,所进行的各种诉讼活动,以及由这些活动所产生的各种关系的总和。在诉讼活动中,公民之间、法人之间、其他组织之间,以及他们相互之间因财产关系和人身关系产生纠纷提起的诉讼,是诉讼活动的主体。据大数据统计,2013 年至2017 年,最高人民法院受理案件 82383 件,审结 79692 件,分别比前五年上升60.6% 和 58.8%。2017 年,最高人民法院共计受理民事案件 3332 件案件,其中第一、二、三、四、五、六巡回法庭审理案件的总量为 2692 件,占比 81%;最高人民法院本院审理的案件总量为 640 件,占比 19%。

在我国,"有专门知识的人"的提法最早出现于《民事诉讼法》司法解释中。[①]最高人民法院出台并于 2002 年开始施行的《关于民事诉讼证据的若干规定》(以下简称《民事诉讼证据规定》)第六十一条规定:"当事人可以向人民法院申请由一至二名具有专门知识的人员出庭就案件的专门性问题进行说明……"

我国《行政诉讼法》中没有对专家证人的相关规定。随着现代科学技术的发展,行政案件的类型发生了重大变化,越来越多的行政案件涉及专门性的技术问题,如不断高发的环境污染纠纷行政诉讼案件、知识产权纠纷行政诉讼案件、反垄断行政纠纷案件及一些因涉及专门性问题的行政处罚纠纷而引起的行政诉讼

---

① 左宁.我国刑事专家辅助人制度基本问题论略[J].法学杂志,2012(12):148-153.

案件等。<sup></sup>① 而行政诉讼制度对维护行政相对人合法权益的作用随着现代法治建设进程的加快越来越受到关注,因此面对涉及专门性问题越来越多的行政纠纷案件,必然要加强对所涉及专门性问题的审查力度。2002 年 10 月 1 日起施行的《最高人民法院关于行政诉讼证据若干问题的规定》(以下简称《行政诉讼证据规定》)第四十八条中提到了与"有专门知识的人"类似的"专业人员",该条文规定:"对被诉具体行政行为涉及的专门性问题,当事人可以向法庭申请由专业人员出庭进行说明……"首次涉及行政诉讼中的专家证人问题,但并未对专家证人制度做出全面系统的规定,亦未提出"专家证人"这一概念。

2012 年修订的《刑事诉讼法》和《民事诉讼法》正式确立了专家证人制度,扩展了具有专门知识的人参与诉讼的具体方式。[2] 全国人民代表大会关于修改《中华人民共和国刑事诉讼法》的决定,将第一百五十九条改为第一百九十二条,增加一款,作为第二款:"公诉人、当事人和辩护人、诉讼代理人可以申请法庭通知有专门知识的人出庭,就鉴定人做出的鉴定意见提出意见。"增加一款,作为第四款:"第二款规定的有专门知识的人出庭,适用鉴定人的有关规定。"

虽然,《刑事诉讼法》和《民事诉讼法》对"有专门知识的人"的规定相当简略,尤其是其出庭"适用鉴定人的有关规定"的表述,引发了是作为专家证人还是专家辅助人的争论,以及是否有必要界定为中立的鉴定人诉讼地位之分歧[3],但是,这一新规确实可以说是在我国诉讼活动中确立了中国的专家证人制度。

英美法系中没有鉴定人的概念,鉴定人成为专家证人,享有和证人同等的权利和义务。我国新《刑事诉讼法》引进了专家证人制度,但与英美法系国家的专家证人制度又不完全相同,目前我国法律上不称专家证人,而称"有专门知识的人"。[4] 学界则将这种有专门知识的人称为"专家证人""专家辅助人""诉讼辅助人""诉讼辅佐人""技术顾问""专业技术人员"等。由于这概念或术语的不统一、不规范,致使对其性质、内涵及外延的认识与界定存在一定程度的混乱,造成其诉讼地位的模糊及诉讼权利义务在实践中的不均等。[5] 对此,笔者认为,基于专家证据的重要性,必须将对"有专门知识的人"的称谓统一规范为"专家证人"这一术语。因为,在很多涉及专门知识甚至高科技的案件中,当事人、律师和法官在专门知识方面的欠缺,使得因案件的事实无法认定而导致诉讼的正常程序受

---

① 黄学贤.行政诉讼中的专家辅助人制度及其完善[J].法学,2008(9):93-103.

② 李学军,朱梦妮.专家辅助人制度研究[J].法学家,2015(1):147-163.

③ 郭华.刑事诉讼专家辅助人出庭的观点争议及其解决思路[J].证据科学,2013,21(4):428-436.

④ 张蕴章.新刑诉法引进了专家证人制度[DB/OL].(2013-12-05)[2018-04-20].http://blog.sina.com.cn/s/blog_50cae6580101k0i4.html.

⑤ 郭华.专家辅助人制度的中国模式[M].北京:经济科学出版社,2015:1.

阻。因而,发挥专家证人在诉讼中特有的作用,从而使得诉讼得以顺利进行,已经成为世界范围内各国司法活动发展的重要趋势之一。

（一）什么是专家

专家证人制度这一概念中的核心词语是"专家证人",因此,要理解专家证人制度,首先必须了解什么是"专家"。

对于"专家"这一概念,英美法系国家有许多不同的定义。如《布莱克法律词典》的定义是:"经过某学科科学教育的人,或者从实践经验中获得并掌握了特定或专有知识的人。"美国学者罗杰斯的定义是:"专家是指在某一行业、学科或职业中具有足够的技术或专门知识的人。严格地讲,任何一个行业、学科或职业中的'专家'都是通过实践或观察而变得经验丰富的人。因此,专家可以被定义为'有技术的人'。"英国的摩尔大法官对专家的定义是:"所有从事那些需要某种专门知识的职业或事务的人,在所需要的专业知识的范围内,都是专家。"美国佛蒙特州的罗伊斯法官的定义是:"所谓专家,就是指拥有法庭要求他提供意见的问题所处领域的特别的知识或技术的人。"①

我国对专家的解释,通常指专门技能或专业知识全面的人,或者是特别精通某一学科或对某项技艺,有较高造诣的专业人士。2018 年 2 月 11 日,最高人民检察院第十二届检察委员会第七十三次会议通过了《最高人民检察院关于指派、聘请有专门知识的人参与办案若干问题的规定（试行）》,该规定第二条指出:本规定所称"有专门知识的人",是指运用专门知识参与人民检察院的办案活动,协助解决专门性问题或者提出意见的人,但不包括以鉴定人身份参与办案的人。本规定所称"专门知识",是指特定领域内的人员理解和掌握的、具有专业技术性的认识和经验等的知识。

（二）什么是中国的专家证人

休谟曾经说过,我们的一切认识和知识都来自感觉经验,都是感觉经验的产物,超出感觉经验之外就不可能获得任何真正的知识。马克思主义哲学则认为,人们对世界的认识是从感性到理性再到实践的过程。所以,人类的知识分为两种,建立在经验基础上的知识和具有一定组织化、系统化的科学知识,两者之间没有明显的界线,前者是一种初级知识,是科学知识的铺垫和前奏,或者说它可能会构成科学知识的一个部分。②

根据我国诉讼法律对专家证人的有关规定,根据最高人民法院、最高人民检

---

① 张臻.英美法系专家证人制度研究[D].南京:南京师范大学,2007.

② 刘鑫,王耀民.论专家辅助人资格的审查[J].证据科学,2014,22(6):698-714.

察院对专家证人的有关规则,以及我国专家证人的丰富实践,我们对中国的专家证人的定义如下:中国的专家证人,是指在诉讼活动中,由公诉人、刑事诉讼当事人、辩护人、诉讼代理人,民事、行政诉讼双方当事人、诉讼代理人申请聘请的具有专门知识或专业技术和经验的,能够对鉴定意见提出意见,或者能够解决案件涉及的专门性问题的人。

专家证人所具有的"专门知识",既包括科学知识,也包括属于专家个人在生活和工作中积累或者形成的经验。[①] 科学知识中既包括自然科学知识,也包括社会科学知识。科学首先指应用于自然领域的知识,然后扩展、引用至社会、思维等领域,如社会科学。它涵盖两方面含义:致力于揭示自然真相,而对自然做理由充分的观察或研究,但是不包括伪科学知识和非科学知识。

我们知道,法律诉讼中涉及的事项被分为法律问题和事实问题。法律问题由法律人士解决,涉及定案的法律问题由法官定夺。事实问题则比较复杂,因为诉讼中涉及的事实问题,除了可以通过其他裁判、司法认知等技术确定的少数事实之外,绝大多数的事实都需要通过证据加以确认。对于涉及专业技术领域的证据,对于需要科学技术知识才可以判断的证据,则不在法官的能力范畴之内。

专家证人在诉讼中的作用是对鉴定人员出具的鉴定意见或者其他专门性问题,利用自己的专业知识及经验进行分析、阐明并提供意见或者建议。实际上,公诉人、当事人和辩护人、诉讼代理人聘请专家证人出庭的主要目的,就在于对鉴定意见进行质证。[②]

### (三)中国的专家证人的具体功能

专家证人的功能主要表现在两个方面。第一,在庭审过程中对专门性问题进行陈述说明,在必要时与对方进行对质,比如专家证人在人身损害纠纷中帮助当事人分析、审查医疗鉴定结果,在房地产案件中,为当事人签订的建筑施工合同等"把关",对造价鉴定进行审查;第二,对鉴定意见进行质证,专门性问题错综复杂,鉴定过程易受到各种因素的影响,鉴定错误往往难以避免,引入专家证人能够更好地保障当事人诉讼权利的实现。[③] 如果没有专家证人的帮助,法官、当事人和律师很可能发现不了技术性问题等的存在。

著名行政法学者张树义也给出了相似的意见:"当事人争议的事实与科学知识、科学手段密切相关,但是一般的当事人通常不具有其诉讼中所要求的专业科技知识,诉讼代理人往往也只具有法律专业技能,仅靠传统手段已经难以满足诉

---

① 刘鑫,王耀民.论专家辅助人资格的审查[J].证据科学,2014,22(6):698-714.

②③ 池军.民事诉讼中鉴定意见质证程序研究:以专家辅助人为视角[D].重庆:西南政法大学,2014.

讼的需要。要准确认定案件事实,必须有专门科技人员的支持。"中国的专家证人应用专门的知识或技术,为确定或澄清证据或案件事实提供准确的意见,从而使法官得以清楚地理解和认识证据及案件的有关事实,进而做出公正公平的判断。

遗憾的是,我国的专家证人制度在立法上比较模糊。1979 年,《刑事诉讼法》的规定,以及《刑事诉讼法》在这之后历经的两次大修改,但对"诉讼参与人"的规定仍旧是指当事人、法定代理人、诉讼代理人、辩护人、证人、鉴定人和翻译人员。如果说 1979 年《刑事诉讼法》立法时"专家证人"这一概念及群体尚未出现,所以未考虑到其诉讼地位问题,尚可理解。但在 2012 年《刑事诉讼法》在第一百九十二条已经明确规定了"具有专门知识"的人可以出庭参与质证的情况下,却仍旧未明确其诉讼地位,这不能不说是立法上的一种疏漏。对比专家证人和"诉讼参与人"的定义后发现,连与案件根本没有任何利害关系的翻译人员都被定义为诉讼参与人,而对案件事实查明有关键作用的专家证人却被忽视了,其原因在于专家证人在法律上定位模糊。在学界的解释中,或是混同于鉴定人,或是直接称为专家辅助人,或是被解释为检验人,这种立法上的模糊给专家证人制度的建立和实际作用的发挥,带来了非常不利的影响。①

## 二、专家证人与相关人的区别

专家证人是在诉讼活动中,由公诉人、刑事诉讼当事人、辩护人、诉讼代理人,民事、行政诉讼中双方当事人、诉讼代理人申请聘请的具有专门知识或专业技术和经验的,能够对鉴定意见提出意见,或者能够解决案件涉及的专门性问题的人。专家证人的存在,主要是为公诉人、当事人和辩护人、诉讼代理人提供技术支持和智力支持。因此,有必要对专家证人与相关的证人、鉴定人、法律专家的特征进行简单的分析。

### (一)与证人的区别

证人是就其亲身感受的案件事实向法庭作证的人,基本特征就在于其不可替代性,这是由案件事实本身决定的,既不能由法院指派或聘任,亦不能随意替换。② 证人,在民事诉讼、刑事诉讼、行政诉讼中都是参与人,享有一定诉讼权利,并承担一定诉讼义务。

排除传闻证据是证据法的原则性规定,书面证言是证人在庭外做出的,因为没有在庭上经受对方律师的交叉询问,因而不具有可采性。传闻是庭外的陈述,

---

① 李思远.弹劾证据与证据弹劾:专家辅助人意见的本质与功能[J].法学论丛,2016(9):76-81.
② 李秀娟.鉴定人出庭作证制度研究[J].法学教育,2013(9).

除非极个别的特殊情况,传闻证据一般不能作为定案的根据,因此,依照传闻证据规则,证人必须出庭接受交叉询问,接受对方的质证,即使是国家工作人员担任证人也要接受对方质证。同样,警察出庭作证也是传闻证据规则的要求,体现了程序正义。[①]

专家证人与证人的区别主要可归纳为以下几点。

第一,专家证人在诉讼中所陈述的意见不属于法定证据,而证人证言是法定证据之一。

第二,专家证人由当事人聘请,完全依附于当事人,除按当事人的要求参与诉讼外,没有必须出庭的法定义务;而证人是独立的诉讼参与人,必须就知道的案件事实参与诉讼,如果没有正当理由,但却拒绝出庭作证,可以适用相应的强制措施。

第三,专家证人是对案件涉及的专门性问题进行阐明,属于意见证言,可以更换;而证人则是对其所见所闻的案件事实进行出庭陈述,属于感知证言,无法替代。

第四,专家证人必须具有一定的专业知识才可以参与诉讼,而证人只要能够正确表达意志,就可以出庭作证。

第五,当事人负担专家证人费用,并且根据其所起的作用大小来判断报酬;而证人出庭只能按规定领取相应的交通费、误工费等,没有其他的额外报酬,并且这些费用最终由败诉方全部或部分承担。

第六,专家证人出庭有人数限制,一般只能是一至二名,而证人出庭则没有人数限制。

第七,专家证人可以对鉴定人进行询问,而证人无此权利。

(二)与鉴定人的区别

鉴定人是依法取得鉴定人职业资格证书和鉴定人执业证书,受司法机关的指派或聘请,运用专门知识和科学技术,对诉讼、仲裁等活动中涉及的某些专门性问题进行鉴别和判断并提出鉴定意见的自然人。鉴定人是重要的诉讼参与人,鉴定人故意作虚假鉴定或因失职造成严重后果,构成犯罪的,应依法追究刑事责任;尚不构成犯罪的,应承担相应的法律责任。

而专家证人是指由当事人聘请,帮助当事人向审判人员说明案件事实中的专门性问题,协助当事人对案件中的专门性问题进行质证的人。鉴定人与专家

---

① 许身健.证人出庭作证的域外借鉴[DB/OL]. (2016-08-27)[2018-04-20]. http://www.360doc.cn/article/31662682_586368710.html.

证人的应用范围并不是完全对立的,两者之间是一种相互交叉、共存的关系,两者可以相互补充。

两者虽然都是与案件涉及的专门性问题有关,但是,依然具有不同特点。

第一,鉴定人主要是由双方当事人协商确定或法院指定的,一方当事人单方面委托的比较少见;而专家证人则不同,是否需要使用专家证人要由法院决定。专家证人可以由双方当事人各自聘请,因而可以分为原告方的专家证人和被告方的专家证人。①

第二,鉴定人的作用是运用专业知识或专门技能对鉴定对象进行鉴定后得出意见,其所做的鉴定意见是一种证据;而专家证人只是帮助当事人对一些专门性问题做出解释、说明,其陈述不能作为证据。专家证人的意见在现阶段只对法官审理案件起辅助作用。

第三,鉴定人必须是没有利害关系的人。如果鉴定人与案件或者案件当事人有利害关系,应当适用回避的规定。而专家证人尚没有此规定。

### (三)与法律专家的区别

近年来,在一些疑难复杂案件的审理过程中,当事人一方或双方邀请知名法律专家,通过论证会的形式为案件出具法律意见书,以支持本方观点并试图说服法官做出有利于己方的裁判。专家论证法律意见书的出现,引起了社会各界的关注和重视。②

根据我国现行三部诉讼法的规定来看,专家的法律意见书并不属于证据,它既不是书证,也不是证人证言,更不是鉴定意见,不具有诉讼证据能力,它只是法律专家对案件事实的认定和法律适用问题提出的一种法理学意见或者专业咨询意见,因而它对案件的审理仅具有参考、借鉴、启发作用,并没有法律上的约束力。

在诉讼活动中,法律专家的作用与专家证人的作用并不相同,两者不可相提并论。在诉讼中,专家证人可以对鉴定意见进行相应的审查和判断。如果没有相应的专家证人对鉴定意见进行询问,即必要的质证,将会影响法院对鉴定意见的判断和采纳,从而影响司法公正。

综上所述,通过对专家证人与相关人的研究与比较,可以认为,专家证人是一种新型的、不同于任何一种诉讼参与人的诉讼活动人,具有自身独立的价值属性。③

---

① 王勐轩.浅析新刑诉中专家辅助人制度[J].法制博览,2014,11(中):269-270.

② 赖绍松.试论专家论证法律意见书在诉讼中的作用[DB/OL].(2018-12-15)[2019-1-13].http://www.360doc.com/content/18/1215/19/542605_802038020.shtml.

③ 刘翠银.民事诉讼专家辅助人制度实证研究[D].重庆:西南政法大学,2014.

## 第三节　专家证人的基本特征

### 一、专家证人的倾向性、中立性、技术性

#### (一)专家证人的倾向性

英美法系实行对抗制的诉讼制度,是否需要鉴定,进行何种鉴定,以及由谁来进行鉴定等事项均由诉讼当事人自己决定。专家证人是为当事人的利益提供服务的,他们与代理律师一样应尽力为当事人争取最大利益,与当事人一起与对方展开直接对抗。专家一旦被当事人聘用,就表现出明显的倾向性。当需要专家证人出庭陈述专家证言时,委托人通常要向他们支付报酬,在这种模式下,专家证人无疑被认为有做出利于委托人的证言的倾向。总之,英美法系下专家证人的地位依赖于委托人,其"意见"也必然基于委托人的诉讼请求,从而成为委托人的技术辩护人,其立场上是倾向于委托人的。

专家证人的商业化倾向导致英美法系制度下的专家证人的中立性越来越被削弱,一个专家越是中立,就越难得到委托人的聘用。诚如沃尔夫勋爵(Lord Woolf)在《接近正义》的最终报告中指出的:"民事案件对专家证据的可采性的放任是一种严重的弊病,它造就了一批获取高额报酬的专家,他们根据聘请他们的当事人的需要出具专家意见,这种做法的代价就是阻碍了司法公正的实现。"[1]专家证人对当事人的依附性,导致了专家证人中立性的偏移与专家证据公正性的灭失,也渐渐导致专家证人沦为当事人与律师的"玩偶",当事人和律师想如何操控就如何操控。[2]

#### (二)专家证人的中立性

职权主义诉讼模式强调的是国家如何使用正确的职权和责任来解决社会冲突,并最大限度地保护社会各方利益。鉴定意见作为独立的证据种类之一,是职权主义诉讼模式的产物,突出法官对鉴定的决定权和鉴定主体的中立性,更注重实质公正及效率价值。罗马法中有一句法谚,即"鉴定人是关于事实的法官"。

大陆法系国家通常都是由法院来决定鉴定与否,并指定鉴定人。如德国刑事诉讼法第七十三条第一款规定:"关于应传唤的鉴定人的人选及其人数,由审判官决定。"有的国家,如法国还规定法官可以指导鉴定。在这种制度下,是否启

---

①　齐树洁,洪秀娟.英国专家制度改革的启示与借鉴[J].中国司法,2006(5):87.

②　郑昱.论英美法系专家证人制度对我国的借鉴[J].海峡法学,2011,6(2):106-112.

动鉴定,如何选任合适的鉴定人并让鉴定人保持中立成为最重要的问题之一。鉴定启动由法官决定,为了让鉴定人像法官一样保持中立,通常法律都对鉴定人规定了回避条款,鉴定人可以依照与法官相同的回避理由自行回避,当事人也有权要求鉴定人回避。为了保证鉴定人中立,在刑事诉讼中鉴定人的报酬及鉴定所需的其他费用由国家支付。鉴定人中立的目的是保障鉴定意见的客观、公正,并实现实质公正的最终价值目标。①

诉讼活动因遭遇专门性问题而产生了事实不清的障碍。为消除这个障碍,英美法系国家和大陆法系国家在诉讼程序之中设置专家证人,并因不同的诉讼模式形成了各具特色的专家证人制度和鉴定人制度,②但在功能上具有一致性,皆是运用专家证人或司法鉴定人的专门性知识来帮助裁判者理解证据或确定争议事实。在应然层面,专家证人或司法鉴定人作为裁判者助手的角色和职能,以及对专家意见可靠性的要求决定了中立性在这两种制度中的重要地位。就诉讼而言,中立是指有关事项的裁判者或处理者应当对与该事项有利害关系的诉讼主体保持不偏不倚的态度,不得偏袒任何一方或对某一方有偏见,需要同时满足实体正义和程序正义的要求。作为事实裁判者助手的专家的中立性是专家意见权威、可靠、公正的基本保障,也是裁判者做出公正裁决的前提。但是在诉讼实践中,英美法系国家和大陆法系国家均存在专家证人违背中立性的情况,影响公正审判和司法权威。

### (三)专家证人的技术性

在现代社会中,知识性权力代表的是一种通过技术来代替强力的能量。③福柯曾指出知识与权力的连带包容关系:"权力制造知识(而且,不仅仅是因为知识为权力服务,权力才鼓励知识。也不仅仅是因为知识有用,权力才使用知识);权力和知识是直接相互连带的;不相应地建构一种知识领域就不可能有权力关系,不同时预设和建构权力关系就不会有任何知识。"④基于社会分工细化的趋势,在刑事诉讼中,特别是相关争议事实是专门技术的情况下,需要专门知识的掌握者对此进行判断或者解释。这在某些案件中甚至成为争议解决的关键要点,从而使得具有专门知识、技术,以及能够借助科学原理、设备和技术手段提供技术服务的司法鉴定专家或者专家证人成为刑事诉讼的关键人物。

---

① 裴小梅,论专家辅助人的性格:中立性抑或倾向性[J].山东社会科学,2008(7):152-155.
② 郭华,鉴定人与专家证人制度的冲突及其解决:评最高院有关专家证人的相关答复[J].法学,2010(5):10-17.
③ 宋远升.自媒体介入刑事司法的限度[J].中国社会科学评价,2016,(4).
④ 宋远升.论法学教授的法律知识性权利(上)[J].法学评论,2015,(5).

专家证人是以其特殊知识或者技能而被聘为控辩双方提供技术支持的,无疑应具有从事该职业需要的特殊专业知识。这种由知识产生的权威或者威望,就是专家证人知识性权力产生的根源。因此,专家证人存在的主要依据是其技术知识的专门性、复杂性甚至不可替代性。专家证人是特定领域的知识人才,这是其能发现鉴定意见问题(程序或者实体方面的)而进行有效质疑或弹劾的立足点。从国外的情况来看,大多数专家证人可以成为鉴定专家,但鉴定人却未必能成为专家证人。因为后者的条件远比一般鉴定人高。除此以外,也有部分特殊专业的权威人士成为专家证人。虽然,专家证人的意见属性,是否具有证据资格存在很大争议,从而影响了专家证人意见功能的发挥。但这也说明无论是立法者,还是法官,都缺少对专家证人的知识性权力的优越地位的客观认识。

## 二、专家证人的基本素质

我国的专家证人制度刚刚确立,无论在法律制度设计上,还是在实际执行规范上,肯定有许多不完善的地方,断言其为纯然的中立性或倾向性都存在有失偏颇之处。我国的专家证人既不同于大陆法系的法官辅助人,也不同于英美法系的专家证人,而是兼具两大法系的特点,具有中国特色的专家证人。我国在证据制度改革和完善的过程中,一方面要有选择地确定专家意见中立性的保障机制,另一方面要充分意识到并尽力避免对抗带来的倾向性问题。

(一)中立性是专家证人的灵魂

公平正义是社会主义法治的价值追求,服务大局是社会主义法治的重要使命,因此,法律要求具有服务功能的专家证人必须保持其中立性,才能保障社会的公平和司法的正义。

近年来,我国诉讼模式的改革,使得产生于强职权模式下的司法鉴定体制与新庭审方式的矛盾日益突出,引入专家证人制度的改革构想,成为司法鉴定制度改革的热门话题。

专家证人是"具有专门知识的人",专家的身份特征具有中立性。专家证人即使是当事人所委任或聘请的,但作为某一行业或技术领域内具有专门知识的人,专家证人在诉讼活动中必须以科学为依据,不受任何机关、团体、企事业单位和个人的干扰,[①]其发表的专家意见必须是客观、诚实的,不应偏袒任何一方,否则便无法协助法官完成裁决。因为专家证人的辅助活动是对案件涉及的专门性

---

① 王刚.浅论"专家辅助人"及其诉讼地位[J].中国司法鉴定,2003(1):20-22.

问题做出的有根据的说明,是一个科学的分析论证过程,首先应当遵守科学性和客观性。而科学性要求专家证人客观上必须运用科学的方法和手段,借助科学的仪器和设备,进行科学分析,主观上对于专门性问题,以科学的态度和实事求是的精神客观对待,不能掺杂任何个人情感上的好恶或者受本人或他人的预判与偏见的影响,如果专家证人主观上的科学态度不能得到保证,客观行为的科学性就无从谈起了。为使专家证人主观上以科学的态度对待辅助工作,就必须要求专家证人保持中立性。

(二)独立性是专家证人的本质

就专家证人职业属性的独立性而言,专家证人应当尊重科学、维护公正,不应当带有倾向性。专家证人不应当考虑诉讼的成功与失败,只需在科学、客观的前提下提供独立的专家意见。专家证人没有必须支持委托人主张的责任,而只有对当事人争议的专门性问题就其专业领域内提供意见的义务,这是由专家证人的职业属性决定的。关于专家证人的独立性,英国贵族威尔伯福斯勋爵曾说:"尽管当事人在一定程度上取得专家和法律顾问的咨询是完全正当的,但专家证据应该并且至少看起来应是这样,即向法院提交的专家证据是专家独立的意见,不受当事人之间诉讼的形式和内容的影响,这一点非常重要。如果不是这样,则专家证据可能不仅不正确,而且将击败自身。"即使专家接受当事人的聘请参加诉讼,以维护当事人的合法权益为自己的立足点,从有利于当事人的角度出发进行庭审的质证与辩论,但专家绝不能无原则地迁就当事人,强词夺理,甚至违背科学的基本规范。专家作为具有专门知识的人,对专业领域内的专门性问题进行说明必须把握两个尺度:一是帮助当事人维护其合法权益;二是以法律和科学事实为依据。只有把两方面结合起来才能正确有效地发挥专家证人在诉讼中的作用。

(三)专家证人的职业信仰

中国的专家证人的职业属性究竟如何定性,尚待商榷,但作为一种新型的法律项目,其内容明显具有服务性和社会性。网络上大量寻求专家证人的求助信,实践中法官对专业知识的困惑,以及当事人的焦虑,既催生了"职业"的专家证人,又引起了关于专家证人职业属性界定的大讨论。①

我们需要思考这样一个问题:专家证人与诉讼代理人(通常为律师)职业的一致性。虽然专家证人仅帮助当事人实现与鉴定有关的权利,而诉讼代理人则可以帮助当事人实现诉讼中的多种权利,但两者同为自由职业、与当事人形成的

---

① 裴小梅.论专家辅助人的性格:中立性抑或倾向性[J].山东社会科学,2008(7):152-155.

委托代理关系、接受当事人委托参与诉讼、由当事人支付费用,职业道德要求专家证人首先为当事人利益服务,其倾向性还可从专家证人的设立目的、立场、作用、权利义务等方面得到体现。[①]

首先,在绝大部分情况下,保护当事人合法利益、维护司法公正与社会正义,这两者之间并不矛盾,专家证人在保护当事人合法利益的同时,也在协助法院公正科学地处理案件。专家证人制度,是在我国诉讼模式向当事人主义转变的基调上,就诸多制度进行改革后,首次出现并确立的。专家证人是诉讼对抗制下的主体之一。对抗诉讼要求各方当事人的专家证人之间,以及与鉴定人之间形成高度对抗的格局,使案件事实得以充分证明。在法庭询问中,由当事人聘请的专家证人既可以在当事人的授权下直接向鉴定人发问,也可以在当事人及其律师对鉴定人的询问中给予必要的提示,还可以将自己对鉴定意见的一些不同意见以书面形式提交法庭。[②] 专家证人特殊的诉讼角色,决定其应当进行有利于当事人的活动,维护当事人合法权利,也必须从专业辅助的角度,从有利于当事人的角度提出专业性的意见并进行论证来实现维护当事人合法权利的目的。

其次,每个社会成员的利益来源不尽相同,决定了不同社会成员所处的立场不一致。因此,专家证人的利益与当事人的利益势必会产生冲突,如果专家证人要维护自己的利益,当事人的利益则会在一定程度上受到削弱。只有尽可能地让二者的利益相一致,他们才可能有相同的立场,当事人的利益才最有可能被实现。

再次,专家证人与当事人之间是一种委托代理、服务与被服务的关系。专家证人的身份类似于当事人的诉讼代理人,在当事人的委托下展开诉讼活动。但是专家证人最重要的责任仍然是维护法律的尊严。在接受委托时,就应当要表明立场,告知当事人委托服务关系必须建立在以事实为依据的基础之上。如果当事人提出无理要求或者有侮辱专家证人的人格及声誉的情况,专家证人有权解除委托关系。一旦接受委托,就必须以维护当事人的利益为立场。

最后,从职业道德意义上讲,专家证人应尽可能维护当事人的利益,为受委托一方当事人提出的事实主张和请求进行说明,证明当事人主张的真实性和合法性,使法官确信其主张的事实根据和法律依据,从而否定对方当事人主张的事实。《最高人民检察院关于指派、聘请有专门知识的人参与办案若干问题的规定(试行)》第十八条规定:有专门知识的人参与办案,应当遵守法律规定,遵循技术标准和规范,恪守职业道德,坚持客观公正原则。第十九条规定:有专门知识的

---

① 斐小梅.论专家辅助人的性格:中立性抑或倾向性[J].山东社会科学,2008(7):152-155.

② 陈斌,王路.论我国刑事诉讼中的专家辅助及其制度构建[J].湖北社会科学,2011(1):163-167.

人应当保守参与办案中所知悉的国家秘密、商业秘密、个人隐私,以及其他不宜公开的内容。由于其职业的社会属性与职业竞争机制,专家证人必须重视其职业口碑。

## 第四节　专家证人意见的属性

专家参与诉讼在世界各国十分普遍,在英美法系国家主要表现为专家证人参与诉讼,在大陆法系国家主要表现为鉴定人参与诉讼。我国刑事诉讼立法则兼采两者之长:一是专家作为鉴定人参与诉讼;二是专家作为专家证人出庭参与诉讼。专家作为鉴定人做出的鉴定意见已明确规定为八大证据之一;专家证人作为有专门知识的人出庭提出的意见被认为仅是辅助辩护人发表的质证意见,并没有被认为具有证据属性。[①]

### 一、专家证人意见的证据属性

专家证人意见到底是不是证据,我国诉讼法一直没有明确界定。对此问题,学界和实务界一直存有争议。

有观点认为,专家证人意见只能作为辅助法官认定案件事实的参考,不具有证据效力。专家证人与证人也不能等同,不能归为证人证言。具体来说,原因有三:

第一,专家证人的作用在于辅助当事人进行法庭质证,而不是直接对案件的证据资料发表意见,其身份不是证人,所发表的意见不属于证人证言,不具备证据能力。

第二,专家证人的作用在于最大限度地帮助当事人参与诉讼,无法保证其"独立"的诉讼地位。若将专家证人定位于证人的身份则导致其与鉴定人及英美法系专家证人角色的混淆。

第三,专家证人运用自己的专业知识就专门问题进行评论,虽对鉴定意见起了一定的证明作用,从证据法角度而言属于广义上的"证人",但我国传统证据理论将证人界定为通过自己耳闻目睹了解案件情况的第三人,因此专家证人不能作为证人,其意见也不能作为证据。专家证人在功能上主要发挥协助当事人对案件涉及的专业问题出具意见的作用,有效弥补当事人及法庭专业知识的欠缺与不足,其设置初衷是弥补当事人的专业知识的缺陷。因此,应将专家证人定位

---

[①] 王俊民,李莉."专家证人"意见的证据属性[DB/OL]. (2015-05-07) [2018-04-20]. http://www.famlaw.cn/article-detail.aspx? id=6967.

为当事人的诉讼辅佐人,其陈述应当属于当事人或诉讼代理人的陈述。①

持肯定观点的人则认为,专家证人从证据法角度上来讲属于广义上的证人,其意见应属于证据。具体理由如下:

其一,专家证人制度设立的初衷是增强诉讼双方的质证能力,以期对鉴定意见进行更全面的审查,保证鉴定意见的中立性、客观性、准确性、合法性。因此,专家证人的倾向性自然不可避免,但并不妨碍专家证言的证据地位。《俄罗斯联邦刑事诉讼法典》第七十四条第二款中就明确将专家的结论和陈述作为独立的证据类型,可资借鉴。②

其二,虽然诉讼法中没有明确的规定,但是专家证人的意见是一种实然的证据形式。上文已提到,相关诉讼法规定专家证人可以出庭针对鉴定意见发表意见,来影响法庭对案件事实的认定,因此,专家证人意见的作用是客观的。并且,英美法系国家及大陆法系的德国都将专家证人纳入了证人的范畴。

其三,专家证人意见与诉讼代理人陈述的性质不同,需要相应的证据规则对其加以规范。诉讼代理人一般基于当事人的委托而产生,在资质方面没有特别要求,其诉讼过程中的陈述应基于当事人的利益,甚至可以因此隐瞒部分事实与证据;而专家证人则不同,他们基于特定的资质与专业知识参与诉讼,由于其专业方面的权威性容易影响法官的自由心证,对专业领域之外的法官而言,很难判断专家证人意见的可靠性,设立专家证人制度的目的也就会落空,因此专家证人意见不能游离于证据规则之外,应有相应的规则加以制约,并经过审查才能认定,这就要求赋予其证据资格。③

第三种是专家证人意见是否属于当事人陈述的观点之间的较量。《最高人民法院关于适用〈中华人民共和国民事诉讼法〉的解释》(以下简称为《新民诉法解释》)第一百二十二条对专家证人意见的属性做了相关规定:"具有专门知识的人在法庭上就专业问题提出的意见,视为当事人的陈述。"这一条文至少涵盖了两层含义:第一,专家证人不是诉讼参与人,但其身份等同于当事人;第二,专家证人意见不属于法定证据种类,但其效力等同于当事人陈述。

但是,有学者则认为这种观点不仅从理论上无法立足,在实践中也不易操作。④ 原因陈述如下:

第一,混淆了意见证据和言词证据。《新民诉法解释》的该条规定与新《民事

---

①　高洁.论专家辅助人意见:以刑事辩护为视角的分析[J].证据科学,2013,21(4):474-485.
②　俄罗斯联邦刑事诉讼法典(新版)[M].黄道秀,译.北京:中国人民公安大学出版社,2006:74.
③　高洁.论专家辅助人意见:以刑事辩护为视角的分析[J].证据科学,2013,21(4):474-485.
④　窦淑霞.法官对专家辅助人意见的采信与心证形成的路径分析[J].法学杂志,2018(2):108-123.

诉讼法》第七十九条规定不相契合,两者之间的差异主要在于理论上意见证据能否转换为或者视同于陈述证据。专家证人的意见既不具有当事人对客观事实叙述的真实性,也不同于一般证人亲身经历和观察的客观性,它是基于自己专业领域的知识以科学的态度对涉及案件的专门问题进行解释,并发表自己的意见,带有天然的独立性和主观性;言词证据以言词做出者出庭接受质询为必要条件,这是言词证据获得效力合法性的程序保障,但是意见证据是以意见做出的真实性和客观性为本质属性。虽然我国目前并未规定未出庭的专家证人意见是否可以采信,但实践中并不乏见。

第二,忽视了专家证人的职业操守。将专家证人的意见视为当事人陈述,模糊了专家证人与代理人之间的本质区别。(理由已在第二种观点中叙述,在此不另赘述)

第三,弱化了专家证人意见的效力。当事人陈述虽作为我国民事诉讼法规定的八种法定证据之一,但在诉讼之中的地位与价值却并不和物证、书证等其他证据种类等同。其原因主要在于当事人为自己的利益诉诸法院,陈述的客观性无法保证。尽管新《民事诉讼法》规定了诚实信用原则和当事人如实陈述义务,但如若当事人如实陈述将承担败诉风险,就极有可能选择放弃诚信。实践中,"当事人陈述"这种证据基本处于被忽略状态。专家证人在法庭上对专业问题进行解释并发表意见,如果视为"当事人陈述",则意味着其诉讼地位、意见效力均与当事人形成共同体,专家的独立性、意见的客观性及专业性要求也就无从谈起。

## 二、专家证人意见的弹劾证据属性

弹劾证据与证据弹劾是两个不同的概念,弹劾证据是证据一种形式,指的是可以用于弹劾的证据材料;证据弹劾则是一项诉讼活动,是利用弹劾证据来攻击和削弱对己方不利的言词证据。[①]

### (一)弹劾证据的概念

弹劾活动与交叉询问有着密不可分的关系,是在英美法系国家的庭审中产生的。庭审中弹劾程序主要是对出庭的证人进行质疑、询问,可以分为两个阶段:第一个阶段称为内在的弹劾,这个阶段中证明证人或证言不可信的事实应在交叉询问中从证人那里获得;第二个阶段为外在的弹劾,这个阶段是利用一些外

---

① 李思远.弹劾证据与证据弹劾:专家辅助人意见的本质与功能[J].法学论丛,2016(9):076-081.

部证据来弹劾证人,即用另一位证人或文书证据弹劾证人证言。<sup>①</sup>

用来弹劾证人证言的外在证据就是弹劾证据。可以通过多方面对专家证人进行弹劾,如专家证人的资格、中立立场、调查能力,还可以利用专家证人在该领域曾经发表过的与其专家意见矛盾的权威性材料。美国《联邦证据规则》第六百零七条规定谁可以作为对证人质疑的主体时,认为"关于证人的诚信问题,任何一方当事人,包括传唤该证人作证的当事人,都可以提出质疑",并且在后续的几个条款中规定了几种可能构成弹劾的情形。日本引进英美法系的交叉询问规则之后,将弹劾证据称为补充证据或补助证据;松尾浩也教授认为,"为了争辩证人等陈述的证明力的证据,称为弹劾证据。这种证据在提出的效果方面受到限制,但在特殊情况下缓和了对证据能力的限制","补助证据是证明有关实质证据可信性的事实证据,其中包括可信性弱的弹劾证据、可信性强的补强证据、可信性较弱但经过再次强化的恢复证据等"。<sup>②</sup>

按照我国一些学者的观点,弹劾证据是指用来质疑其他证据可靠性的证据,进而认为在证据法上,弹劾证据只能用于质证,用以动摇其他证据的信用,不能作为定案的实质性证据。<sup>③</sup> 我国法律虽然尚未赋予专家证人明确的诉讼地位,专家证人意见也并非证据种类之一,但从本质上来看,专家证人意见更符合弹劾证据的属性特征,实际上也发挥着弹劾证据的功能和作用。

### (二)庭审活动中的证据弹劾

证据弹劾,即利用对己方有利的证据或对方证据中的漏洞、破绽向对方发起攻击与质疑的活动。集中全力削弱对方证据的证明力或消除对方证据对己方的不利影响,才能弹劾成功;在英美法系国家,弹劾的对象是对方证言的可信性和对方证人的可靠性,因此,证据弹劾活动是在交叉询问的过程中产生的,证据弹劾活动是交叉询问规则的组成部分。<sup>④</sup>

交叉询问是英美法系国家刑事庭审中一项重要的规则,源自《美国联邦宪法第六修正案》关于被告人质证权的规定,通过主询问与反询问的问答,能够辅助查明案件事实。无论是主询问与反询问,还是在此过程中对证人及证言的弹劾,都是在当事人主义下诉辩双方积极对抗的产物,这也是英美法系国家刑事庭审中最为重要的特征,通过这样一套对证人及证言调查的法律机制,有助于在庭审

---

① 约翰·W.斯特龙.麦考密克论证据(第五版)[M].汤维建,等译.北京:中国政法大学出版社,2004:66.

② 田口守一.刑事诉讼法[M].张凌,于秀峰,译.北京:中国政法大学出版社,2010:268.

③ 龙宗智.取证主体合法性若干问题[J].法学研究,2007(3):17.

④ 李思远.弹劾证据与证据弹劾:专家辅助人意见的本质与功能[J].法学论丛,2016(9):76-81.

中查明案件事实,因而交叉询问规则被美国著名证据法学家威格摩尔誉为人类迄今为止所发明的"发现案件事实最伟大的装置"。① 主询问是指由申请证人出庭一方的当事人或律师对该证人进行询问,反询问是指对方当事人或律师对该证人的询问。反询问结束后根据询问情况会有新一轮交叉询问,分别是再主询问,即申请证人出庭一方的当事人或律师对证人的再次询问,以及对上一轮交叉询问中出现的漏洞进行补充或解释,随后可以进行再反询问,即针对在主询问时的情况进行的反询问。两轮交叉询问进行完后,一般可由主询问方进行最后一次询问,称作结束性询问。②

对证人的弹劾方式通常有五种:①先前不一致陈述;②显示证人基于感情上的影响而带有偏见;③对证人品格的攻击,但是缺乏宗教信仰不构成攻击证人可信度的理由;④显示证人在观察、记忆或者重述所证事实能力上的缺陷;⑤具体的前后矛盾。这些弹劾的方式有的已被《联邦证据规则》所确认,有的则仍然沿用普通法的规定。③

英美法系法律对证人的定义比较宽泛,根据《联邦证据规则》的规定,不仅普通证人和专家证人属于证人,被告人和被害人也能以证人的身份在庭审中参与质证。无论是普通证人的证词还是专家证人的意见,都应当视作意见证据,因此,在庭审中进行弹劾活动也要遵循意见证据规则。意见证据规则中所指的"意见",也就是从所知事实中做出的推论。证人作证的一般原则是必须以言词形式当庭做出,且必须陈述亲身经历的案件情况,若普通证人陈述的不是其知道的案件情况,而是其自身看法、观点或者推论,就应当被排除。④ 之所以要对意见证据进行排除,一方面是因为意见证据的可信性较差,另一方面是因为如果采纳意见证据,等于行使陪审团的职能。但是在区分了专家证人和普通证人的基础上,专家证人的意见证据一般可以采纳,而普通证人的意见证据则一般会被排除。经过意见证据规则过滤后的普通证人证言和专家证人意见,允许进入庭审,但即便如此,仍要经过交叉询问的检验,更可能会面临对方的弹劾。⑤

(三)专家证人意见的定性

在目前立法、司法解释,以及司法实践中,对专家证人制度的认识还存在较多分歧,并且实践中具体如何操作经常出现难以决断的情况,在对比英美法系国

---

① 马贵翔.刑事证据规则研究[M].上海:复旦大学出版社,2009:263.
② 李思远.弹劾证据与证据弹劾:专家辅助人意见的本质与功能[J].法学论丛,2016(9):76-81.
③ 吴常青.美国刑事诉讼中弹劾证据运用及其评析[J].江西警察学院学报,2011(3):63.
④ 张保生.证据法学[M].北京:中国政法大学出版社,2014:289.
⑤ 李思远.弹劾证据与证据弹劾:专家辅助人意见的本质与功能[J].法学论丛,2016(9):76-81.

家专家证人制度的基础上对我国专家证人制度的立法目的进行探究,并结合实际中出现的情况,对中国的专家证人意见这一法庭上的新事物进行正确的定性与定位,有助于激活中国的专家证人制度,使专家证人这一群体能够充分、有效地参与庭审,推动庭审的实质化运行。

从 2012 年《刑事诉讼法》正式规定"具有专门知识"的专家证人出庭制度至今,专家证人的诉讼地位问题逐渐引起了学者们的关注,有些专家证人在自己的专业领域内是权威,有的专家证人本身还担任鉴定人,对专业知识有足够的认知水平与能力,这一群体的出庭,虽然定位为"辅助"控辩双方向鉴定意见提出意见,但在审判中其实际作用却是特殊而又重要的,尤其是在专业疑难问题面前,有些专家证人的重要性可以说是不可替代的。<sup>①</sup>专家证人的实际作用比起目前我国《刑事诉讼法》所规定的"诉讼参与人"中的有些人来说重要得多。但由于立法及司法解释的粗疏,在诉讼地位的问题上,专家证人始终面临着十分尴尬的境地。因此,从理论到实践,对这一问题都应当予以重视并及时解决。考虑到专家证人的重要作用,我国立法及相关司法解释应当对其所享有的诉讼权利及所需要承担的诉讼义务进行规定。

虽然从形式上来看,专家证人意见并不是我国的法定证据,但从本质上来看,其符合弹劾证据的多重特征。

第一,弹劾证据的作用仅在于质疑实质证据的证据效力,法官不能依据弹劾证据认定案件事实。我国《刑事诉讼法》和相关司法解释中对于证据的规定并不包括专家证人意见,因而在审判中不能依据专家证人的意见认定案件事实,其作用仅限于"就鉴定人做出的鉴定意见提出意见"。

第二,弹劾证据的证据能力的限制比一般证据宽泛,专家证人制度是我国在借鉴了英美法系专家证人制度的基础上产生的,因此,专家证人的聘请、立场等问题与英美法系的专家证人类似,其主体范围较为宽泛,相应的专家证人意见的范围也比一般的证据宽泛,有时难免会产生一定的倾向性。

第三,弹劾证据的提出受到一定的限制,法官的自由裁量权对弹劾证据的提出影响很大,在我国刑事诉讼领域,专家证人出庭,申请权在诉辩双方,但最终决定权在法官,如在福建念斌案中,辩护方聘请的专家证人王鹏最终未被法官允许出庭。<sup>②</sup>

第四,弹劾证据针对的是言词证据及其提供者,由于英美法系法律采用广义

① 李思远.弹劾证据与证据弹劾:专家辅助人意见的本质与功能[J].法学论丛,2016(9):76-81.
② 杨涛.刑事诉讼中专家辅助人出庭制度的实践与完善:以"念斌案"和"复旦投毒案"为样的分析[J].法律适用,2015(10):110.

证人的说法,对专家证人及其意见的弹劾,应在庭审质证环节进行,我国的专家证人虽然不是证人,但却与英美法系的专家证人类似,甚至很多专家证人同时就是司法鉴定人,只不过以专家证人的身份受聘出庭,其发表意见也在质证环节,应当被视为法庭质证活动的一部分。专家证人意见的最大作用,就是对鉴定意见这一法定证据进行弹劾,这也被有的学者认为是对庭审方式改革产生的一种"鲶鱼效应",只有加强对鉴定意见的质证力度①,才能打破鉴定意见的神秘性与垄断性,这一证据弹劾作用应主要体现在庭审质证活动中。

从理论上来说,庭审中专家证人出庭,就鉴定人做出的鉴定意见或者专业问题提出意见,是一种向鉴定意见发起质疑和询问的活动,是庭审质证活动的组成部分。在实践中专家证人一般都是作为辩方的重要辅助者出庭的,而庭审实质化改革正是为了加强诉辩双方的对抗,因此,应当允许专家证人与鉴定人就专业知识的争议焦点进行对质或质证,对于立法和实践中双方轮流出场的情况,并不利于发挥专家证人的真正作用。此外,专家证人出庭参与质证,也应当将重心放在当面质证、言词质证上,出庭的主要目的不是庭后提交书面意见,否则有可能仍旧落入案卷审理主义的窠臼,背离专家证人制度的设立的初衷。

### 三、专家证人意见的言辞证据属性

根据《刑事诉讼法》第一百九十二条的规定,一般情况下,专家证人通过当事人申请、法庭同意并由法院通知其出庭就鉴定意见发表意见;专家证人出庭适用鉴定人的规定。可见,专家证人意见与鉴定意见一样,具有言词证据的属性,必要情况下需出庭接受质证,但也可出具书面意见;同时,由于其参与诉讼的原因与一般证人不同,是基于自身的专业知识就鉴定意见中的专门性问题进行主观判断发表意见的,因此又具有意见证据的属性。

根据证据学理,证人证言应如实陈述,分析推理形成的证言被称为意见,应予排除,不能成为证据,但也有例外,关键在于表述的内容是否系客观存在的事实。专家证人意见与证人证言形成方式不同,除如实陈述外,还可以分析推理。界定专家证人意见是否具有证据属性,可借鉴区分证人证言中事实与意见的方法,在专家证人意见中,有些内容形成方式看似推理、分析,实际属于专家证人陈述事实的必要方法,应视为事实。②

---

① 胡铭.专家辅助人:模糊身份与短缺证据:以新《刑事诉讼法》司法解释为中心[J].法学论坛,2014(1):46.

② 王俊民,李莉."专家证人"意见的证据属性[DB/OL].(2015-05-07)[2018-04-25].http://www.famlaw.cn/article-detail.aspx?id=6967.

　　判断专家意见是否具有证据属性,应当把握如下原则:第一,在内容上来源于专家证人个人亲历过程中的感知或认知的事实。第二,专家证人对这些事实通过个人经验或知识形成了一个总体印象,离开这些经验或知识,无法得出判断。因个人经验或知识差异,会得出不同的判断。第三,不能用其他方式表达,只能借助分析判断方式才能表达。第四,专家证人意见陈述的对象是特定事实。

　　如前所述,很多学者认为,就专家证人意见在事实认定中所起到的作用,专家证人应属于证人的广义范畴,其意见具有言词证据的属性。在英美法系法律中,证人的范围极广,除普通证人外,还包括鉴定人及专家证人,其陈述则属于证人证言,具备言词证据的属性,适用传闻证据规则和交叉询问规则。除例外情况,法庭一般不采纳书面证言。在大陆法系法律中,虽然对证人、鉴定人、专家证人在证据形式上有所区分,但同属言词证据的范畴。同样,专家证人意见虽然也可以采用书面形式,与书证具有相似之处,但由于包含了专家证人的个人主观评判,因此并不能改变专家证人意见的言词证据属性。[①] 根据这一属性,在庭审调查过程中,专家证人意见的审查不能以宣读书面意见的方式来进行,而应由专家证人出庭就其意见接受对方的交叉询问。法官通过这一程序得以考察其证据效力。与一般的证人证言不同,专家证人意见不是专家证人就其所了解的案情所做的陈述,而是针对专业性极强的鉴定意见从专业角度所进行的评判,因此具有意见证据的属性。根据美国的意见证据规则,通常情况下,以意见、推理形式所做出的证言是不具可采性的,[②]我国两高三部所发布的《关于办理死刑案件审查判断证据若干问题的规定》中也有所规定。与鉴定意见一样,专家证人意见是意见证据规则的例外,是基于其专业资质及其意见的内容。因此,专家证人不同于普通证人,其首先需要具备特定的资质,只有掌握专门知识的人方可成为专家证人;其次,其所发表的意见也需针对鉴定意见中的专门问题,而这些意见对于法庭最终的事实认定是必要的。由此,专家证人意见的审查质证与普通证人不同,可从专业资格、鉴定水平、鉴定方法、职业操守等角度进行质疑。

　　我国专家证人出庭的主要作用,是与鉴定人进行有效质证。按照我国专家证人制度设计的初衷,专家证人出庭主要是向"鉴定人做出的鉴定意见提出意见",以实现与鉴定人在专业知识上的对抗,提高庭审的实质化,将庭审变得更透明、公正。庭审中如果缺乏互动会导致质证不充分,鉴定人与专家证人形式上出了庭,却不能形成有效的质证,这是我国证据制度必须避免的被动局面。因此,明确专家证人的诉讼地位,是该制度能否实现其立法目的并发挥作

---

　　① 陈瑞华.鉴定意见的审查判断问题[J].中国司法鉴定,2011(5):1-6.

　　② 卞建林.美国联邦刑事诉讼规则和证据规则[M].北京:中国政法大学出版社,1998:136.

用的关键。专家证人存在的本质就是对案件所涉及的疑难问题根据专业知识给出意见,从福建念斌案和复旦大学林森浩案中专家证人出庭质证的情况来看,两案中专家证人退庭后均向法庭提交了书面意见,虽然此举有助于法官在庭审后仔细研读专家证人的专业意见,但也可能会使法官不专注庭审,而是继续采用案卷审理的方式,专家证人制度设计和庭审实质化改革的初衷会大打折扣。

 **案例 6-1**

## 专家证人的席位

中国的专家证人制度实行之初,专家证人在庭审实践中经常面临"无处容身"的尴尬境地。在实际法庭的设置中,原告席、被告席、证人席、诉讼代理人或辩护人席、翻译席等一应俱全,但并没有专家证人席,有学者曾多次以专家证人的身份参与法庭调查活动,有时被安排在证人席、原告席或被告席,有时则被安排在旁听席。专家证人的席位问题,说明有的法院还没有意识到专家证人的重要性。从法理上来说,对于诉辩双方来说,专家证人出庭后的席位应当是哪方申请,就坐到哪方,但是在国内第一起刑事诉讼专家证人出庭案件的审理中,专家证人既没有坐在公诉人的一方,也没有坐在辩护人的一方,而是坐在了法官的对面,靠近公诉人的位置。立法和司法解释对专家证人地位的模糊规定,在司法实践中,表现为专家证人在庭审中席位的缺失,这恰恰是专家证人这一主体没有独立地位的反映。××市中级人民法院就曾出现过专家证人因原告方的反对,而被请下被告席的例子,专家证人出庭甚至被对方认为"是在浪费时间"。而上海市第一中级人民法院早在 2002 年就为参加庭审的专家证人专门设置了专家席,在诉讼中,双方当事人聘请的专家证人和法院聘请的专家证人并排而坐,面向原被告双方,接受当事人和审判人员的询问,就涉案专业性问题陈述意见。专家证人的席位问题,反映了法官的法治思维、职业道德的差异。

# 第七章　中国的专家证人制度基础

制度,或称建制,是社会科学中的概念。从社会科学的视角看,制度泛指以规则或运作模式,规范个体行动的一种社会结构。这些规则蕴含着社会的价值,其运行规范着社会的秩序。制度一般指要求大家共同遵守的办事规程或行动准则,也指在一定历史条件下形成的法令、礼俗等规范。制度是国家法律、法令、政策的具体化,是人们行动的准则和依据,因此,制度对社会经济、科学技术、文化教育事业的发展,对社会公共秩序的维护,有着十分重要的作用。

法律制度是指一个国家或地区所有法律原则和规则的总称,包括实体法律制度和程序法律制度。实体法律制度包括行政法律制度、经济法律制度、民商法律制度、知识产权法律制度、刑事法律制度等;程序法律制度包括行政诉讼法律制度、民事诉讼法律制度、刑事诉讼法律制度等。建立和完善中国的专家证人制度,必须研究专家证人制度所赖以生存的法律基础、政策基础、文化基础和实践基础。

## 第一节　　法律基础

诉讼活动中涉及的专家证人参与庭审,以其专业知识、技术和经验对鉴定意见或者案件涉及的专门性问题做出专门的解释和判断,以帮助法官对案件进行更加公正的审判。其中涉及的案件审判和最终裁决均需成文法律的支持,这就必然要求专家证人制度也需要相应的法律支撑。

### 一、刑事法基础

刑法是规定刑事责任、犯罪及刑罚的法律,刑事诉讼法是由国家指定的调整刑事诉讼活动的法律的总称。刑法与刑事诉讼法都以惩罚犯罪、保护人权、维护社会秩序、限制国家公权为目的,刑法是在静态上对国家刑罚权的限制,而刑事诉讼法则是从动态的角度为国家实现刑罚权施加了一系列程序方面的限制,二者相辅相成、相得益彰,构成了刑事法的整体内容。

刑事诉讼法与刑法的关系是程序法和实体法的关系,前者属于程序法,后者属于实体法。刑法规定了犯罪与刑罚的问题,是刑事实体法;刑事诉讼法则规定了追诉犯罪的程序,追诉机关、审判机关的权力范围,当事人及诉讼参与人的诉讼权利和相互的法律关系,是刑事程序法。程序法是为实体法的实现而存在的,但其本身具有独立的品格。刑事诉讼法的规范涉及国家权力与个人权利的分配关系,直接关系到公民的自由、财产等各项权利的实现程度。

伴随着诉讼民主化的发展历程,中国刑事诉讼程序发生的变化更大,承担不同诉讼职能的国家机关之间也存在职责分配的变化。刑事诉讼法所规定的程序内容在不断的变化中走向程序正义,引导刑事程序法治的实现。刑事诉讼法的内容在科学化、民主化方面仍有待发展,以适应不断提升的人权保障的需要。

现行《刑事诉讼法》第一百九十二条第一款中规定:"法庭审理过程中,当事人和辩护人、诉讼代理人有权申请通知新的证人到庭,调取新的物证,申请重新鉴定或者勘验。公诉人、当事人和辩护人、诉讼代理人可以申请法庭通知有专门知识的人出庭,就鉴定人做出的鉴定意见提出意见。法庭对于上述申请,应当做出是否同意的决定。"

该条规定正式在法律上确立由专家证人出庭帮助法官理解鉴定意见以推动审判工作。而"具有专门知识的人"这一概念,其实早在1979年的《刑事诉讼法》中已有提及。1979年《刑事诉讼法》第六节第八十八条规定:"为了查明案情,需要解决案件中某些专门性问题的时候,应当指派、聘请有专门知识的人进行鉴定。"第八十九条规定:"鉴定人进行鉴定后,应当写出鉴定意见,并签名。"第九十条规定:"用作证据的鉴定意见应当告知被告人。如果被告人提出申请,可以补充鉴定或者重新鉴定。"1979年的《刑事诉讼法》中规定,可以聘请具有专门知识的人对各类证据及专门性的问题进行辅助勘验和鉴定,但是未对有专门知识的人出庭就鉴定意见提出自己的意见做出规定。

专家证人出庭指的是在刑事诉讼过程中,公诉人、当事人和辩护人、诉讼代理人为维持鉴定意见或重新启动司法鉴定程序,均可向法院申请专家证人出庭,经法庭审查批准后,专家证人就鉴定意见提出意见的一种刑事诉讼活动。最高人民法院《关于适用〈中华人民共和国刑事诉讼法〉的解释》第二百一十二条、二百一十三条、二百一十五条、二百一十六条、二百一十七条对于专家证人出庭质证的流程、出庭发问时应该遵循的原则及出庭专家证人的人数等方面有了更为详细的规定,使中国的专家证人制度更具可操作性。

综上所述,《刑事诉讼法》和最高人民法院《关于适用〈中华人民共和国刑事诉讼法〉的解释》,对于有专门知识的人的作用、出庭目的、出庭流程等有了一个法律上的规定。而有专门知识的人,是一个范围极为广泛的概念,通常理解为专家证人。专家证人出庭的目的在于帮助当事人就专门性问题进行说明、审查和质证。

但是,《刑事诉讼法》对专家证人的权利和义务没有明确的规定。比如,专家证人是否具有查询卷宗的权利、确认鉴定的过程是否准确、采用的鉴定方法是否正确等,专家证人是否可以查阅、摘抄、复制鉴定意见书、基本案情等与鉴定有关的诉讼材料,是否具有质证、辩论权。在庭审中,专家证人是否可以帮助申请人对鉴定意见展开质证,要求鉴定人说明鉴定的过程、方法等有关情况,并可以与鉴定人、对方申请出庭的专家证人就鉴定中的具体技术问题展开辩论,申请重新鉴定、补充鉴定建议权及临场监督权,等等。同时专家证人义务也不明确,如保密义务、确保意见客观真实的义务等。另外,专家证人的选拔程序,其意见属性、诉讼地位等,法律都没有明文规定,需要进一步探讨和明确。

为了弥补《刑事诉讼法》的不足,有关省区市的高级人民法院、人民检察院、公安厅、司法厅、财政厅联合出台相应的规范性文件,明确专家证人的权利和义务及相关事宜。2017年,为推进以审判为中心的刑事诉讼制度改革,全面落实庭审实质化,准确查明案件事实,确保办案质量,规范证人、鉴定人及有专门知识的人出庭活动,根据《中华人民共和国刑事诉讼法》及相关司法解释等规定,结合本省审判实际,浙江省高级人民法院、浙江省人民检察院、浙江省公安厅、浙江省司法厅、浙江省财政厅推出《关于刑事案件证人、鉴定人及有专门知识的人出庭规定(试行)》。① 有关条文如下所示。

第三条　控辩双方可以申请法庭通知有专门知识的人出庭,协助本方就鉴定意见、检验报告进行质证。

申请有专门知识的人出庭,应提供人员名单,并附有能够证明其具有相关专门知识的证明材料,人数不得超过二人。鉴定意见有多种的,可以相应增加人数。

法庭收到对有专门知识的人的出庭申请后,应当就其出庭的必要性和是否具有专门知识进行审查,并在三日内决定是否同意出庭。法庭认为确有必要出庭且确有专门知识的,应当通知有专门知识的人出庭。

第四条　有专门知识的人出庭的,出庭前可以查阅相关鉴定意见、检验报告或其他涉及案件专门性问题的案卷材料。

有专门知识的人经法庭许可,可以询问当事人、鉴定人以及其他诉讼参与人,可以就鉴定意见、检验报告等专门性问题进行说明和提出意见。

---

① 浙江省高级人民法院.关于刑事案件证人、鉴定人及有专门知识的人出庭规定(试行)[EB/OL].
(2017-11-07)[2018-10-4]. http://www.zjjcy.gov.cn/art/2018/6/5/art_61_57032.html.

第五条　有专门知识的人出庭时,应如实回答法庭及其他诉讼参与人的询问,独立、客观地陈述对案件专门性问题的意见,并保守诉讼中知悉的国家秘密、商业秘密和个人隐私。

中国刑事诉讼制度具有浓重的职权主义色彩,性质上属于审问式诉讼模式,该种模式对中国的专家证人制度有如下影响。

第一,现行《刑事诉讼法》第四十八条规定的证据种类中的第六类"鉴定意见"应是指在刑事诉讼过程中由侦查机关做出的鉴定意见。在诉讼进行过程中,专家证人出庭的目的便是支持或否定侦查机关所做出的鉴定意见书,即专家证人出庭质证本身并不能创造、启动任何程序,只能被动地对鉴定意见提出相应的质证意见。

第二,虽然《刑事诉讼法》第一百九十二条明确规定了公诉人、当事人和辩护人、诉讼代理人可以申请法庭通知专家证人出庭就鉴定意见提出意见,但法庭具有否决权。刑事诉讼过程中,是否允许公诉人、当事人和辩护人、诉讼代理人所委托的专家证人出庭陈述对鉴定意见的意见,尚需法庭许可。

第三,刑事诉讼法中专家证人的出庭制度主要针对的是已存在的由侦查机关所做出的鉴定意见,该鉴定意见须由专家证人在法庭上提供有效质证,其实质并不是向法庭提供单独的鉴定意见。由此可见,专家证人的出庭陈述作证只是一种质证权,质证意见并不是属于法定证据。

第四,专家证人出庭程序是被安排在鉴定人出庭之后的,其出庭发表对鉴定意见的意见之前,必须向法庭填写保证书,保证其质证意见严格依据事实和法律,保证其在科学客观的原则下向法庭陈述意见,否则愿意承担相应的法律责任。由此可见,中国的专家证人在刑事案件庭审中的作用严格受到程序规定的限制。[1]

尽管现行的《刑事诉讼法》对专家证人的规定存在诸多需要完善的问题,但是在法律中进行明文规定已经是一种进步的体现。《刑事诉讼法》及其解释的相关内容是中国的专家证人制度的法律基础。

## 二、民事法基础

现代社会是法治社会,越来越多的人拥有了法律意识,依靠法律来解决问题。很多时候,只要不涉及刑事案件,问题往往是通过民事法律来进行解决的。

民法是实体法,民事诉讼法是程序法。一个是规定你有什么权利,一个是规

---

[1]　贾慧平.实证分析中国刑事诉讼中有专门知识的人的出庭问题:以一起故意伤害案为视角[EB/OL]. (2013-10-04)[2018-07-20]. http://blog.sina.com.cn/s/blog_8fe4bc7b0101iqze.html.

定你应该怎么保护你的权利。

2013年1月1日起实施的《民事诉讼法》在第七十九条中规定:"当事人可以申请人民法院通知有专门知识的人出庭,就鉴定人做出的鉴定意见或者专业问题提出意见。"

专家证人这一身份在民事法律中得以确立,使得中国的专家证人制度有法可依。

在民事诉讼法规定中,关于专家证人制度的内容主要有以下几点。

第一,专家证人的出庭启动程序是由当事人自主向人民法院提出的。专家证人的出庭并不由法院进行指派,也不由专家本人主动提出,而是根据当事人的意愿,在没有外界干扰的情况下决定是否需要专家证人进行辅助。

第二,专家证人即具有专门知识的人。美国《布莱科法律辞典》对专家的表述是:"在某一领域中,经过专业教育或系统培训的人,或在长期的社会实践中获得特殊经验技能或专门知识的人员。"无论从哪个角度来解释专家,其都应当是在某个领域有成熟的研究、有独到的见解,或者在长期的行业实践中积累了特殊经验技能的人。

第三,专家证人出庭是就鉴定意见或者专业问题提出意见,并不参与其他审判活动。对于鉴定意见表述是否符合逻辑、鉴定依据是否科学可靠、鉴定材料是否真实可信,以及对鉴定过程中可能出现的问题,专家证人须做出解释或者质疑。而对于鉴定以外的事项,则一概不参与。

为保证人民法院正确认定案件事实,公正、及时地审理民事案件,保障和便利当事人依法行使诉讼权利,根据《民事诉讼法》等有关法律的规定,结合民事审判经验和实际情况,最高人民法院制定了《关于民事诉讼证据的若干规定》,其中第六十一条规定:"当事人可以向人民法院申请由一至二名具有专门知识的人员出庭就案件的专门性问题进行说明。人民法院准许其申请的,有关费用由提出申请的当事人负担。审判人员和当事人可以对出庭的具有专门知识的人员进行询问。经人民法院准许,可以由当事人各自申请的具有专门知识的人员就案件中的问题进行对质。具有专门知识的人员可以对鉴定人进行询问。"

此规定对专家证人出庭的问题做了补充规定。

第一,专家证人出庭人数限制在一到两名,并不能申请专家团队出庭。

第二,专家证人的诉讼地位及其陈述性质:一是就案件的专门性问题进行说明,但其法律性质目前尚无明确规定;二是代表当事人对鉴定意见进行询问,其陈述相当于代理人所提出的质证意见,应被视为当事人的陈述;三是对案件事实所涉及的专业问题提出意见,其所提意见的法律性质已被明确规定为当事人的陈述。

第三,专家证人的权利义务:经法庭准许,专家证人有权就案件所涉问题与对方当事人对质;专家证人有义务出庭接受法官和当事人的询问,并且不得参与专业问题之外的法庭审理活动。

第四,专家证人的费用负担:按照谁申请谁负担的原则,由申请的当事人自行负担。

《民事诉讼法》关于专家证人的规定也存在不明确的地方。比如,专家证人的认定条件是不明确的,是需要相应的职称要求还是从业年限,没有一个具体的标准和原则。再如,对专家证人的权利义务和相应的责任,法律没有明确规定。这从另一个角度给司法机关忽视专业意见提供了借口,因为法律上并没有规定专家证人的意见是否可以作为证据使用,其效力不确定,而大多数法官更愿意采信鉴定意见,比起冒风险接受专家证人意见,采纳鉴定意见显得更为稳妥。立法上对专家证人的法律责任几乎没有提及,容易导致有些专家证人会为了利益或者当事人"权益"而做出有违专业知识的意见,扰乱诉讼进程,浪费司法资源,如果不加以惩处,会使违法行为越来越多。

## 第二节　政策基础

政策是国家政权机关、政党组织和其他社会政治集团为了实现自己所代表的阶级、阶层的利益与意志,以权威形式标准化地规定在一定的历史时期内,应该达到的奋斗目标、遵循的行动原则、完成的明确任务、实行的工作方式、采取的一般步骤和具体措施。在司法实践过程中,我国出台了一系列政策来保证专家证人制度的落实。地方立法和司法机关也根据当地的实际情况,在严格遵守国家法律和国家政策的基础之上,推出了符合省情、加强法治的政策。

### 一、国家性政策

从2002年的《民事诉讼证据规定》和《行政诉讼证据规定》产生专家证人制度,到2012年《刑事诉讼法》和《民事诉讼法》中正式确立具有专门知识的人出庭质证制度(即中国的专家证人制度),再到其在当今审判活动中的普遍适用,离不开国家政策的推动和普及。

2012年12月25日,在第十一届全国人民代表大会常务委员会第三十次会议上,最高人民法院在关于知识产权审判工作情况的报告中指出,要适应审判实践需要,坚持专利等技术类案件集中管辖制度,积极开展中级、基层法院跨区管辖,优化管辖布局,方便当事人诉讼。针对知识产权审判中的专业技术事实查明疑难问题,建立和完善司法鉴定、专家辅助人、专家咨询等技术事实查明机制,建立特邀科学技术咨询专家库,不断提高技术事实认定科学性。① 虽然报告是针对知识产权的审判工作,但是由点及面,为其他审判中遇到的专业性问题提出了解决之道。可见,在具有专门知识的人参与庭审的制度正式确立之前,审判机关已经认识到了专家证人在正常案件审判过程中能够发挥的重要作用。

刑事辩护是刑事诉讼制度的重要组成部分。多年来,广大律师积极履行参与刑事辩护职责,为维护犯罪嫌疑人和被告人合法权益,防范和纠正冤假错案,促进司法公正发挥了重要作用。但目前刑事辩护工作还存在一些问题,其中最为突出的就是受律师资源、律师执业权利保障、律师执业能力等因素影响,刑事诉讼案件律师辩护率较低。党的十八届四中全会对推进以审判为中心的诉讼制度改革做出了决策部署。2016 年,最高人民法院、最高人民检察院、公安部、国家安全部、司法部联合下发《关于推进以审判为中心的刑事诉讼制度改革的意见》,对在刑事诉讼中提高辩护率,完善律师辩护权提出了新的更高要求。提高刑事案件律师辩护率是检验以审判为中心的刑事诉讼制度改革成效的一项重要指标。只有大幅度提高律师刑事辩护率,推动更多的律师为犯罪嫌疑人、被告人提供辩护,才能促进以审判为中心的诉讼制度的建立,更加有效地防范冤假错案。2017 年 10 月,最高人民法院与司法部联合出台的《关于开展刑事案件律师辩护全覆盖试点工作的办法》第十七条指出,被告人、辩护律师申请法庭通知证人、鉴定人、有专门知识的人出庭作证,法庭认为有必要的应当同意;法庭不同意的,应当书面向被告人及辩护律师说明理由。② 从中也可以看出最高人民法院及司法部为了保证审判的公正性和严谨性,对具有专门知识的人参与审判给予了充分重视,将其作为司法改革的重要举措。这关系到案件审判的公正性,关系到当事人双方的利益得失,而从更加深层次的意义上来说,这是依法治国理念的体现,是法律面前人人平等这一宗旨的重要表现。

在 2018 年新实行的最高人民法院《人民法院办理刑事案件第一审普通程序法庭调查规程(试行)》(以下简称《规程》)中,提到"有专门知识的人"有 12 处之多,可见在当下的法庭审判中,专家证人参与案件审判的重要性。

《规程》第十二条规定,控辩双方可以申请法庭通知证人、鉴定人、侦查人员和有专门知识的人等出庭。该条中指明,具有专门知识的人出庭,可以由当事人

---

① 王胜俊. 最高人民法院关于知识产权审判工作情况的报告[EB/OL]. (2013-01-06)[2018-07-20]. http://www.npc.gov.cn/huiyi/cwh/1130/2013/01/06/content_1750099.htm.

② 人民法院新闻传媒总社.最高人民法院司法部关于开展刑事案件律师辩护全覆盖试点工作的办法[EB/OL]. (2017-10-11)[2018-07-20]. http://www.court.gov.cn/fabu-xiangqing-62912.html.

双方的任何一方提出或者双方同时提出,并不由法院直接指派,这也是对具有专门知识的人出庭的启动程序说明。同时,在具体的实践过程中,我们可以看出专家证人与证人、鉴定人及侦查人员是有本质区别的。

《规程》第十三条规定,控辩双方对鉴定意见有异议,申请鉴定人或者有专门知识的人出庭,人民法院经审查认为有必要的,应当通知鉴定人或者有专门知识的人出庭。人民法院通知证人、被害人、鉴定人、侦查人员、有专门知识的人等出庭后,控辩双方负责协助对本方诉讼主张有利的有关人员到庭。这条涉及双方对于鉴定意见存在争议时,可以申请由具有专门知识的人进行解释或者质证,同时法院不能无故驳回当事人的这一项申请。

《规程》第二十六条规定,控辩双方可以申请法庭通知有专门知识的人出庭,协助本方就鉴定意见进行质证。有专门知识的人可以向鉴定人发问,或者对案件中的专业性问题提出意见。

申请专家证人出庭,当事人应当提供人员名单,并不得超过两人,但有多种鉴定意见的,可以相应增加人数。必要时,法庭可以依职权通知专家证人出庭。该条明确了多项信息:第一,专家证人出庭的任务是协助本方对鉴定意见进行质证,可以向做出鉴定意见的鉴定人发问,也可以对案件中涉及的专门性问题提出意见,但不能针对其他无关事项发问;第二,专家证人的人数限制,一般情况下不能超过两人,除非鉴定意见不止一个种类;第三,一旦专家证人确定出庭,这就是专家证人的义务,须承担相应的责任,法院有权通知其必须出庭。这一条款对于专家证人出庭做了比较细致的阐述。

《规程》第二十七条规定,做出同一份鉴定意见的多名鉴定人或者多名专家证人可以同时出庭,不受分别发问规则的限制。一份鉴定报告必然需要多名鉴定人同时签字方能生效,在出庭过程中,任何一名专家证人都有被发问及质证的可能性。

此外,《规程》第五十二条规定,专家证人当庭对鉴定意见提出质疑,鉴定人能够做出合理解释,并与相关证据印证的,可以采信鉴定意见;不能做出合理解释,无法确认鉴定意见可靠性的,有关鉴定意见不能作为定案的根据。

从现行的法律规定上讲,专家证人出庭质证,其本身的言论和解释并不能作为庭审依据,只是验证鉴定意见是否可以作为庭审的证据,所以在本质上,能作为判决依据的依然是鉴定意见。但是,如果经过专家证人的质证,法官不采信鉴定意见,这从一定程度上证明了专家证人意见的证据效力。在法庭调查的规则中,将调查取证的过程规定得如此详细,同时强调专家证人在其中起到的重要作用,这是中国的专家证人制度得到重视的充分体现。

## 二、地方性政策

法治思维就是将法治的诸种要求运用于认识、分析、处理问题的思维方式，是一种以法律规范为基准的逻辑化的理性思考方式。它有四个基本特征：法律至上、权力制约、人权保障和正当程序。

①法律至上：法治国家里，法律是第一位的，所有人都要遵守法律，违反法律的行为要受到相应的法律制裁。而在德治国家里，以道德治国，法律低于道德，违反道德要受到严惩。

②权力制约：权力制约原则是指国家权力的各部分之间相互监督、彼此牵制，以保障公民权利的原则。人生而平等，没有贵贱之分，权力是人民赋予少数人代为行使的，权力的行使是人民意志的体现，所以需要制约权力。

③人权保障：我国在人权问题上的基本观点是，生存权和发展权是首要人权。进入 21 世纪以来，中国人权保障制度和理念持续发展。"人权"问题先后被写入《宪法》、"国民经济和社会发展五年规划"及党章。

④正当程序：法律的正当程序（due process of law），通常又译为"正当法律程序"或"正当程序"。它是一个重要的法治观念与宪法原则，起源于英国的"自然正义"思想，在美国发扬光大，传播于全球。注重程序公正日益成为现代法治国家共同的价值取向。在我国，由于受"重实体轻程序"的影响，同时缺乏自然法的法律文化基础，程序意识相对落后，正当程序观念亦不发达。

法治思维深刻地影响地方性政策的制定。在国家出台一系列法律法规及相关规定的基础上，有关省区市也根据当地的实际情况出台了针对专家证人出庭的举措，以推进该项制度的落实，使得审判更加具有公正性。

在全国范围内，浙江省专家证人参与诉讼比例相对较高。据统计，从 2009 年到 2017 年，全国共 832 例案件中有专家证人参与，仅浙江省就有 153 件，比例达到了 18.39%，这与浙江省有关部门及时出台相关的政策，落实该项制度有很大的关系。在 2013 年专家证人参与诉讼在《民事诉讼法》和《刑事诉讼法》中确认之后，浙江省高级人民法院在 2014 年 7 月即制定了《关于专家辅助人参与民事诉讼活动若干问题的纪要》（以下简称《纪要》，详见附录 A），该《纪要》根据《民事诉讼法》第七十九条的规定对专家证人的各项内容做了充实，使得其在具体案件办理过程中更加易于操作。

除了浙江以外，江苏、山东、四川、上海、辽宁等地也都有不同的文件和措施推出，推动了专家证人参与庭审制度的普及。比如上海市根据修改后的《刑事诉讼法》和《民事诉讼法》关于公诉人、当事人和辩护人、诉讼代理人可以申请法庭通知有专门知识的人出庭，就鉴定人的鉴定意见或者专业问题提出意见的规定，创建了专家证人平台,汇聚了法医临床、病理、物证、毒物分析、司法精神病、交通事故、工伤、医疗纠纷等领域的专家,主要提供专家咨询、出庭质证服务;山东省司法厅筹建了司法鉴定行业专家库,等等。中国的专家证人制度正是深耕于诉讼活动中,其作用日渐凸显,也只有这样,其制度才会进一步的发展。

## 第三节　文化基础

任何一种制度的推行,必然是一个长期不断完善和交融的过程,专家证人制度也不例外,它必须符合我国的法律传统。法律传统是指在历史发展过程中积累起来的,关于法律调整的理论、观念和有关法的制定、法的适用等方面的总和,是人们运用法律调整社会关系的智慧、知识和经验的结晶,反映出法律调整所达到的水平。一定社会的法律文化状况,通过社会的法律意识、国家的立法和司法等方面的程度和效率表现出来。专家证人制度借鉴了西方的制度和经验,结合我国当前的国情,这一制度才得以不断完善,这其实也是中西方文化的一种交融和创新。

### 一、英美法系的文化传统

英美法系亦称"普通法系""英国法系""判例法系",是以英国普通法为基础发展起来的法律的总称,指英国从 11 世纪起主要以源于日耳曼习惯法的普通法为基础,逐渐形成的一种独特的法律制度,以及仿效英国的其他一些国家和地区的法律制度。其产生于英国,后扩大到曾经是英国殖民地、附属国的许多国家和地区,包括美国、加拿大、印度、巴基斯坦、孟加拉、马来西亚、新加坡、澳大利亚、新西兰及非洲的个别国家和地区。它是西方国家中与大陆法系并列的历史悠久和影响较大的法系,注重法典的延续性,以传统、判例和习惯为判案依据。

英美法系的立法精神是,除非某一项目的法例因为客观环境的需要或为了解决争议而需要以成文法制定,否则,只需要根据当地过去对于该项目的习惯而评定谁是谁非。普通法是判例之法,而非制定之法,是在地方习惯法的基础上,归纳总结形成的适用于整个社会的法律体系。这种法系根据人们日常生活中形成的公序良俗判别谁是谁非,不看重学历威望,用平民组成陪审团,即便没有明文规定,只要不符合陪审团判别是非的观念就是违法。这样可以避免不法分子钻法律的空子,而且可以解决更多容易产生争议的案件,也有利于人们道德素质的进步。

英美法系诉讼的特点是 adversary system,常译为"对抗制",也称"当事人主义"。在对抗制下,被诉方首先被假定是无辜的,起诉方律师须举证证明自己的观点,被诉方对起诉方的证据进行反驳,庭审中通过交叉盘问来认定证据,法官在认定事实和证据时处于次要地位,被诉方更没有自认其罪的义务。

美国的专家证人制度是规定在美国《联邦证据规则》之中的。美国《联邦证据规则(2011年重塑版)》第七百零三条规定:"专家证人所依据的事实或者数据,可以是该专家意识到或者亲身观察到的案件中的事实或者数据。如果特定领域的专家就某事项形成意见时将合理依赖那类事实或者数据,则该事实或者数据不需要具有可采性来使该意见被采纳。但是,如果事实或者数据本来不可采,则只有在法院确定其在帮助陪审团评价意见方面的证明价值严重超过了其损害效果的情况下,意见提出者才可以将其披露给陪审团。"该证据规则第七百零四条规定:"(a)总则——不自动受到异议。意见并不仅仅因其包含有最终争点而受到异议。(b)例外,在刑事案件中,专家证人不得就被告人是否具有构成被指控犯罪因素或者辩护因素的精神状态或者状态陈述意见。这些事项仅由事实审判者认定。"该证据规则第七百零五条规定:"除非法院另有命令,专家可以陈述意见,并说明做出该意见的理由,而不需要首先就所依据的事实或者数据作证。但是在交叉询问中,可以要求专家披露这些事实或者数据。"

英美法系的专家证人意见的效力等同于一般证人的证词,本质上是一种证据资料。这种资料本身不具有证据效力,必须经过专家证人分析判断,同时在法庭上,通过解释和与对方律师、专家证人的对峙中取得优势,才能被法官及陪审团接纳成为真正的证据。但是,这种制度也存在明显的缺陷。

第一,在举证过程中,专家的知识和专家的陈述能力与辩论能力和临场应变能力息息相关。在双方专家证人对峙中,深厚的知识储备当然是前提条件,但是在辩论和质疑的过程中,严密的逻辑思路,快速找到对方破绽的观察能力,甚至临场应变能力都是随时可以改变判决的因素。

第二,证据效力采信与否,完全取决于法官的主观因素。由于双方都有专家证人,法官和陪审员很容易被误导,比较容易采信说服力较强的专家证人的证言,从而影响判决的公平公正。这对法官和陪审员提出了更高的要求和标准。

综上所述,英美法系专家证人制度的特点可概括为:第一,在英美法系国家,法庭需对专家资格进行认定;第二,要具有完善的资质认定制度,确保证据调查做到实处,实现司法的公平公正原则;第三,要对专家证人进行监管,经过法律的制约来提升专家证言的客观性与可靠性。[①] 而英美法系专家证人的主要基础为传闻证据排除规则及交叉询问制度。传闻证据排除规则是英美法系司法中所提

① 宋倩雯.英美专家证人制度与我国专家辅助人制度之比较[C].北京:科技与企业编辑部,2016:180.

倡的"庭审中心"的体现,证据在庭审的环节中出示。交叉询问制度的主要目的是通过对对方证词进行质证,降低其可信度,使案件的判决对自己有利。

## 二、大陆法系的文化传统

大陆法系又称罗马法系、民法法系、法典法系或罗马日耳曼法系,是承袭古罗马法的传统,仿照《法国民法典》和《德国民法典》的样式建立起来的法律制度。欧洲大陆上的法国、德国、意大利、荷兰、西班牙、葡萄牙等国和拉丁美洲、亚洲的许多国家都属于大陆法系国家。在大陆法系中,诉讼可以有间隔地划分为多次审理。因而,对于一方当事人在法庭上提出的出人意料的观点或证据,另一方当事人有充足的时间在下一次法庭审理中提出进一步的证据予以反驳。

与英美法系的"对抗制"相对的是"纠问制"(inquisitorial system),这是大陆法系常用的诉讼形式,法官会主动参与事实与证据的认定,专家证人的作用明显小于"对抗制"的专家证人。与英美法系的专家证人制度不同,大陆法系的专家证人制度就显得较为多样化,主要有意大利的技术顾问制度、日本的诉讼辅助人制度及德国的鉴定证人制度等。

在意大利历史上,被告人的"技术顾问"在诉讼功能上经历了由"技术性辩护人"向"非鉴定的专家证人",再向"非鉴定的专家证人"和"私鉴定人"双重角色的变迁过程。[①] 作为"非鉴定的专家证人",技术顾问有权参与官方鉴定过程,并发挥监督作用;作为"私鉴定人",技术顾问有权在侦查阶段与控诉方进行对立的鉴定。两种诉讼角色均可以在法庭上提出专家意见,并接受法官审查。

《意大利刑事诉讼法》第二百二十五条第一款规定:"在决定进行鉴定后,公诉人和当事人有权任命自己的技术顾问,一方任命的技术顾问的数目不得超过鉴定人的数目。"第二百三十三条第一款规定:"在未做出鉴定决定的情况下,各方当事人均可任命自己的技术顾问,其数目不得超过两人。"第三百五十九条规定:"公诉人在检查体貌特征,进行有关描述、拍照或其他需要专门资格才能实施的技术工作时,可以指定并利用技术顾问,后者不得拒绝。"意大利的诉讼法中明确规定了技术顾问的启用程序,即由当事人或者公诉人启用,也可以由国家指派,聘请技术顾问是当事人的权利,不得被剥夺。同时,它也明确了技术顾问的权利和义务,比如对鉴定活动发表意见,对鉴定意见进行质疑,以及不得以任何理由拒绝出庭等。这都使得该制度在实行过程中有法可依。

日本《民事诉讼法》中规定了诉讼辅佐人制度,诉讼辅佐人指为补足当事人

---

① 章礼明.意大利"技术顾问"制度及其对我国的启示[J].中国司法鉴定,2017(1):8-16.

或诉讼代理人对专门性技术知识陈述能力之不足的人,同时诉讼辅佐人需与当事人或诉讼代理人一同出庭。① 在日本的诉讼法律中,诉讼辅佐人没有独立的诉讼地位,只是辅助当事人或者代理人,以便当事人更好地完成诉讼,这与我国的专家证人有些相似。② 日本的诉讼辅佐人,既不需要有专门的知识,也没有专业的限制,只要能够辅助完成诉讼人的要求,同时得到法院的许可,即可成为诉讼辅佐人,其在诉讼中发表的意见,效力等同于当事人或者其诉讼代理人的陈述。

德国的刑事程序历来被认为是现代讯问制诉讼模式的典型代表而备受关注。一百多年以来积淀的深厚法律传统直至今日仍在支撑着德国刑事司法系统的运作。德国刑事程序的正当性基础除了真实发现以外,也包括当事人程序权利的保护。而在当事人诉讼模式下,富有的当事人会获得更多的权利保障,但在德国,更倾向于让所有的当事人在法院面前得到平等的保护,不因为贫富差异而受到不同的对待。德国刑事程序是融合纠问式与弹劾式两种诉讼模式的结果,审前调查程序以纠问式为主,而在审判程序中则是将控辩双方作为形式上平等的两方来对待的。③

德国庭审程序大致分为审判长开庭准备、对被告人的身份讯问、检察官宣读起诉书、证据调查、法庭辩论、检察官与律师的终结陈词、被告人最后陈述、评议判决等阶段。案件审理进入证据调查阶段,证据调查可以通过询问证人、鉴定人或者宣读文件或者到搜查场所进行勘验等方式进行。法官调查权的行使主要通过调取的方式进行,而不是法官亲自进行庭外调查。德国庭审程序的特色在于法官主导庭审的进行,法官作为程序主导者,同时负有两项重要的义务。一是调查义务,即法官负有查明事实真相的义务,不受当事人提供证据的约束。调查原则在德国法律中并非一个空洞的原则,因为在上诉审程序中,调查义务的履行状况将会受到严格的审查。二是诉讼照料义务,即法院负有维护公正审判得以进行的义务,同时法院负有告知被告人诉讼权利的义务

德国的司法鉴定制度,既体现了大陆法系的传统,又体现了时代特征和本国特色。司法鉴定严格处于中立地位,诉讼当事人具有比较充分的鉴定权利,法律授权行业组织对司法鉴定活动实施有效监督管理,司法鉴定业务领域广、技术质量要求高、从业人员执业条件严。④

德国刑事诉讼法典专门对鉴定人和鉴定证人进行了区分。鉴定证人基于其

---

① 秦雯.民事诉讼专家辅助人制度研究[D].兰州:兰州大学,2016.

② 刘丹青.论我国民事诉讼中的专家辅助人制度[J].法制博览,2017(5):84-85.

③④ 陈卫东,刘计划,程雷.德国刑事司法制度的现在与未来[J].人民检察,2004(11):71-75.

特别的专业知识而作证,而鉴定人则是就当前的案件事实给出专业性的答复,其与鉴定证人相似之处在于,鉴定人具有一种"潜在的证人身份"。鉴定证人与鉴定人的区别主要在于以下几个方面。

第一,鉴定证人并非基于委托参与到诉讼当中,而是就过去的事实以其特有的专业知识向法庭做出陈述的,在此意义上,鉴定证人实为证人而非鉴定人。与此相比,鉴定人则是在接受选任之后基于其专业知识而开展鉴定活动的,即鉴定人在诉讼程序中负有对案件事实做鉴定的义务。

第二,相比于鉴定人,鉴定证人对相关事实的认知具有亲历性,因而鉴定证人具有人身不可替代性,而鉴定人则是可更换的。

第三,对鉴定证人的查证申请只得基于《德国刑事诉讼法典》第二百四十四条第三款的原因而被拒绝,即当证据的收集不被允许,或因众所周知而无收集证据的必要,或待证事实对裁判无意义或已证明,或该证据材料毫不合适或无法取得,或为拖延诉讼而提出申请时,才能拒绝对鉴定证人的查证申请。

第四,对鉴定证人的补偿依据是《司法报酬及补偿法》第十九条,即应按照证人的补偿标准对其进行补偿,而对鉴定人则需依据该法第九条及其以下条款进行补偿。

第五,对鉴定证人的询问,应适用关于证人的规定,而当其同时又作为鉴定人接受询问时,则该鉴定证人无须再以鉴定人身份重新宣誓,即其之前作为鉴定证人的宣誓已经包含了鉴定人宣誓的所有要素。举例而言,当医生基于诉讼程序上的原因而履行义务时,只能作为鉴定人接受询问;而当其做出诊断并非基于前述原因时,该医生则只能是鉴定证人,且在此情形下,因该医生已具备必要的专业知识,故已无对鉴定人进行询问的必要,直接就相关专业问题询问该医生即可。比如在抽取血样时,当医生被要求就其抽取血样的行为作证时,其仅能作为鉴定证人接受询问;而当该位医生被要求就抽取血样的方式方法,以及对相关行为予以描述时,其只能作为鉴定人而非鉴定证人接受询问。①

### 三、证据制度的中国传统

中国传统证据制度,在人们的印象中,往往与"刑讯逼供"天然地联系在一起。似乎古代法官把刑讯作为获取证据的唯一途径,又似乎古代的刑讯不受任何限制。当然,刑讯在古代司法审判中确实存在,但它并非不受法律限制,而且至晚自秦开始,统治阶层已不再将刑讯视为最好的审判方法,而是当成一种不得已而用之的手段,若有其他方式获取证据则尽量用其他方式。

---

① 琚明亮.德国司法鉴定体制初探[J].朝阳法律评论,2017(11).

封建证据制度从秦汉到唐代经历了一个逐步完善的过程,到唐代可以说达到了封建证据制度的高峰,唐律中规定的"据状断之"与"众证定罪"二原则至今仍令人称道。关于获取证据的方式问题,自秦汉以来,拷讯虽然是司法官员获取证据的一种方式,但并不是唯一的方式,而且这一方式也不受推崇。受到推崇的取证方式是"勘验"(秦汉)或"参验"(唐代),而这是拷讯前的重要程序。封建时代司法实践中的拷讯,必须依法进行,否则有关官员会被依法追责。唐代特别强调"依法拷决",这就有效制约了司法官员拷囚的随意性,也在一定程度上降低了刑讯的残酷性。客观地说,自秦汉至唐代,拷讯制度在拷囚的数量与力度的限制方面体现了一种日趋严格的趋势,在取证方式上表现出一种日益重视通过勘验、参验获取各种证据的趋势。唐律规定的"据状断之"强调根据犯罪事实和确凿的证据对嫌犯做出判决,"众证定罪"强调根据众人的证词对嫌犯做出判决,这两个原则均不把获取嫌犯口供当成案件审理的唯一根据,也不把获取嫌犯口供置于审判的优先地位上。这是一种相当先进的证据理念,代表了封建证据制度的最高水平。①

中国传统证据制度的价值体现在发现真实、维护伦理、注重司法效率、追求无讼、重视生命、体现仁政、维护等级特权等方面。其中发现真实是证据制度的最基本价值。中国传统证据制度的特征是:注重通过考察受讯人的辞、色、气、耳、目五个方面的表现来判断案情;主张以证据与情理相结合作为发现案件真实的手段;在事实认定上强调证据与口供结合但以证据为主;对于特殊案件如被告人不得刑讯的案件主张以众证定罪;在当事人与证人可以刑讯的案件中则主张控制刑讯的数量及严厉程度以避免受讯人诬服;倡导狱贵初情,强调在案发之初认真调查证据特别是尸体勘验应即时进行,以及在证据采信时优先采信调查在先的证据;对于疑罪案件强调应努力调查以图发现真实,避免以疑罪结案;甚至在观念与实践中鼓励司法者采用谲审,即欺诈性审理方式;在特别重视人证的情况下,惩罚诉讼中的伪证者以保证证据的真实可靠。

在借鉴了国外先进制度和结合自身国情的情况下,我国当前逐渐形成了有中国特色的专家证人制度。在一定的意义上理解,中国属于有中国特色的社会主义法系,同时借鉴吸收了大陆法系的实体法律和英美法系的控辩思想(并非程序),保留了中华法系的优秀理念。所以,中国的专家证人制度,更多地借鉴了德国的鉴定证人制度,强调了专业性的特点。与日本的诉讼辅佐人有些类似,都是案件之外的专业判断。虽然,这些制度在实践的过程中存在各自的优点和缺陷,

---

① 崔永东. 中国传统证据制度的另一面[DB/OL]. (2011-01-13)[2018-04-05]. http://xuewen. cnki. net/CCND-JCRB201101130032. html.

取其精华,去其糟粕,结合各个制度的优势,形成一套真正适合我国国情,具有中国特色的专家证人制度是较好的路径。

## 第四节 实践基础

从 1979 年最早提出"具有专门知识的人"的概念,到 2002 年在《民事诉讼证据规定》中提出由具有专门知识的人解答相关专门性的问题,再到 2012 年正式在《刑事诉讼法》及《民事诉讼法》中确立专家证人的制度,中国的专家证人制度经过了将近 40 年的实践与探索。虽然,其真正在实践中应用的时间不是很长,并且其中存在的问题也不少,但是,中国的专家证人制度在司法实践中发挥着重要作用,日益为社会公民所认同,为司法机关所认可。

### 一、专家证人参与的案件数量

在中国裁判文书网上,检索 2009 年 1 月 1 日至 2018 年 12 月 31 日,其间共有专家证人参与的 1628 份法院的判决文书,具体的案件量统计见表 7-1。

表 7-1 专家证人参与的案件量统计

|  | 2009 | 2010 | 2011 | 2012 | 2013 | 2014 | 2015 | 2016 | 2017 | 2018 |
|---|---|---|---|---|---|---|---|---|---|---|
| 案件量/个 | 1 | 4 | 5 | 9 | 40 | 153 | 181 | 320 | 448 | 467 |

从表 7-1 的统计案件量可以看出,尽管在 1979 年已经提出了"具有专门知识的人"的概念,但是其参与案件非常之少,尤其在 2012 年之前几乎可以忽略不计,而在 2012 年提出专家证人参与庭审之后,其参与案件的增长也相对缓慢,直至 2014 年之后,专家证人参与案件数才有了明显的提升,说明在实践的过程中,专家证人的作用和重要性是逐渐被人们所发现并重视的。

当然,相对于每年全国的案件总量来说,这 400 多个案件也是很少的,主要原因笔者认为有以下几点:第一,成文法只是提及了可以聘请专家证人在庭审中对相关的问题和意见进行解释和质疑,其他的具体操作程序没有规范,不利于在实践中操作;第二,关于专家证人参与诉讼活动的观念还没有普及,当事人、辩方律师等还没有普遍接受这种理念;第三,部分具备专家证人条件的专家存在一定的风险控制意识,不愿意随便出庭。总体上来说,近些年来,聘请专家证人的诉讼案件已经呈现增长趋势,法官、公诉人、当事人、律师等各个群体逐渐意识到了专家证人在审判中的重要性。

### 二、专家证人参与的案件类型

对检索到的 1628 份判决文书按案件的类型进行分类,我们发现,由专家证人参与的案件相对来说还是比较单一的。将所检索到的文书按刑事案由、民事案由、行政案由及其他案由进行分类,具体的比例详见表 7-2。

**表 7-2　专家证人参与案件的案由分类**

|  | 刑事案由 | 民事案由 | 行政案由 | 其他案由 |
|---|---|---|---|---|
| 案件量/个 | 103 | 1415 | 44 | 66 |
| 所占比例/% | 6.33 | 86.92 | 2.70 | 4.05 |

从表 7-2 可以看出,从 2009 年到 2017 年 9 年间的专家证人参与的案件,主要集中于民事案件。这可能与专家证人制度在《民事诉讼法》中已经有明确的规定有关系,但这个比例是极度不平衡的。而对于民事案由的 1415 件案子进一步进行细分,具体结果详见表 7-3。

**表 7-3　民事案由案件类型细分表**

| 案件类型 | 案件数量/个 | 所占比例/% |
|---|---|---|
| 人格权纠纷 | 66 | 4.66 |
| 婚姻家庭、继承纠纷 | 11 | 0.78 |
| 物权纠纷 | 91 | 6.43 |
| 合同、无因管理、不当得利纠纷 | 526 | 37.17 |
| 知识产权与竞争纠纷 | 34 | 2.40 |
| 劳动争议、人事争议 | 12 | 0.85 |
| 海事商管纠纷 | 42 | 2.97 |
| 与公司、证券、保险、票据有关纠纷 | 178 | 12.58 |
| 侵权责任纠纷 | 435 | 30.74 |
| 适用特殊程序案件案由 | 20 | 1.41 |

从表 7-3 可以看出,民事案由的案件也相对集中,主要集中在侵权责任纠纷及合同纠纷上。从案件的分类统计中,我们可以看出在近些年中,专家证人制度逐渐被当事人所接受。但是,集中在少部分类型的案件中,并没有普及化。究其原因,第一,专家证人制度在《民事诉讼法》中已有明确的规定,使得在具体的案件实践中有法可依;第二,更多的专家证人集中在民事领域,刑事及行政诉讼领

域的人才储备相对不足;第三,专家证人参与案件类型过于集中,在相当程度上削减了专家证人制度的适用性。

### 三、专家证人出庭的地域差异

历史地理是历史文化的一个载体和基础。作为巨大复杂的文化实体,中国文化中的地域性差别是非常大的。对这种差别最简单的划分是把中国划分为南北两大块。按照自然地理,以秦岭淮河一线为界;而按照文化地理,明清以来以长江为界大概更为合理,更有说服力。巴克尔说,有四个主要自然因素决定着人类的生活和命运,即气候、食物、土壤、地形。除此之外,长期性的文化基因传承和沉淀也极大地影响了中国南北文化的差异。

地域文化对法律施行的影响非常广泛,改革开放以来,东南沿海地区经济相对发达,市场经济规则相对健全。地域的差异性,会影响到专家证人制度的落实。对1677件案件的省份进行归类,我们得到以下结果:最高人民法院30件,北京市103件,天津市126件,河北省31件,山西省17件,内蒙古自治区17件,辽宁省32件,吉林省37件,黑龙江省14件,上海市36件,江苏省176件,浙江省141件,安徽省37件,福建省42件,江西省34件,山东省120件,河南省72件,湖北省74件,湖南省71件,广东省149件,广西壮族自治区24件,重庆市41件,四川省118件,贵州省24件,云南省20件,陕西省26件,甘肃省21件,青海省2件,宁夏回族自治区12件,新疆维吾尔自治区30件。

以上数据显示,在东部发达地区,专家证人参与的案件相对较多,仅浙江、江苏、广东三省,其案件比例就达到了28.62%,可见一项制度的推行和普及,与当地的经济社会发展是密切相关的。相比较而言,中西部地区,专家证人参与的案件量就明显下降了,在甘肃、青海、宁夏、山西、陕西等地,专家证人参与的案件量明显较少,当然这不排除统计样本量有遗漏的可能,但是也可以从一个侧面反映出当下这种发展不平衡的现状。

在东部沿海地区,尤其是长三角地区,由于经济相对发达,案件的专业性程度较高,当事人、律师等对于医疗、合同、知识产权等问题都更加重视,更有意识去维护自己的合法权益。当然,当地司法机关的理念及相关政策的制定也是一个重要的原因。由于目前没有一部法律在专家证人制度的推行上做出具体规定,导致了各地在启动程序、申请时间、准入资格、诉讼地位、意见效力等方面存在较大差别,缺乏统一的标准,这也影响了制度的有效性和严肃性,进而导致各个地区专家证人参与案件情况的真实差异。

# 第八章　完善中国的专家证人制度

　　建立中国的专家证人制度是社会公平正义的需要,完善中国的专家证人制度已经成为大势所趋。全国人大代表、中华全国律师协会副会长刘守民在2018年5月26日《人民法院报》提出加强对非公有制企业和企业家刑事司法保护的十条建议,其中第六条为:建立刑事诉讼专家证人制度,继续积极、审慎、稳妥地推进证人出庭制度和证据制度改革。强化证人诚信义务和法律责任;允许犯罪嫌疑人、被告人和公诉人聘请专家证人出庭,就专业问题进行论证或说明;也可以考虑把实践中频繁出现的《专家意见书》规范化,明确其属于专家证人证言性质。①

　　在全球一体化的今天,司法的纯粹职权主义或纯粹当事人主义几乎不可能维系,各国的司法制度都存在互相借鉴和融合的情况,但是由于传统、文化、国情的不同,各国的证据制度必然存在差别,没有哪个国家的司法制度是完美且普适的,而我们要研究和思考的,就是发现其他国家证据制度中的亮点,再立足本国实际情况,通过甄别、筛选、对比、修正,创造性地设计出既适应本国诉讼需要,又能体现法律原则的证据制度,这才是本书研究的真正意义所在。

## 第一节　完善中国的专家证人制度的意义

### 一、完善专家证人制度是司法改革的必然

　　司法,或称法的适用,指国家司法机关及其司法人员按照法定职权和法定程序,运用法律处理案件的专门活动。司法是法律实施的一种方式,对实现立法目的、发挥法律的功能具有重要意义。司法的运作是借助司法机关的正常运转而进行的,司法机关是指行使司法权的国家机关。

---

　　① 刘守民.加强对非公有制企业和企业家刑事司法保护的十条建议[N].人民法院报,2018-5-26(05).

　　司法改革,就是指通过对司法系统、制度的改革,以维护司法公正为目标,以优化司法职权配置、加强人权保障、提高司法能力、践行司法为民为重点,进一步完善中国特色社会主义司法制度,扩大司法民主,推行司法公开,保证司法公正,为中国经济发展和社会和谐稳定提供有力的司法保障。①

　　改革开放以来,中国经济社会快速发展,社会公众的法治意识明显增强,司法环境发生显著变化,司法工作遇到许多新情况、新问题,现行司法体制中存在的不完善、不适应问题日渐突出,这就迫切需要在改革中逐步改善。自20世纪90年代初期以来,我国原有的超职权主义审判方式逐渐向对抗制转变,这一司法改革的基本思路是强调当事人的举证责任,减少法官收集证据的职能,使庭审方式从询问向听审转化。改革后的庭审方式实际上采取了当事人主义为主、职权主义为辅的取证模式,这为建立专家证人制度提供了基础。绝对的垄断和绝对的自由都不是最佳的选择,逐步健全和完善符合我国国情的专家证人制度才是最佳选择。②

　　就世界范围来看,两大法系逐渐融合,彼此借鉴、优势互补是一种趋势。英美法系法律在完善专家证人制度的同时吸收了大陆法系的做法;大陆法系在奉行鉴定制度的同时亦适度借鉴了专家证人制度。如德国司法中,在不影响鉴定人工作的情况下,当事人可以聘请自己的鉴定人参与官方的鉴定活动。这些措施都是针对本国制度本身的缺陷、坚持本国诉讼价值,进行借鉴、中和的成功表现。在世界范围内,两种制度的融合是当今各国司法发展的趋势。

　　可以看到,英美法系的专家证人制度有其天然的生存环境,即强调完全的对抗和意识自治,体现程序的公正透明及诉讼双方的地位平等。同时,专家证人制度存在着先天的弱点——奢侈性、烦琐性和倾向性难以彻底消除。完全对抗性的专家证人制度所引发的"专家论战",促使立法者强调专家证人对法院的优先责任。英美国家以巨额诉讼成本为代价换来的经验教训,我们要重视,防止其在我国诉讼活动中的变相发生。

　　目前,就我国民众的法治信仰程度、司法理念、当事人的诉讼能力而言,采用中国的专家证人制度,发挥专家证人的作用,完善专家证人制度更符合国情。③健全和完善符合我国目前诉讼水平、诉讼能力和司法理念的,有利于双方当事人平等利用诉讼资源的专家证人制度,充分发挥专家证人的辅助性,使当事人充分行使自己的举证权利,打破鉴定意见的垄断地位,对鉴定意见起到监督作用,同

①　中华人民共和国国务院新闻办公室.中国的司法改革[M].北京:外文出版社,2012:10.
②　沈光.论我国民事诉讼中的专家辅助人制度[D].南京:南京师范大学,2011.
③　杜闻.民事再审程序研究[D].北京:中国政法大学,2005.

时帮助法官认定案件事实,这将是我国建设法治国家的明智之举和最佳选择。①

## 二、完善专家证人制度是法律价值的体现

中国特色社会主义法治道路最鲜明的特点是,坚持依法治国和以德治国相结合,坚持法治和德治两手都要抓、两手都要硬。社会主义核心价值观是全国各族人民在价值观念上的"最大公约数",是社会主义法治建设的灵魂。法律法规体现鲜明的价值导向,直接影响人们对社会主义核心价值观的认知认同和自觉践行。只有把社会主义核心价值观融入法律规范、贯穿法治实践,法律才能契合全体人民的道德意愿,符合社会的公序良俗,才能真正为人民所信仰、所遵守,实现良法善治。

司法制度的选择和设计与该国的政治、文化传统、人民的信仰和思维方式息息相关。司法制度设计、运作模式都有其固有的土壤,源于与自身文化价值一致的司法理念和司法环境。苏力教授认为:"诉讼理念不是凭空产生的,从某种意义上说,它如同社会中的语言,不是某个或某几个天才的创造,而是公众以他们的实际行动集体塑造并在行动中体现出来的。"

诉讼文化是指由社会的经济基础和政治结构、生活环境及生活方式所决定的,并对社会经济、政治、生活方式起巨大影响的,与特定民族及时代相联系的,在历史进程中积累下来并不断创新的有关诉讼法和诉讼活动的群体性认识、评价、行为、思维方式和制度承载等的总汇。② 中国传统诉讼文化在其漫长的发展过程中形成了自身独特的性质和形态:无诉与和谐、诉讼人情化、程序恣意性、贱诉与健诉,等等。

传统诉讼文化在价值观念方面,首先表现出"无诉"与"和谐"的双重性。孔子在《论语·颜渊》中正式提出了无诉的主张。汉代"罢黜百家、独尊儒术"后,儒家思想开启了充当法律基石,进而上升为封建国家意志的进程。春秋决狱是儒家思想染指和支配司法的开端,在法律的规定不符合儒家的思想主张时,采用儒家的经典特别是《春秋》中的实例和原则来指导案件的审判,由此形成了中国法律的法律道德化、道德法律化的独特传统,为中国传统诉讼文化增添了道德主义的色彩。德治传统更是将"无诉"作为统治的终极目标,无诉本身就成了和谐和秩序的要求。在古人的意识中,道德高尚的人不会"滋诉";善良淳朴之地不会频发诉讼。只有在道德堕落、世风日下的情况下,人们才会为了争夺利益相诉于庭。儒家的德治坚持无诉是最高的统治价值。德治崇尚"父子有亲、君臣有义、

---

① 吴月红.刑事诉讼契约论[D].广州:华南理工大学,2016.
② 李麒.市场经济和诉讼文化[M].北京:中国法制出版社,2007:25.

夫妻有别、长幼有序、朋友有信"的伦理观念。传统诉讼文化浸染着"和谐"的气韵。人道亲情是和谐社会的根基,传统诉讼文化价值取向之一的和谐就是通过对人道亲情的尊重来实现的。亲亲相容隐的立法几乎贯穿了中国古代的法制史。

其次,表现为诉讼人情化。中国传统的诉讼文化素以维护礼教、追求"秩序"、"淡漠权利"为基本的价值取向,看起来似乎不通人情,其实,实践中传统的诉讼文化颇具人情味。清代书画家郑板桥为县令时,有一对年轻的和尚与尼姑通奸,众人报官。依《大清律》,凡人相奸杖八十或徒两年,僧道犯奸加凡人二等。但郑板桥非但没有依法重罚,反判令二人还俗结为夫妻。这种充满了人情味的判决违背了当时的法律规定,但是却赢得了当事人和社会舆论的称颂,也未遭受朝廷的违法裁判之责。这是因为中国传统诉讼文化是以伦理道德为价值取向的。中国伦理学的精髓既重"经"又讲"权"。所谓的经就是礼义,是原则;所谓的权就是变通,是灵活。

再次,贱诉与健诉相互交织。贱诉就是将诉讼看作低贱的行为,在行动上尽量地避免诉讼。与宣扬无诉司法观念的官员、儒生相比,民众的贱诉多因惧而怕,多少带有逆来顺受的意味。贱诉的心理源于经济、社会、文化等因素。统治阶级制造不利于诉讼的伦理道德氛围和舆论压力,将诉讼看作缺少道德教化的表现。但是纠纷产生的必然性和诉讼的不可避免性,使得诉讼行为从来没有断绝过。传统诉讼文化的基因往往是在贱诉和健诉的两个极端中迂回。①

这些特质是中华民族生活智慧的结晶,其中蕴藏着许多值得今人借鉴的因素,但从总体上看,它们乃附属于传统礼治社会的特定范畴。所以,我国社会大众普遍存在的"清官情结",导致当事人过分依赖法官的权威,缺乏诉讼对抗意识,证据意识薄弱,一味期待法官的公正审判。诉讼对抗意识弱不是短时间可以消除的。② 由于市场经济的发展,传统的义利观念、伦理观念的削弱,人们的诉讼观念也在发生变化,出现了健诉、缠诉的新问题。

因此,要在深入研究各国专家证人制度,尤其是英美法系国家的专家证人制度的基础上,结合我国的基本国情,探索一套具有中国特色的专家证人制度。健全和完善专家证人制度,要循序渐进,充分考虑到大众的接受能力和认同感,设计各项程序需在适度的基础上进行缜密的思考。比如,当事人各自聘请专家证人时需要支付费用,经济能力不对等的当事人,因承受能力的差异而产生实质上的不平等、不公正。经济上处于弱势的当事人,付不起专家证人费用,请不到优

---

① 刘晨.中国传统诉讼文化探析[J].湖北警官学院学报,2013(1):150-152.
② 邓修明.刑事判例机制研究[D].成都:四川大学,2005.

秀的专家证人,实体正义和程序正义如何实现统一?① 鉴于此,我们在制度完善的过程中,切忌生搬硬套、"拿来主义",而是要建立符合我国司法环境和司法理念,符合我国人文环境和法律价值的证据制度,确保专家证人制度能够和我国的主流诉讼价值取向一致,与现行的法律制度配套,从而有效降低司法制度改革的成本,保证专家证人制度的可操作性。

### 三、完善专家证人制度是社会公平的选择

#### (一)符合我国裁判中立的理念与原则

所谓裁判,是对诉讼各方的争议事项进行审理并做出判决的活动。裁判权主体是由法律授权而对各方争议事项进行审理并做出裁判的机关。裁判中立即审判者在诉讼中应当保持中立性。所谓审判职能的中立性,是指在诉讼中,法院作为居间裁判者,对于控辩双方活动的倾向性,应当保持中立,冷静地观察,客观地分析,依据证据和法律对争议事项做出裁判。

裁判中立是司法公正的内在要求,也是对裁判者最基本的要求。早在古罗马时期,人们就把"自然正义"原则,作为法官解决纠纷时所要遵循的最低限度的程序公正标准,而这一原则的首要要求就是"任何人均不得担任自己案件的法官"。根据这一要求,裁判者不仅不得担任自己案件的法官,而且还必须在那些利益处于对立状态的当事人之间保持中立、超然和公允的立场。中立不必然通向公平正义,但是公平正义必然要求中立,中立是实现裁判正义的必然条件,没有中立就不存在公正判决。中立的裁判者必须确立疑罪从无的司法理念和坚持证据为本的原则,把办案的重心放在严格审查证据上,去伪存真,摒弃假证据;重证据不轻信口供,用切实证据证明案件事实。②

中国人民大学何家弘教授认为,"法官的眼中没有事实,只有证据"。裁判者在办案过程中,必须从客观存在的证据出发去认定案件事实。同时他强调裁判者要从查明事实的办案观转向证明事实的办案观,查明是让自己明白,证明是让别人明白,办案的重心必须从查明转向证明。因此,把专家证人界定为中立的诉讼参与人,符合我国法律的证据为本原则、直接言辞原则、公平诚信原则,能更好地适应我国现实的司法环境。法官坚持证据原则,提高审查证据能力,需要专家证人的配合,这也是降低司法改革成本、增强司法改革成效的途径。

---

① 徐石江.我国经济公益诉讼制度研究[D].重庆:西南政法大学,2011.
② 马岩.法官中立与相关刑事诉讼制度浅议[J].山东审判,2005(2):90-93.

## (二)满足刑事民事诉讼案件多元化的需要

党的十八大以来,最高人民法院坚持以习近平新时代中国特色社会主义思想为指导,忠实履行宪法法律赋予的职责,紧紧围绕"努力让人民群众在每一个案件中感受到公平正义"的工作目标,坚持司法为民、公正司法,不断提高审判质量效率和司法公信力。2013—2017 年,最高人民法院受理案件 82383 件,审结 79692 件,分别比前五年上升 60.6% 和 58.8%,制定司法解释 119 件,发布指导性案例 80 件;地方各级人民法院受理案件 8896.7 万件,审结、执结 8598.4 万件,结案标的额 20.2 万亿元,同比分别增长 58.6%、55.6% 和 144.6%。[①]

2018 年 6 月 4 日,最高人民法院发布《关于深入学习贯彻习近平生态文明思想为新时代生态环境保护提供司法服务和保障的意见》,要求各级法院更好发挥环境资源审判职能作用,加强生态文明建设司法服务和保障。数据显示,2017 年,全国法院共受理环境资源刑事一审案件 21241 件,审结 20602 件;受理各类环境资源民事一审案件 207552 件,审结 190125 件。根据意见,人民法院要完善环境资源专门化审判机制,推动环境资源刑事、民事、行政案件由专门审判机构或者专业审判团队审理,完善环境资源纠纷多元共治体系,加强环境资源审判国际司法交流合作,建设专业化环境资源审判队伍。

## (三)提高鉴定意见的质证效率

现行法律规定证据采信必须经过法庭质证,鉴定意见没有预设证明力。这是控制鉴定意见质量的审核程序,也是确定是否有必要重新鉴定的决定环节,但因需要鉴定的内容涉及专业,对于当事人、法官甚至律师是重要的障碍,他们可能无法正确理解鉴定意见形成的依据、科学原理等本质问题。影响鉴定的因素非常多,无论其中哪个因素发生差错都可能导致鉴定意见的错误。如果对鉴定意见的质证能力不够,从而导致法官采纳了错误的鉴定意见,这会产生严重的法律后果,甚至发生冤假错案。

专家证人依靠专业的知识或经验,直接就鉴定意见向鉴定人质证,提出自己的意见。法官如果重视参考专家证人的意见,这样做出的裁定更加具有权威性。一般的当事人针对鉴定意见的质证,通常都仅仅围绕程序和形式,达不到质证的效果。而专家证人的参与,常常能够准确发现鉴定意见的问题所在,从而及时向法庭提出。尽管专家证人是由当事人聘请的,但专家证人代表当事人对鉴定意

---

① 余精华.习近平新时代中国特色社会主义思想的生成机制[J].安庆师范大学学报(社会科学版),2017.

见进行质证时必须提供科学的依据,专家证人提供的意见对鉴定意见的认定是有利的,有利于法官审核鉴定意见,形成裁量上的自由心证。

# 第二节　完善中国的专家证人制度的途径

## 一、明确专家证人资格条件

资格是一个人从事某种活动时间长短所形成的身份,也是一个人为获得某一特殊权利而必须具备的先决条件。比如,在司法鉴定中的鉴定人资格,在诉讼活动中的法官资格。

专家证人是在诉讼活动中,由公诉人、刑事诉讼当事人、辩护人、诉讼代理人,民事、行政诉讼双方当事人、诉讼代理人申请聘请的具有专门知识或专业技术和经验的,能够对鉴定意见提出意见,或者能够解决案件涉及的专门性问题的人。国内外对专家证人的资格认定与审查主要分为两类。

一是审前考核制,即在审前对专家证人的资质进行审核,通常借助于资质的认证或者国家的统一登记来实现,审前考核制一般被大陆法系法律所采用,专家证人需要在庭前通过特殊的考试或者培训获取相应的资质并进行登记后方能获得认可。因此,审前考核制也被称为审前登记制或"有固定资格"原则。意大利、日本、德国和我国的专家证人资格审查都采用这种模式。

二是审中抗辩制,即当事人聘请的专家证人的资格由庭审双方来决定,如果当事人不认可则需通过质疑、辩论等程序来决定。审中抗辩制一般被英美法系国家用于专家证人的资格审查。虽然英美法系国家的专家证人通常也是经过特殊教育、培训的有资质的专业人士,但是这些并不成为专家证人资格的门槛。相反,在某些案件中,法官更倾向于采信有长期实践经验者的意见。

上述两种模式的差异实际上体现了不同的诉讼文化理念和诉讼模式。

首先,从诉讼文化理念上来看,大陆法系法律和英美法系法律对专家的界定存在很大差异。大陆法系的专家强调其专业教育背景和专业权威性,是普通人所理解的狭义概念上的专家;而英美法系对专家的认定更为务实。《布莱克法律词典》将专家证人定义为"经过该学科科学教育的人,或者掌握从实践经验中获得特别或专有知识的人"。① 英美法系国家对专家证人的资格限制并不严格,采用开放式的、宽松的规定,只要具备某方面专业知识或经验技能,瓦匠工、电工都可以作为专家证人出庭作证。

---

① 杨帆.城市规划的政治分析[D].上海:同济大学,2006.

其次,受不同诉讼模式的影响。英美法系国家奉行当事人对抗制度,专家证人的意见被视为证人证言的一部分,专家证人是否具有资格影响其证言的可采性,与普通证人证言的可采性一样需要双方当事人通过辩论和阐述来获得法官与陪审团的认可;大陆法系在庭审中奉行法官的职权调查和纠问,鉴定人被视为"法官的助手",其诉讼地位高于证人和其他诉讼参与人,在某种程度上也代表着法院的权威,因此,对于鉴定人的资格要求较为严格,而对专家证人的资格条件比较随意。法国技术顾问的资格审查要求显然要低于鉴定人的资格审查。法国的技术顾问无须经过登记,只要具备一般人的品行修养和辨别能力并经当事人聘请即可,这样的立法设计也许是取决于技术顾问的辅助性质,也给技术顾问的庭审资格审查预留了空间。这两种模式对中国的专家证人的资格确定和审查模式提供了借鉴。[①]

## 二、规范专家证人资格审查

中国的专家证人不同于鉴定人,法院对专家证人的资格审查应当采取适度的原则。对具有专门知识或专业技术和经验的,能够对鉴定意见提出意见,或者能够解决案件涉及的专门性问题的人,都可以被聘请为专家证人,其原因有三。第一,专家证人资质的高低与其收费是相关的,有的当事人财力雄厚,可以聘请资质高或者行业内具有一定影响力的专家作为专家证人,而有的当事人财力比较单薄,可能聘请不起行业内的专家,这种情况在诉讼中并不少见。如果超越国情,硬性规定专家证人的资格条件,一方面,有些人可能还不够称为专家,但若不同意其出庭,则有违民事诉讼中当事人平等公平的原则;另一方面,符合专家资格的专家证人,并不一定能解决诉讼中千变万化的证据真实性问题。

第二,聘请专家证人是为了解决专门性问题,因此不应局限于专家证人取得知识的途径,而应更多关注该专家证人解决问题的能力。只要该专家证人能够解释说明相关专门性问题,其是否具有高学历、高文凭等并非主要考察因素。当然,这种开放式的专家证人选任模式可能会带来一些问题,比如专家证人水平参差不齐,影响法庭兼听则明;当事人恶意利用专家证人来干扰诉讼等情况,因此,需要加强对专家证人的庭前审查工作。

第三,专家证人的资格和能力缺陷直接影响当事人的利益,如果放任具备相关经验或技能的人员都成为专家,则容易出现当事人为胜诉而恶意干扰诉讼的现象,给法官造成认定事实的困难,双方专家的能力差异也会影响到兼听则明的效果,影响司法公正。

---

① 叶宁.刑事诉讼中干预基本权利的限度:权衡模式下的考察[D].重庆:西南政法大学,2014.

因此,中国的专家证人必须以具备案件所涉及的某一领域或行业的专门知识、经验和技能,拥有一定学历、专业技术职称或学术研究成果等的专业人员为主。2012年4月18日,四川省高级人民法院出台了《关于知识产权案件专家证人出庭作证的规定(试行)》,对全省知识产权专家证人出庭作证做了规范。该规定明确了专家证人的资格、职责、权利、作证形式等内容。专家证人是指接受当事人一方委托,以证人的身份,运用其知识、经验、技能对知识产权案件中涉及与案件待证事实有关的专业性问题出具书面意见,出庭进行说明、接受质询的具有专门知识的人。该规定明确,专家证人应当具备与涉诉案件领域或特定行业相关的专门知识、技能或经验,具有较高的专业水平。该规定强调,专家证人应当出庭作证或参加质证,作证时必须遵循独立、科学、客观、公正的原则,不得作伪证,否则将依法承担相应的法律责任。该规定明确,知识产权纠纷案件中当事人可以向人民法院申请一至二名专家证人出庭就案件涉及的专业性问题进行说明。法院对专家证人的证言,应当结合案件情况,综合考虑其证言的客观性、科学性和鉴定人意见、专家咨询意见等因素综合分析判断后,决定是否采信。

我国法律规定的鉴定人是必须隶属于某一鉴定机构的从业人员,并以单位的名义和自己的签名盖章对外做出鉴定意见。虽然这一做法的初衷是确保鉴定意见的中立性、可靠性,但也导致了当下鉴定机构和鉴定人员权利、义务和责任之间的混乱局面。2018年,上海市高级人民法院、上海市人民检察院、上海市公安局、上海市司法局联合发文《关于严格司法鉴定责任追究的实施办法》的通知,强调司法鉴定责任追究,应当遵循以下原则:

第一,鉴定人对鉴定意见负责。鉴定人应当遵守法律、法规,遵守职业道德和执业纪律,尊重科学,遵守技术操作规范,独立完成鉴定,并对鉴定意见负责。

第二,依法依规严格全面追责。鉴定机构或鉴定人在执业活动中违反法律、法规、规章和相关政策、行业规范规定的,应当严格依法依规追究相关刑事、民事、行政、行业和纪律责任,不得以承担一种责任为由免予追究依法依规应当追究的其他责任。对事业编制的鉴定机构、鉴定人违反事业单位管理规定的,司法行政机关或鉴定人所在鉴定机构应当依法依规追究其政纪责任或向有权机关提出追责建议。对具有中共党员身份的鉴定人涉嫌违反党纪的,司法行政机关或鉴定人所在鉴定机构应当建议其所属党组织追究其党纪责任。对鉴定机构或鉴定人的违法违规行为,人民法院、人民检察院、公安机关、司法行政机关在各自法定职责范围内,分别追究其相应责任。

第三,依法依规保障执业权利。依法保障鉴定机构、鉴定人依法、独立、客观、公正开展鉴定活动,非因规定事由、非经规定程序,鉴定机构和鉴定人依法执业的行为不受追究。

上海市《关于严格司法鉴定责任追究的实施办法》的出台,加强了对司法鉴定机构和司法鉴定人执业活动的监督管理和责任追究,对规范司法鉴定执业行为,提高司法鉴定质量和公信力,保障案件当事人合法权益和诉讼活动有序进行,促进司法公正起到了示范作用。

根据《中华人民共和国刑事诉讼法》及相关司法解释等规定,在司法实践中,控辩双方都可以申请法庭通知专家证人出庭,协助本方就鉴定意见、检验报告进行质证。但是,专家证人真正进入诉讼程序须经过法院的审查。对专家证人资格的审查,通常从以下几方面进行。

第一,申请专家证人出庭,应向法院提供人员名单,并附有能够证明其具有相关专门知识的证明材料,人数不得超过两人。鉴定意见有多种的,可以相应增加人数。控辩双方于庭前向法院提交书面申请,内容包括专家提供意见的专门性问题、拟申请出庭的专家证人的学历、学位、职称、学术成果、科研成果(包括获奖情况)的证明文件,以便人民法院审查该专家是否具有担任该工作的水平和能力。

第二,法院收到对专家证人的出庭申请后,应当就其出庭的必要性和是否具有专门知识进行审查,并在三日内决定是否同意出庭。

第三,法院认为确有必要出庭且确有专门知识的,应当通知专家证人出庭。

法院对专家证人的审查属于形式审查、初步审查。法院对专家证人的资格审查,包括以下几点要素:一是该专家证人是否具备相关技术领域内的专业知识和专业技能;二是专家证人是否具备充分表明自己的观点及形成该观点的具体原因的能力;三是专家证人的诚信度,有无重大的违法违纪记录,在以往的诉讼案件中,有无作为专家证人违反法律规定或者职业道德的行为。[①]

### 三、严格专家证人启动程序

专家证人的启动程序,是实行专家证人制度的关键问题,该程序设计的合理与否直接关系到专家证人制度执行的效果。

英美法系国家当事人可自由聘请专家证人,即专家证人的启动与否由当事人意思自治,由此产生了诉讼中滥用专家证人、诉讼迟延、费用飞涨等问题,尤其是在民事诉讼中,这些缺点更加明显。这说明完全由当事人来决定是否聘请专家证人,即便是在信奉双方当事人平等对抗的诉讼模式中,也因出现种种弊端而受到了适度的限制。

随着科学技术的发展,使用专家证人的案件会越来越多,但是,专家证人的

---

① 胡志风.刑事错案与侦查程序研究[D].北京:中国政法大学,2011.

作用扩张也不能威胁到法官的审判权。<sup>①</sup> 当技术权威胁到审判权时,要对技术权加以限制。因此,法院对启动程序加以控制,能有效避免专家证人滥用、诉讼拖延之弊端,维护审判权威。

在启动主体上,主要分为当事人申请启动和法院依职权启动。

（一）当事人申请启动

当事人选任专家证人基于以下情况:第一,案件中的专门性问题已经过鉴定,当事人对鉴定意见不服;第二,该专门性问题不属于鉴定业务的范围,且双方无法达成一致确定专家证人的人选。

但需要注意的是,即使是当事人聘请专家证人,也必须强调专家的中立性和独立性,强调其对法院的优先职责,对发现案件事实和法庭负责,促使专家证人公正地提供意见。当事人选任专家符合我国逐渐弱化职权主义、纠问式的庭审方式的改革方向,赋予当事人充分的举证权利和举证责任。鉴定意见不再具有预先的效力,当事人可借助专家证人的力量维护自身权益。当事人向法院申请使用专家证人获得许可后,可自行选任有资格的专家,并把专家的各项资料提交法院进行审查。<sup>②</sup>

当事人如果对鉴定意见有疑问,或者认为需要专家证人参与诉讼,必须向法院提出书面申请,并充分阐述启动专家证人的理由,经法院对申请审查并许可,方可启动这一程序。如果法院认为争议问题并不是常人难以理解或不能理解的专业性问题,则可以驳回当事人申请。当事人如果不服法院的决定,可向法院申请复议一次;如再次被驳回,则可向上一级人民法院申请复议。上一级人民法院的决定是最终的决定。这样不仅可以防止为了胜诉而不择手段的当事人恶意启动专家证人程序,干扰法庭审理,损害对方当事人的程序和实体利益;也可避免简单问题复杂化,人为增加审判时间和审理难度;同时防止出现"失控的专家证人",有效地避免滥用专家证人、诉讼拖延的情况发生。在是否许可使用专家证人的标准方面,人民法院可以借鉴英国上诉法院 2000 年 Mannv. Messrs Chetty and Patel 一案中总结的标准:①预计的专家证据是否有证据效力和说服力;②是否有助于解决争端;③费用与案件金额的大小。

专家证人制度是中国诉讼活动中的新生事物,不适宜采用开放式规定。法院在专家证人启动上有决定权,法院对是否需要启动专家证人程序行使审查权。由于专家证人出庭是一个全新的诉讼程序制度设计,要有一个理解、适应的过

---

① 刘革新.构建中国的司法鉴定体制[D].北京:中国政法大学,2006.
② 汪海燕.刑事诉讼模式的演进[D].北京:中国政法大学,2003.

程。由于法律规定的是"可以",而不是"应当",于是就出现你可以申请,但法院也可以不同意的情况。一些法院的法官对于这项制度还不理解、不适应,因此,专家证人出庭同意率很低。法院不同意怎么办?在目前情况下,可以先由专家出具书证审查意见提交法院,再申请专家证人出庭。出具书证审查意见可以由当事人启动,不需要法院同意。只要法院认为专家出具的书证审查意见是有意义的,一般都会同意专家证人出庭。比如福建念斌案,就是先由律师委托专家证人出具书证审查意见,而后法院才同意专家证人出庭。本案四天三夜十一场精彩的庭审过程,印证了中国法治进步的历史意义。

(二)法院依职权启动

在英美法系国家,法院指定专家出庭被视为法院所固有的职权,即不经当事人申请,只要法院认为需要专家的帮助就可以行使这项权利。但在实践中,为了不与对抗制相违背,法院极少行使这项权利。波斯纳教授曾经就专家证人制度的弊端提出建议:"更多地运用法院指定的专家,其产生方式类似于中立的仲裁员之选择。"当事人亦可就指定一名中立的专家达成协议,再由法院指定,并且法院指定的专家既可以和当事人的专家一并提供专家证据,亦可取代当事人的专家而单独作证。

我国民事诉讼采用"亚职权主义"的诉讼模式,因此,在选任专家的问题上,除了保留现有的"当事人申请—法院准许"的模式外,较重视法院职权的作用,赋予法院在特定情况下的选任权。我国的专家证人是中立的、独立的,法院指定专家证人的做法适合我国的司法理念和社会现实。当双方当事人的专家证人意见相左时,法院有权指定专家证人出庭。

## 案例 8-1

被告人吴某干与受害人吴某白同住一个自然湾。2016 年 3 月 18 日,吴某干在吴某白新家旁路边砌砖堤,遭到了吴某白的阻止,砌好的砖堤被吴某白推倒。12 时许,双方再次因砌砖堤一事争执,且言辞激烈,后吴某干捡起一块砖头,从后面按住吴某白的脖子,用力朝吴某白的头部击打了一下,吴某白倒地不起。随后,吴某白先后被送往县、市、省医院治疗,4 月 9 日晚 7 时,吴某白经救治无效死亡。案发后,被告人亲属共计支付受害人医药费用 17 万多元和丧葬费 5 万元。4 月 2 日,被告人主动前往派出所投案自首。6 月 8 日,公诉机关以涉嫌故意伤害罪将被告人起诉至某某法院。

2017 年 3 月 9 日下午,在法院公开审理的故意伤害致人死亡案件庭审中,被告人吴某干完全承认自己用砖头殴打受害人吴某白的事实,但对受害人是否因殴打致死心存疑问。为确保案件公正性,法院首次邀请专家证人出庭,就鉴定人做出的鉴定意见提出意见。

经控辩双方申请,北京某物证鉴定中心及武汉某法医司法鉴定所各出具了一份鉴定意见,两份意见在病理形态上的认识是一致的,只是在对药物性肝损害的衡量方面有区别。

经申请,两家鉴定单位的主任专家作为专家证人出庭阐明意见。北京某物证鉴定中心法医室主任专家胡某某认为:"受害人被被告人击打后,因颅脑外伤严重导致药物性肝损伤,最终造成了急性肝脏等多器官功能衰竭死亡",可以确定颅脑损伤是导致吴某白死亡的主要因素;而武汉某法医司法鉴定所教研室主任专家孟某某坚持疾病为主,外伤为辅的意见。他认为受害人受伤之前就有典型的乙型肝炎、严重肝硬化表现,在原来有肝病的情况下,受伤后手术和吃药与他的肝功能受损是有一定关联的。

专家证人制度对专门性问题的认定与解决具有显著的积极作用,在许多案件中引入专家证人是非常必要的。但由于当事人往往会面临无法支付费用、无法找到合适的专家证人等困境,许多当事人只能放弃聘请专家证人。[1] 如果一方当事人申请了专家证人,而另一方当事人因费用问题无法聘请专家证人,则容易导致诉讼两方攻防不对等的局面,专家证人制度反而变成了穷人挨打的凶器,与强化当事人质证能力、保障当事人权利的制度价值背道而驰。所以,法庭在特定情况下被赋予专家选任权具有积极意义,能够在一定程度上维持专家证人的中立性。

专家证人制度的最大弊病之一就在于其明显的倾向性和专家证人造成的诉讼拖延。为了克服该弊病,英美法系法律亦进行了相关改革,比如,英国《民事诉讼规则》第三十五条第一款规定,当双方或多方当事人希望就某一特定争议提交专家证据时,法院可以指定一名专家证人就该争议提供专家证据;美国《联邦证据规则》第七百零六条(a)款存在同样的规定,法院可以依职权选任专家证人。与当事人主义诉讼模式相适应的专家证人制度尚且在一定条件下赋予法庭选任专家证人的权利,在我国亚职权主义诉讼模式下,就更应该以此为鉴。[2]

当事人不申请启动专家证人而法院认为确有必要启动,或者当事人在专家证人的人选上未能协商一致,各自聘请了专家证人,则法院可指定法院的专家证

---

①　李强.民事诉讼中检察机关调查核实权研究[D].南京:南京师范大学,2016.

②　亓荣霞.法官职业化研究[D].北京:中国政法大学,2014.

人,即法院的"技术咨询专家"。这样的做法会达到良好的效果,提高了庭审的透明性和判决的公正性。法院的专家与当事人的专家共同出庭,也能有效地控制庭审中当事人"失控的专家证人"。另外,适用简易程序的案件不使用专家证人。这类案件事实清、情节简、证据充分、争议不大,不存在复杂疑难的问题,因此,不必启动专家证人程序。在英国法院,小额诉讼中基本上不使用专家证人。还有特别需要注意的一点是,当出现当事人双方贫富差距较大,一方明显无力聘请专家证人时,法院应当严格控制使用专家证人,或尽量促使双方协商一致确定一名单一的专家证人,或双方当事人无法达成一致时,由法院指定一名中立的专家证人。

## 第三节　明确专家证人的权利、义务及法律责任

### 一、专家证人的权利

怎样界定和解释"权利"一词,是法理学的一个难题,可以表述为:权利是为道德、法律或习俗所认定为正当的利益、主张、资格、力量或自由。

在社会主义社会,权利与义务是一致的,不可分离,在法律上一方有权利,他方必有相应的义务,或者互为权利义务;任何公民不能只享有权利而不承担义务,也不会只承担义务而享受不到权利。权利指法律对法律关系主体能够做出或者不做出一定行为,以及其要求他人相应做出或者不做出一定行为的许可与保障。

根据相关的法律规定,专家证人在诉讼中应当享有以下权利。

#### (一)知情权

在诉讼活动中,证据有三大类:刑事诉讼证据、民事诉讼证据及行政诉讼证据。证据还可以分为以下几类。

##### 1.直接证据与间接证据

凡是可以单独直接证明案件主要事实的证据,属于直接证据。直接证据不必经过推理过程就可以直观地说明被指控的犯罪行为是否发生和是否是正在被追诉的人实施的。凡是必须与其他证据相结合才能证明案件主要事实的证据,属于间接证据。

##### 2.言词证据与实物证据

凡是通过人的陈述,即以言词作为表现形式的证据,是言词证据,包括证人证言,被害人陈述,犯罪嫌疑人、被告人的供述和辩解,鉴定意见。凡是以物品的

性质或外部形态、存在状况及其内容表现证据价值的证据,都是实物证据。证据种类中的物证、书证、视听资料,以及勘验、检查笔录均属此列。

**3. 原始证据与传来证据**

凡是来自原始出处,即直接来源于案件事实的证据材料,叫作原始证据,也称第一手材料。凡是不是直接来源于案件事实,而是从间接的非第一来源获得的证据材料,称为传来证据(亦称传闻证据)。不能忽视传来证据的作用。

**4. 有罪证据与无罪证据**

凡是可以肯定犯罪嫌疑人、被告人实施犯罪行为,以及可以证明犯罪行为轻重情节的证据,是有罪证据。凡是可以证明犯罪事实不存在,或否定犯罪嫌疑人、被告人实施犯罪行为的证据,是无罪证据。

专家证人有权在庭前获得相关的诉讼资料。出庭前可以查阅相关鉴定意见、检验报告或其他涉及案件专门性问题的案卷材料。只有充分了解案情,才能更能有力地促使专家证人做出科学而客观的意见。

**(二)质证权**

专家证人发挥其作用毫无疑问体现在诉讼的庭审阶段,其对专门性问题的说明,以及对鉴定意见的质证正是体现其价值的地方。

对专门性问题的说明,可由法官对专家证人进行询问。如果双方各自聘请的专家证人对专门性问题有不同的意见,双方可进行对质和辩论。对鉴定意见的质证,应在鉴定人做出鉴定意见后,由双方的专家证人进行质证,法官整理争议焦点,然后由双方的专家证人进行说明和辩论。法官在听取各方的争论之后,会对争议事实有一个更为清晰的认识。[①]

根据法律规定,专家证人经法庭许可,可以询问当事人、鉴定人及其他诉讼参与人,可以就鉴定意见、检验报告等专门性问题进行说明和提出意见。即专家证人有权对鉴定意见和对方专家证人的意见提出质询,被质询人有义务回答,无正当理由不能拒绝回答。当然,法庭在旁可以起控制、监督作用,当问题与本案无关,或者涉及人身攻击、个人隐私时,法庭可以及时制止或允许被质询人拒绝回答。[②]

专家证人当庭对鉴定意见提出质疑,鉴定人能够做出合理解释,并与相关证据印证的,可以采信鉴定意见;不能做出合理解释,无法确认鉴定意见可靠性的,有关鉴定意见不能作为定案的依据。

---

① 张永泉.民事证据采信制度研究[D].重庆:西南政法大学,2002.
② 谭尚.我国专家辅助人制度研究[D].上海:上海交通大学,2013.

审判长向鉴定人、专家证人发问应围绕鉴定资质、检材、鉴定程序、鉴定方法、鉴定内容、结论意见等问题进行。做出同一份鉴定意见的多名鉴定人或者专家证人可以同时出庭,不受分别发问规则的限制。控辩一方发问方式不当或者内容与案件事实无关,违反有关发问规则的,对方可以提出异议。对方当庭提出异议的,发问方应当向法庭说明发问的理由,审判长应判明情况予以支持或者驳回;对方未当庭提出异议的,审判长可视情况予以制止。

专家证人向鉴定人发问,在询问过程中所使用的语言应尽量客观、不带感情色彩,不得提与鉴定业务无关的问题,不得使用恭维或侮辱鉴定人的语言,不得在询问过程中进行威胁、利诱等。在质证过程中审判法官不应过多地参与到询问中,而应居中主持询问,如限制当事人及专家证人提出重复性的问题、与鉴定完全无关的问题等。这种模式有利于揭示鉴定人的鉴定意见及专家证人的意见中的问题。

(三)人身权

2013年1月1日起《关于适用〈中华人民共和国刑事诉讼法〉的解释》与修改后的刑事诉讼法同步施行。该司法解释对证人、鉴定人、专家证人出庭的相关问题做了详细规定,以保障当事人的质证权,充分发挥庭审功能。同时,该解释体现了证人、鉴定人、被害人对等的保护措施,规定:审判危害国家安全犯罪、恐怖活动犯罪、黑社会性质的组织犯罪、毒品犯罪等案件,证人、鉴定人、被害人因出庭作证,本人或者其近亲属的人身安全面临危险的,人民法院应当采取不公开其真实姓名、住址和工作单位等个人信息,或者不暴露其外貌、真实声音等保护措施。审判期间,证人、鉴定人、被害人提出保护请求的,人民法院应当立即审查;认为确有保护必要的,应当及时决定采取相应保护措施。

非常遗憾的是,最高人民法院《关于适用〈中华人民共和国刑事诉讼法〉的解释》,忽视了对专家证人的人身保护。在刑事诉讼中,由于大多数案件的被告人都是基于严重的社会危害性而被诉,专家证人就鉴定意见、检验报告等专门性问题进行说明和提出意见,关乎人的财产乃至生命。当专家证人的意见在证明被告人罪行方面起到重要影响的时候,被告人及其亲属可能会通过非正当手段影响,甚至威胁、恐吓专家证人,报复专家证人,给专家证人或其亲属造成实际的人身或财产损失。因此,对专家证人的预防性保护显得尤为重要。只有从权利保障上使专家证人免除后顾之忧,才能坦然地出庭作证、客观地陈述。

(四)报酬权

专家证人以自己的专业学识出庭作证,目的是帮助法院能在查明案情的基础上做出正确的裁判。法院应当考虑专家证人的个人权益,法庭依照职权决定专家证人出庭的,予以相关补助。浙江省的有关规定是:法庭依照职权决定专家证人出庭的,参照证人标准(交通、住宿、就餐等合理费用)予以相关补助。

专家证人出庭对鉴定意见、检验报告提出意见的,出庭的相关补助应由申请方支付。专家证人之所以具有倾向性,最重要的原因在于当事人向其支付费用,专家证人与律师相似,收费是一种商业行为,即通过出售特定的法律服务来换取一定经济利益的行为。专家证人有权向其主张并要求其支付利息。专家证人的费用除了正常的交通费、误工费等实际损失,还应包括专家证人利用自身所拥有的专业知识出庭辅助当事人诉讼的服务费用。

## 二、专家证人的义务

义务是权利的对称,指法律对公民或法人必须做出或禁止做出一定行为的约束,在社会主义社会,义务与权利是一致的,不可分离,指公民或法人按法律规定应尽的责任。法律关系的内容,指法律规定的对法律关系主体必须做出一定行为或不得做出一定行为的约束,与权利相对应。法律义务同基于道德、宗教义或其他社会规范产生的义务不同,它是根据国家制定的法律规范产生,并以国家强制力保障其履行的,违反法律义务就要承担法律责任。法律上的义务与权利具有不可分割的联系。没有权利就无所谓义务,没有义务也就没有权利。在某些法律关系中,每一个法律关系的参加者都同时享受权利和承担义务。

根据相关的法律规定,专家证人在诉讼中应当履行以下义务。

### (一)参与诉讼

专家证人出庭对鉴定意见、检验报告等专门性问题进行说明和提出意见,是我国法律赋予专家证人参与诉讼活动的义务。

自 2013 年修改后《刑事诉讼法》实施至 2017 年 2 月,上海市检察机关办理案件中鉴定人出庭作证共 46 件 50 人次,涉及伤情鉴定、价格鉴定、计算机网络鉴定、刑事责任能力鉴定、枪支鉴定、笔迹鉴定等;专家证人出庭共 10 件 10 人次,涉及计算机网络鉴定、视频图像识别、医学急救、食品药品质量、价格鉴定等。上述案件中,除 1 起盗窃案件估值鉴定人出庭后,法院未采纳其意见,其余鉴定人、专家证人出庭的意见都获法庭采纳。

直接言辞原则是我国诉讼活动的一项基本原则,它要求法庭审判过程须以言辞陈述的方式进行,且当法庭开庭审理时,当事人及其他诉讼参与人必须亲自到庭。专家证人的意见本质属性是言辞证据,必须出庭经过法庭询问方可作为定案的依据。英美法系和大陆法系都规定了专家证人出庭的义务,专家证人在法庭中接受双方当事人及其代理人和法官的询问,经受激烈的言辞考验,才能真正实现诉讼直接言辞辩论原则。专家证人没有特权,如果专家证人无正当理由未到庭,那么其提供的专家意见便不能作为定案的依据,更不具有证据效力。专家证人必须出庭,经过法庭的交叉询问环节,其意见才有可能作为定案的依据。

专家证人的出庭不局限于对鉴定意见进行质询,而是通过直接言词方式接受法庭调查,解决围绕鉴定人主体资格、鉴定意见所依据的科学理论及鉴定过程等相关信息产生的争议焦点,对鉴定意见展开有效质证,满足鉴定意见作为定案证据的科学性和法律性要求。

（二）保守秘密

保密,是指保守案件中涉及的国家政治、经济、军事等绝密、机密和秘密情报,以及当事人的商业秘密和个人隐私,禁止将案情、证据、诉讼参与人的有关情况向无关人员泄露。坚持保密原则要求专家证人具备较高的觉悟和较强的责任心,敢于坚持相关的原则。专家证人必须保守在诉讼中知悉的秘密。

**1.国家秘密**

所谓国家秘密是指关系国家的安全和利益,依照法定程序确定,在一定时间内只限一定范围的人员知情的事项。保守国家秘密是中国公民的基本义务之一。《中华人民共和国保守国家秘密法》对有关的问题做了规定。国家秘密的密级分为"绝密""机密""秘密"。"绝密"是最重要的国家秘密,泄露会使国家的安全和利益遭受特别严重的损害。"机密"是重要的国家秘密,泄露会使国家的安全和利益遭受到严重损害。"秘密"是一般的国家秘密,泄露会使国家的安全和利益遭受损害。

国家秘密载体,是指载有国家秘密信息的物体。国家秘密的载体主要有以下几类。

1)以文字、图形、符号记录国家秘密信息的纸介质载体,如国家秘密文件、资料、文稿、档案、电报、信函、数据统计、图表、地图、照片、书刊、图文资料等。这种载体形式是目前最常见的国家秘密载体。

2)以磁性物质记录国家秘密信息的载体,如记录国家秘密信息的计算机磁盘(软盘、硬盘)、磁带、录音带、录像带等。这种载体形式随着办公现代化技术的发展,将越来越多。

3)以电、光信号记录传输国家秘密信息的载体,如电波、光纤等。国家秘密以某种信号形式在这种载体上流动、传输。通过一定技术手段,才能把这种涉密信息还原,知悉具体内容。

4)含有国家秘密信息的设备、仪器、产品等载体。

**2.商业秘密**

商业秘密,是指不为公众所知悉,能为权利人带来经济利益,具有实用性并经权利人采取保密措施的技术信息和经营信息。商业秘密是企业的财产权利，它关乎企业的竞争力，对企业的发展至关重要，有的甚至直接影响到企业的生存。商业秘密包括两部分：经营信息和技术信息。如管理方法、产销策略、客户名单、货源情报等经营信息；生产配方、工艺流程、技术诀窍、设计图纸等技术信息。商业秘密的权利人包括商业秘密所有人和经商业秘密所有人许可的商业秘密使用人。当商业秘密遭到侵犯时，所有人和使用人都有权要求侵害人停止侵害并承担法律责任。

（二）保守隐私

隐私权是指自然人享有的私人生活安宁与私人信息秘密依法受到保护，不被他人非法侵扰、知悉、收集、利用和公开的一种人格权，而且权利主体对他人在何种程度上可以介入自己的私生活，对自己的隐私是否向他人公开以及公开的人群范围和程度等具有决定权。在中国，民法没有把隐私权确立为一项独立的人格权，只是借助司法解释并通过保护名誉权的方式或以维护公序良俗，包括公民的隐私权，采取的是间接保护方法。

联合国大会 1948 年通过的《世界人权宣言》第十二条规定："任何人的私生活、家庭、住宅和通信不得任意干涉，他的荣誉和名誉不得加以攻击。"1966 年联合国大会通过的《公民权利和政治权利国际公约》第十七条也规定："刑事审判应该公开进行，但为了保护个人隐私，可以不公开审判。"

隐私权的主体应为自然人，不包括法人。隐私权的目标是保持人的心情舒畅、维护人格尊严，而且，隐私权是一种人格权，是存在于权利人自身人格上的权利，亦即以权利人自身的人格利益为标准的权利。在诉讼活动中，专家证人必然会涉及大量的个人隐私，这些个人隐私受到侵犯后，会构成一种人格伤害，造成内心的不安。所以，专家证人要严格遵守有关法律法规的要求，保守在诉讼中知道的个人隐私，坚决守住职业道德的底线。

## 三、专家证人的法律责任

没有责任就没有法律。质证是审判过程中认证证据的必经程序，是保障鉴定意见可靠性的重要手段，是确定鉴定意见效力和证明力的必经程序。在法律本质要求上，专家证人被界定为中立的诉讼参与人，保障其在诉讼中能独立、客观地提供专家意见。英美法系证人的豁免权延伸到专家证人，这种做法有其制度上的渊源和依据，但难以使专家证人在诉讼中保持中立。因此，在法律和制度上，明确和追究专家证人的法律责任，不失为一种有效的制约良策。

**（一）民事责任**

在专家证人由当事人自行选择的情况下，如果专家证人因故意、疏忽大意或重大过失做出严重错误的专家意见，造成当事人损失，需追究专家证人的违约或侵权责任。从违约责任看，当事人聘请专家证人是一种合同行为；从侵权责任看，其归责原则类似于律师侵权责任的归责原则，即专家证人的行为不符合理性、诚实、负责的行为，给当事人造成了损失，当事人可以追究专家证人的侵权责任。在专家证人为法院指定的情况下，如果出现以上重大错误，给一方或双方当事人造成严重损失的话，当事人也可追究其侵权责任。

**（二）刑事责任**

法律是最基本的道德，或者说法律是道德的底线。虽然每个人心中的道德标准和正义观不一样，但是人类还是有共同良知的。虽然专家证人不是正义的化身，也不代表正义，但是内心应当具有正义感，必须恪守职业道德，遵守执业纪律。不能为了谋取个人利益的最大化，胆大妄为，做泯灭良知的事情，走向违法犯罪的深渊。

专家证人应当遵守法庭纪律，享有查阅涉及专门性问题的案件材料，针对涉案的专门性问题发问与发表意见等权利；同时负有接受对涉案专业问题的询问或发问，按照人民法院要求提交书面意见等义务。[①] 专家证人如果作伪证、故意提供虚假意见，误导法官进行错误裁判的，或者隐匿罪证，构成犯罪的，应依法追究刑事责任。《刑事诉讼法》第一百二十条第三款规定："鉴定人故意作虚假鉴定的，应当承担法律责任。"

专家证人与鉴定人之间，不存在天然的对立关系。但是，由于职业上具有对抗性强的特点，需要真刀真枪地在法庭上陈述事实，否定鉴定意见。需要勇于担当的职业精神和悲天悯人的道德情怀。特别是遇到一些复杂的案件，专家证人要秉持一颗正义的心，不让冤案、错案泛滥，为营造一个公平公正的司法环境尽心尽力。在诉讼活动中，遵守最高人民法院《关于适用〈中华人民共和国刑事诉讼法〉的解释》的要求，不以诱导方式发问的；不威胁鉴定人的；不损害鉴定人人格尊严的；不有损鉴定人合法权益的其他情形。《民事诉讼法》第一百二十条规定："诉讼参与人或者其他人有对鉴定人进行侮辱、诽谤、诬陷、殴打或者打击报复的，人民法院可以根据情节轻重予以罚款、拘留；构成犯罪的，依法追究刑事责任。"

---

① 张纵华.专家辅助人如何出庭[N].人民法院报，2014-7-27(02).

# 附录 A　浙江省高级人民法院关于专家辅助人参与民事诉讼活动若干问题的纪要

第一条　本纪要所称的专家辅助人即为《中华人民共和国民事诉讼法》第七十九条中的"有专门知识的人",是指受当事人委托,出庭就鉴定意见或者案件涉及的专门问题提出意见的人。

第二条　本纪要所指的专门知识,是除法律知识和经验法则外,只有医学、建筑、审计、专有技术等特定领域的专业人员才能熟知、掌握的知识、经验和技术。

第三条　以下情形当事人可以申请一至二名专家辅助人出庭:

(一)需要专家辅助人出庭就鉴定意见提出意见的;

(二)需要专家辅助人出庭就案件涉及的其他专门性问题提出意见的。

第四条　当事人申请专家辅助人出庭,应当向人民法院提出书面申请。

专家辅助人出庭申请书应附专家辅助人的个人基本信息,以及能够证明该专家辅助人具有相关专门知识的证明材料,如职业资格、专业职称、从业经验等。

人民法院可根据案件审理需要,要求申请人补充有关专家辅助人的材料。

第五条　当事人向人民法院申请专家辅助人出庭,应当在举证期限届满前十日或者申请鉴定人出庭作证时一并提出。

第六条　人民法院在收到当事人申请后,应当就专家辅助人的证明材料及出庭的必要性进行审查,并在三日内决定。

第七条　人民法院准许专家辅助人出庭的,应当在决定做出后三日内通知申请人、专家辅助人;同时通知案件的其他当事人,并附上专家辅助人的相关资料。

不准许专家辅助人出庭的,应当在决定做出后三日内通知申请人。

第八条　人民法院应当在开庭前三日通知专家辅助人出庭,并告知专家辅助人的权利义务。

专家辅助人无正当理由未按期到庭参加诉讼的,视为当事人自动撤回申请。

第九条　当事人申请专家辅助人出庭并经人民法院准许后,不得申请更换。但以下情形除外:

（一）因健康原因不能出庭的；

（二）全部或部分丧失民事行为能力的；

（三）有其他正当理由不能出庭的。

第十条　专家辅助人享有以下权利：

（一）阅卷了解鉴定意见或者其他专门性问题的相关资料；

（二）就鉴定意见进行质证；

（三）就其他专门性问题进行说明、发表意见。

第十一条　专家辅助人应承担下列义务：

（一）独立、客观地发表意见，如实回答法庭及其他诉讼参与人的发问；

（二）不得在同一案件中同时担任双方当事人的专家辅助人；

（三）保守诉讼中知悉的国家秘密、商业秘密、个人隐私。

第十二条　专家辅助人不得单独出庭，应当与申请方当事人或者诉讼代理人共同出庭。

第十三条　审判人员和当事人及其诉讼代理人可以对出庭的专家辅助人进行询问。

经人民法院准许，可以由当事人各方申请的专家辅助人就案件中的专门问题进行对质。

专家辅助人可以对鉴定人进行询问。

第十四条　专家辅助人只能就鉴定意见或者案件涉及的专门性问题进行质证或者说明、发表意见。

第十五条　专家辅助人在法庭上就鉴定意见或者专门性问题发表的意见视为当事人陈述。

第十六条　人民法院要求专家辅助人提交书面意见的，专家辅助人应当庭或者在法庭指定期限内提交书面意见。书面意见应就鉴定意见或者其他专门性问题提出结论并说明理由。

书面意见观点及理由应当与当庭发表的言词意见保持一致。如出现不一致的，以专家辅助人在法庭上发表的意见为准。

第十七条　专家辅助人出庭时的座位，设在法台侧前方当事人及诉讼代理人座位，与申请人同侧。

第十八条　专家辅助人出庭的报酬等有关费用，由申请该专家辅助人出庭的当事人负担。

第十九条　本纪要如与新的立法、司法解释不一致的，以新的立法、司法解释为准。

# 附件 B  专家辅助人出庭申请书(样式)

为了避免概念性的混乱,《纪要》第一条即对专家证人的身份进行了规定,明确指出与《民事诉讼法》中具有专门知识的人是相同的概念,避免了文件之间的分歧。第二条对专门知识做了一个更加具体的说明,即什么领域内的人才能以专家证人的身份参与到案件的审判过程,这一条纪要直接回答了目前关于专家证人定位不清的问题。第三条明确了专家证人出庭的任务或者说前提,专家证人出庭只是对鉴定意见提出疑问或者其他专门性问题提出意见,与鉴定意见无关或者对专业领域以外的问题可以拒绝回答。第四条至第七条指明了专家证人出庭的基本程序和申请手续,以便于在实际的操作过程中提高工作效率。此外,《纪要》也明确了专家证人基本的权利和义务。第十五条中,对专家证人意见的效力做了一个说明:专家证人在法庭上就鉴定意见或者专门性问题发表的意见被视为当事人陈述,不属于证言,也不属于直接证据。此外,《纪要》也对专家证人报酬和出庭时的座位做了规定,这是将诉讼法中的条文具体化、规范化。《纪要》全文总共十九条,对专家证人的概念、定位、任务、权利、义务及出庭程序等做了一个全面的规范,也给专家证人制度在浙江省的推广提供了一个政策依据。

此外,浙江省高级人民法院与浙江省司法厅《关于做好诉讼中司法鉴定纠纷预防处置工作的通知》中也强调17,当事人对鉴定意见有异议的,人民法院可通过要求鉴定人书面答复、鉴定人出庭作证、专家证人出庭参加诉讼等方式来解决鉴定争议,必要时可借助司法鉴定协会的技术力量,对鉴定专业性问题进行评价,强化法官对鉴定意见的认证、采信权。司法鉴定协会要积极配合,为人民法院提供技术支持。专家证人的出庭正是解决鉴定争议的一种重要形式。

在 2017 年浙江省高级人民法院、浙江省检察院、浙江省公安厅、浙江省司法厅及浙江省财政厅联合颁发了《关于刑事案件证人、鉴定人及有专门知识的人出庭规定(试行)》,进一步规范了相关人员出庭的制度。其中,涉及具有专门知识的人(即专家证人)的规定主要有以下几条。

第一条　证人、鉴定人出庭作证,应符合刑事诉讼法第六十条、第一百八十七条的规定。

有专门知识的人出庭协助质证，以及被害人不作为附带民事诉讼原告人而仅出庭证明案件事实的，适用本规定。

第三条　控辩双方可以申请法庭通知有专门知识的人出庭，协助本方就鉴定意见、检验报告进行质证。

申请有专门知识的人出庭，应提供人员名单，并附有能够证明其具有相关专门知识的证明材料，人数不得超过二人。鉴定意见有多种的，可以相应增加人数。

法庭收到对有专门知识的人的出庭申请后，应当就其出庭的必要性和是否具有专门知识进行审查，并在三日内决定是否同意出庭。法庭认为确有必要出庭且确有专门知识的，应当通知有专门知识的人出庭。

第四条　有专门知识的人出庭的，出庭前可以查阅相关鉴定意见、检验报告或其他涉及案件专门性问题的案卷材料。

有专门知识的人经法庭许可，可以询问当事人、鉴定人及其他诉讼参与人，可以就鉴定意见、检验报告等专门性问题进行说明和提出意见。

第五条　有专门知识的人出庭时，应如实回答法庭及其他诉讼参与人的询问，独立、客观地陈述对案件专门性问题的意见，并保守诉讼中知悉的国家秘密、商业秘密和个人隐私。

第七条　人民法院依法通知证人、鉴定人、有专门知识的人出庭的，应于开庭三个工作日以前向其送达出庭通知书及诉讼权利义务告知书。出庭通知书应载明开庭的时间、地点、案由等信息。诉讼权利义务告知书应载明上述人员的权利义务，拒不出庭或出庭后拒不作证的法律后果。

第十四条　经人民法院通知，鉴定人拒不出庭作证的，鉴定意见不得作为定案的依据。

有专门知识的人当庭对鉴定意见提出质疑，鉴定人能够做出合理解释，并与相关证据印证的，可以采信鉴定意见；不能做出合理解释，无法确认鉴定意见可靠性的，有关鉴定意见不能作为定案的依据。

第二十三条　向证人发问应围绕案件事实、作证能力、取证合法性等问题进行。

向鉴定人、有专门知识的人发问应围绕鉴定资质、检材、鉴定程序、鉴定方法、鉴定内容、结论意见等问题进行。

做出同一份鉴定意见的多名鉴定人或者二名有专门知识的人可以同时出庭，不受分别发问规则的限制。

第三十三条　有专门知识的人出庭对鉴定意见、检验报告提出意见的，出庭的相关补助应由申请方支付。法庭依照职权决定有专门知识的人出庭的，可参照证人标准予以相关补助。

　　第三十四条　证人、鉴定人、有专门知识的人作伪证、故意提供虚假意见或者隐匿罪证，构成犯罪的，应依法追究刑事责任。

　　该规定对《纪要》做了进一步规范，同时也指出，当专家证人作伪证、故意提供虚假意见或者隐匿罪证，构成犯罪的，应依法追究刑事责任，申明其作为专家证人出庭时所承担的责任，必须为自己的言行负法律责任。

# 后 记

古往今来,正义一直是人类孜孜以求的终极目标。在各种诉讼中,查明事实真相是司法活动的重要内容。当代中国法律界已经注意到,裁判结果离不开对事实真相的探求,但这并不是唯一的目标。事实真相不仅需要探求,而且需要以正当化的程序和方式实现。实践证明,缺乏正当的司法程序,司法活动极容易偏离正确的轨道,落入非正义的旋涡。因此,加强司法程序的可控性和正当性,设置安全控制机制成为当务之急,而专家证人制度就是实现司法公正的重要"安全阀"。

有学者分析了20起震惊全国的刑事错案后发现,20起错案中,有15起需要鉴定,其中7起本来能够也应当做DNA鉴定,但由于种种原因办案人员没有做DNA鉴定。在7起案件中,有4起案件只进行了血型鉴定,并主要以血型相同认定被告人有罪,有2起只进行了辨认,并根据辨认结果认定有罪,还有1起未做鉴定或辨认;另有3起本应进行足迹、指纹等物证鉴定,但都没有鉴定;有7起虽然进行了鉴定,但在鉴定程序、鉴定意见的审查等方面出现问题,导致案件被错判。从证据的角度看,这既有鉴定意见缺少科学性的基础问题,同时,也有对鉴定意见缺乏质证的原则性的重大失误。

冤假错案的曝光与证据立法进程之间存在密切关系。目前确立的证据规则,本身就是针对冤假错案的治理方式。修正后的《刑事诉讼法》对刑事证据做了发展性的拓展,不仅体现在条款数量的增加上,更体现在确立了证据基本原则上,完善了证明标准,规范了证据种类及审查、认定方式和排除规则等方面。《刑事诉讼法》第一百四十四条规定:"为了查明案情,需要解决案件中某些专门性问题的时候,应当指派、聘请有专门知识的人进行鉴定。"

专家证人即为具有专门知识的人,常常是自身领域的权威,在法庭上,一方面,能够针对鉴定意见提出专业意见,甚至能够直接就专业问题向鉴定人提出询问,解决法官和当事人在面对一些专业问题时的困惑,避免对鉴定意见的盲目采用;另一方面,能够在庭审中以专业知识对案件所涉及的专业问题进行解释说明,或者把涉案的一些专业问题用简单易懂的方式进行解释,使法官及相关当事人能够更好地理解。这种科学性、专业性的对抗过程,能够对法官认定证据,实现庭审实质化起到积极的推动作用。

虽然,近年来,学界已就建立中国的专家证人制度展开了一些讨论,但是,对如何构建有中国特色的专家证人制度,缺少全面而系统的研究。证据是诉讼的核心和灵魂,而证据的审查运用又是其中最重要的组成部分。从证据审查标准到证据运用规则,从用什么样的证据到如何使用,我国证据审查运用尚无相对完善的体系。从立法上看,随着修改后的诉讼法律和相关司法解释出台,非法证据排除规则初步建立,但证据的证明标准和证明方法仍仅有原则性规定。所以,专家证人制度无论是在理论研究上,还是在司法实践中,都需要深刻的思考和深入的探索。

有鉴于此,浙江省汉博鉴定科学技术研究院组织精兵强将,历时数年,几易其稿,终成书稿。此课题由胡祖平、马卫国先生担纲及负责统稿。各章撰稿人如下(以撰写章节先后为序):第一章中国证据制度的历史演变,马卫国;第二章中国司法鉴定体制评述,胡祖平;第三章中国司法鉴定制度概况,梁锋;第四章专家证人制度的引入价值,史荣华;第五章中国的专家证人制度现状,魏显峰;第六章建立中国的专家证人制度,戴璐伊;第七章中国的专家证人制度基础,石彰森;第八章完善中国的专家证人制度,陈欢。

在本书编写的过程中,得到了新中国刑法学主要开拓者和奠基人、著名法学家和法学教育家高铭暄教授的指教并作序,我们深为感激。北京师范大学刑事科学研究院兼职研究员、北京大学犯罪问题研究中心特邀研究员傅跃建教授的相助,使本书更具学术价值。在修改过程中,罗琼高级工程师也提出了很好的建议,我们表示感谢。

中国的专家证人制度的构建与完善,实在是一个宏大而复杂的研究课题,我们所做的研究只是一种初步的探索,学术水平有限,期待专家学者及法律实务部门的同志,提出宝贵的建议和意见,使这一重大的研究课题更具有理论上的厚度与实践上的张力。

**图书在版编目（CIP）数据**

中国专家证人制度构建／胡祖平，马卫国编著. —杭
州：浙江大学出版社，2019.5
ISBN 978-7-308-18695-7

Ⅰ.①中… Ⅱ.①胡… ②马… Ⅲ.①证人—司法制度—研究—中国
Ⅳ.①D925.013

中国版本图书馆 CIP 数据核字（2018）第 228352 号

**中国专家证人制度构建**

胡祖平　马卫国　编著

| | |
|---|---|
| 策划编辑 | 陈佩钰 |
| 责任编辑 | 丁沛岚 |
| 责任校对 | 陈　翮 |
| 封面设计 | 春天书装 |
| 出版发行 | 浙江大学出版社 |
| | （杭州市天目山路 148 号　邮政编码 310007） |
| | （网址:http://www.zjupress.com） |
| 排　　版 | 杭州中大图文设计有限公司 |
| 印　　刷 | 浙江省邮电印刷股份有限公司 |
| 开　　本 | 710mm×1000mm　1/16 |
| 印　　张 | 16 |
| 字　　数 | 322 千 |
| 版 印 次 | 2019 年 5 月第 1 版　2019 年 5 月第 1 次印刷 |
| 书　　号 | ISBN 978-7-308-18695-7 |
| 定　　价 | 78.00 元 |